ZERO LİMİT

Pegasus Yayınları: 143
Kişisel Gelişim: 40

Zero Limit
Joe Vitale ve Ihaleakala Hew Len
Özgün Adı: Zero Limits: The Secret Hawaiian System for Wealth, Health, Peace, and More

Baskı-Cilt: Alioğlu Matbaacılık
Sertifika No: 45121
Orta Mah. Fatin Rüştü Sok. No: 1/3-A
Bayrampaşa/İstanbul
Tel: 0212 612 95 59

13. Baskı: İstanbul, Ekim 2022
ISBN: 978-605-5943-17-2

Yayıncı Sertifika No: 45118

Pegasus Yayıncılık Tic. San. Ltd. Şti.
Gümüşsuyu Mah. Osmanlı Sk. Alara Han
No: 11/9 Taksim / İSTANBUL
Tel: 0212 244 23 50 (pbx) Faks: 0212 244 23 46
www.pegasusyayinlari.com / info@pegasusyayinlari.com

pegasusyayinlari pegasusyayinevi pegasusyayinlari Pegasus Yayınları

JOE VITALE
IHALEAKALA HEW LEN

ZERO LİMİT

İngilizceden çeviren:
Zeynep Esin

PEGASUS YAYINLARI

Zihninizin kara tahtasını sildiğinizi ve ön yargılı fikirler olmaksızın yeniden başladığınızı ve dolayısıyla sadece günlük olayların olduğu bir dünyada yaşadığınızı hayal edin. Her şeyin mümkün olduğunu hayal edin. Aslında dünyaya zihinsel kısıtlamalar olmaksızın bakarsanız her şey mümkündür. Bu kitap, yaşamınızı yeni bir fırsatlar ve başarılar evrenine *–Sıfır Sınır*'ın olduğu evrene– açan anahtardır.

Son derece gergin ve aşırı stresli misiniz? Profesyonel ve kişisel hayatınızda ulaşılması tedirgin edici şekilde zor olan başarıyı elde etmek için elinizden geleni yapıyor musunuz?

Eğer çok çalışıyor ama bir sonuca varamıyorsanız belki de sorun içinizdeki bir şeydir. Belki sizi engelleyen sınırlamalar dışsal dünyadan değil, kendi içinizden geliyordur. *Sıfır Sınır* kendi kendinize koyduğunuz sınırları aşmanız ve yaşamınızda hayal ettiğinizden daha fazlasına kavuşmanız için kanıtlanmış bir yol sunmaktadır.

Joe Vitale'yi örnek alalım. Bir zamanlar evsizdi. Şimdi sayısız kitabın yazarı bir milyoner, bir internet yıldızı ve bir pazarlama gurusu oldu. Tüm bu başarılar nasıl gerçekleşti? Bunun için Vitale ne yaptı? Çok mu çalıştı, Tanrı'nın takdiri miydi ya da her ikisi birden miydi? Yanıt sizi şaşırtabilir. Gerçek sınırsız başarıyı eski bir Hawaii yöntemi olan *Ho'oponopono*'yu keşfedince yakaladı.

Modern zamana uyarlanan Ho'oponopono, hayattan istediklerinizi elde etmeniz için yeni ve beklenmedik yollar bulmada zihnimizi özgürleştirerek önümüzü tıkayan zihinsel engelleri ortadan kaldıran bir kişisel gelişim yöntemidir. Sadece işe yaramakla kalmaz, aynı zamanda hem profesyonel hem de kişisel alanlarda harikalar yaratır. Aslında o kadar iyi çalışır ki her an hissettirdiği tatmin ve mutluluk deneyimini başkaları da yaşayabilsin diye Vitale bu yöntemi tüm dünyayla paylaşma gereğini duymuştur.

Modern Ho'oponopono'nun usta öğretmeni Dr. Ihaleakala Hew Len'le birlikte çalışan Vitale; zenginlik, sağlık, huzur ve mutluluğa nasıl ulaşılabileceğini size gösteriyor. Vitale ve Len, kader ve arzunun kontrolünü ele geçirmek için zihninizin bilinçaltı bloklardan temizlenmesine yardım ederek sizi sistemle tanıştırıyor ve hayattan gerçekten ne istiyorsanız elde etmenize yardım ediyor. Metot, sizi alıkoyduklarından haberinizin bile olmadığı, bilinçsizce kabul edilmiş inançları, düşünceleri ve anıları temizlemektedir.

Morrnah ve Ka'i'ye
—Dr. Hew Len

Mark Ryan ve Nerissa'ya
—Dr. Vitale

Ho'oponopono içsel Tanrısallıkla aktif bir ilişki geliştirmek ve düşüncede, sözde, eylemde ya da davranıştaki hatalarımızın temizlenmesini istemeyi öğrenmek için verilmiş etkileyici bir hediyedir. Süreç esasen özgürlüktür, geçmişten tamamen özgür olmaktır.

—Morrnah Nalamaku Simeona,
Ho'oponopono Öğretmeni,
1983'te Hongwanji Mission of Honolulu ve
the Hawaii State Legislature tarafından
Hawaii Eyaleti'nin Yaşayan Hazinesi olarak
adlandırılan Self I-Dentity Ho'oponopono'nun yaratıcısı.

Teşekkür

Bu kitapta teşekkürü hak eden iki önemli isim: Hakkında okumak üzere olduğunuz olağanüstü terapistin hikâyesini bana ilk anlatan sevgili dostum Mark Ryan ve son zamanlarda paha biçilmez bir dosta dönüşen olağanüstü terapist Dr. Ihaleakala Hew Len. Nerissa, sevgilim, gerçek destekçim ve hayat ortağım. Tanıması ve beraber çalışması harika olan Matt Holt ve John Wiley & Sons'taki sevgili dostlarım. Baş yardımcım ve yayıncım ve bu kitabın ilk taslağını düzelten Suzanne Burns. Jillian Coleman-Wheeler, Cindy Cashman, Craig Perrine, Pat O'Bryan, Bill Hibbler ve Nerissa Oden dâhil bu projede bana destek olan fikir grubum. İçlerinde Mark Weisser ve Mark Ryan'ın da olduğu bu kitabı ilk okuyan ve şekillenmesi ve mükemmel bir hale gelmesinde bana yardımcı olan tüm okuyucular. Bu kitabı yazma süreci içinde bana yol gösteren Tanrı'ya da teşekkür etmek istiyorum. Hepsine minnettarım.

İçindekiler

Önsöz: Huzurun Başladığı Yer—Dr. Ihaleakala Hew Len ◎ 13

Giriş: Kâinatın Sırrı—Dr. Joe Vitale ◎ 15

Macera Başlıyor ◎ 23

Dünyanın En Olağanüstü Terapistini Bulmak ◎ 33

İlk Konuşmamız ◎ 43

Niyetlerle İlgili Şaşırtıcı Gerçek ◎ 51

Hangi Beklentiler? ◎ 63

Seni Seviyorum ◎ 77

Tanrı'yla Yemek ◎ 93

Kanıt ◎ 105

Sonuçlar Nasıl Daha Hızlı Alınır? ◎ 145

Daha Çok Bolluk Nasıl Elde Edilir? ◎ 155

Kuşkucu Zihinler Bilmek İster ◎ 169

Seçim Bir Sınırlamadır ◎ 180

Sigaralar, Hamburgerler ve Tanrı'yı Öldürmek ◎ 199

Hikâyenin Ardındaki Gerçek ◎ 213

Son Söz: *Uyanışın Üç Evresi* ◎ 225

Ek A: *Sıfır Sınır Temel İlkeler* ◎ 233

Ek B: *Kendinizi (ya da Herhangi Bir Başkasını) Nasıl İyileştirirsiniz ve Sağlık, Zenginlik ve Mutluluğu Nasıl Keşfedersiniz?* ◎ 239

Ek C: *Kim Sorumlu?* — Dr. Ihaleakala Hew Len ◎ 243

Yazarlar Hakkında ◎ 263

Kaynaklar ◎ 267

Online Kaynaklar ◎ 271

Önsöz

Huzurun Başladığı Yer

Self I-Dentity Ho'oponopono'nun yaratıcısı ve ilk usta öğretmeni sevgili Morrnah Nalamaku Simeona'nın masasının üzerinde "Huzur Benimle Başlar" yazılı bir levha vardır.

Aralık 1982'den Şubat 1992'nin Kirchheim, Almanya'daki o kader gününe kadar geçen süre boyunca onunla çalışırken ve seyahat ederken bu huzurun tüm anlayışların ötesinde olduğuna tanıklık etmiştim. Yatağında son nefesini verdiğinde dahi etrafındaki karmaşaya rağmen o sakinliği tüm anlayışların ötesinde yaymaya devam ediyordu.

Kasım 1982'de Morrnah tarafından eğitim almış olmak ve daha sonraki on sene boyunca onun yanında olmak çok büyük bir şans ve onurdu benim için. O zamandan beri Self I-Dentity Ho'oponopono yapıyorum. Dostum Joe Vitale'nin yardımıyla bu mesajın dünyanın dört bir yanına ulaşacak olmasından dolayı çok mutluyum.

Ama gerçek şu ki bu size sadece ulaşmalıdır, benim aracılığımla, çünkü hepimiz bir bütünüz ve her şey içimizde gerçekleşir.

Ben'in Huzuru,
Dr. Ihaleakala Hew Len
Emekli Başkan
The foundation of I, Inc.Freedom of the Cosmos
www.hooponopono.org
www.businessbyyou.com

Giriş

Kâinatın Sırrı

2006 yılında, "Dünyanın En Olağanüstü Terapisti" adı altında bir makale yazmıştım. Konusu bir koğuş dolusu akıl hastası suçlunun onları profesyonel açıdan görmediği halde iyileşmelerine yardımcı olan bir psikolog hakkındaydı. Alışılmadık bir Hawaii metodu kullanmıştı. 2004 yılına kadar o ve metodu hakkında hiçbir şey duymamıştım. Onu bulmadan önce iki yıl araştırma yaptım. Sonra metodunu öğrendim ve bugün herkesçe bilinen o makalemi yazdım.

Makale internette hızla yayıldı. Haber gruplarına yollandı ve toplumun her kesiminden binlerce insana e-posta olarak gönderildi. Benim www.mrfire.com'daki kendi grubum makaleye bayıldı ve onu on binlerce kişiye yolladı. Onlar da kendi ailelerine ve arkadaşlarına yolladılar. Yaklaşık beş milyon kişinin o makaleyi okuduğunu tahmin ediyorum.

Okuyan herkes yazılanlara inanmakta zorlandı. Bazıları yazılanlardan esinlendi. Bazıları ise kuşku duydu. Hepsi daha fazlasını istedi. Bu kitap o isteğin ve benim araştırmalarımın bir sonucudur.

Bir önceki kitabım *Çekim Yasası Sırrı*'ndaki beş adımın ustası olsanız bile burada sizlere anlatacağım inanılmaz kavramları en azından ilk bakışta anlamayabilirsiniz. Bu kitapta sizlerle paylaşacağım basit uygulama, onları gerçekleştirmeyi denemeden bazı çok önemli başarıları neden ortaya koyamadığımı açıklamama yardımcı olacak. İşte bunlardan birkaçı:

- Nightingale-Conant radyo programım, *Çılgınca Pazarlamanın*

Gücü on yıl boyunca kapılarını çalmayı bıraktıktan *sonra* gerçekleşti.

- Evsizlikten fakirliğe, derken yazar olma mücadelesine, kitabı yayınlanmış bir yazara, kitabı en çok satan bir yazara ve nihayet internet pazarlama gurusu mertebesine *hiçbir plan yapmadan* nasıl ulaştım?
- Bir BMW Z3 spor arabayı altıma çekme arzum daha önce kimsenin aklına gelmemiş olan bir internette pazarlama fikrine esin kaynağı oldu. Bu bana bir günde 22.500 $ kazandırdı, bir yıl içinde de çeyrek milyon dolar.
- Mutsuzken ve boşanma sürecinden geçerken bir Teksas köy evi satın alıp oraya yerleşme arzum, *bir günde* 50.000 $ kazanmama neden olan yeni bir iş kurmama neden oldu.
- 36 kg verebilmem, vazgeçip bu arzumu gerçekleştirmek için kendime yeni bir yol açtıktan *sonra* gerçekleşti.
- Yazdığı kitap en çok satanlar listesinde bir numara olan bir yazar olma arzum, yazmayı *asla planlamamış* olduğum ve hatta *fikrin bile bana ait olmadığı* bir kitabı yazmama ve bu kitabın da bir numara olmasına neden oldu.
- Meşhur *The Secret* filminde görünmem *tamamen* isteğimin, niyetimin ya da planlamamın dışında gelişti.
- Kasım 2006'da ve tekrar 2007 Mart ayında *Larry King Live*'a çıkışım tamamen niyetimin dışında gerçekleşti.
- Bu satırları yazdığım sırada Hollywood yapımcıları *Çekim Yasası Sırrı* adlı kitabımı film yapmayı düşünüyorlar ve başkaları hâlâ beni televizyon programlarına çıkarmak için görüşmeler yapıyorlar.

Liste uzayıp gidebilir ama ben artık ne olduğunu biliyorum. Yaşamımda bir sürü mucize olmakta.

Peki, bu mucizeler *neden* oluyor?

Bir zamanlar evsizdim. Bugün kitabım en çok satanlar listesinde, bir internet şöhretiyim ve bir milyonerim.

Bana ne oldu ki tüm bu başarıyı elde ettim?

Evet, hayallerimi takip ettim.

Evet, harekete geçtim.

Evet, vazgeçmedim.

Bunların hepsini yapan ama gene de başarıya ulaşamayan birçok kişi yok mu?

Farklı olan ne?

Eğer listelediğim başarılara eleştirel bir gözle bakarsanız hiçbirinin doğrudan tarafımdan yaratılmadığını görürsünüz. Aslına bakarsanız hepsindeki ortak nokta benimle ilgili –ki bazılarında isteksiz bir katılımcıydım– Tanrısal bir planın ruhudur.

Bunu başka bir şekilde anlatmama izin verin: 2006 yılının sonlarına doğru Hawaiili esrarengiz terapisti ve metodunu keşfettikten sonra öğrendiklerimin yoğun bir şekilde etkisi altındayken "Beyond Manifestation" (www.BeyondManifestation.com) adlı bir seminer verdim. Seminerde herkesten yaşamlarında bir şeyi ifade etmek ya da kendilerine çekmek için bildikleri tüm yolların bir listesini çıkarmalarını istedim. İfadeler, gözünde canlandırmalar, niyet etmeler, bedensel farkındalık yöntemleri, sonucu hissetme, senaryolaştırma, Duygusal Özgürlük Tekniği (EFT) gibi bir sürü şey söylediler. Kendi gerçeklerini yaratmak için öne sürülen her yoldan sonra gruba bu metodların hiç istisnasız her seferinde gerçekleşip gerçekleşmediğini sordum.

Hepsi de her zaman gerçekleşmediği konusunda hemfikirdi.

"Peki neden?" diye sordum.

Kimse kesin bir şey söyleyemedi.

Bunun üzerine gözlemimi söyleyerek grubu bir noktaya çektim:

"Tüm bu yolların sınırları var," diye açıkladım. "Hepsi de aklınızın oynadığı ve sizin sürekli olarak onlardan sorumlu olduğunuzu düşünmenize neden olan oyuncaklardır. Gerçek şu ki sorumlu değilsiniz ve gerçek mucizeler kendi içinizde, sıfır sınırın olduğu yerde oyuncakları ve güveni serbest bıraktığınızda gerçekleşir."

Daha sonra onlara bu hayatta olmak istediğimiz yerin aklın gevezeliğinin gerisindeki tüm o oyuncakların *ardında* olduğunu ve tam orasının da Tanrı'yla birlikte olduğunuz yer olduğunu anlattım. Yaşamın en az üç evresi olduğunu, bir kurban olan sizinle başladığını, sonra kendi yaşamınızın yaratıcısı olan sizinle devam ettiğini ve –eğer şanslıysanız– Tanrı'nın hizmetkârı olan sizinle bittiğini açıkladım. Bu kitabın ilerleyen sayfalarında bahsedeceğim son evrede şaşırtıcı mucizeler olur; bunun için neredeyse hiç çaba sarfetmezsiniz.

Bugün Hipnotik Gold üyelik programım için (www.HypnoticGold.com) bir hedefler ustasıyla söyleşi yaptım. Bir düzine kitap yazmış ve kitapları milyonlarca satmıştı. İnsanlara nasıl hedefler konulacağını öğretmeyi biliyordu. Felsefesinin büyük bölümü bir şeyleri başarmakla ilgili yakıcı bir istek duymanın etrafında dönüyordu. Ama bu eksik bir stratejiydi. Ona, eğer biri hedefine ulaşmak için yeterli motivasyona sahip değilse ne tavsiye ettiğini sordum.

"Eğer bunun yanıtını bilseydim," dedi, "dünyadaki sorunların büyük bölümünü çözerdim."

Bir hedefe ulaşmak için ona aç olmak gerektiğini söyleyerek devam etti. Eğer değilsen, ona odaklanman için gereken disiplini devam ettiremezsin.

"Peki ya yeterince aç değilsen?" diye sordum.

"O zaman hedefine ulaşamazsın."

"Kendini nasıl aç yaparsın ya da motive edersin?"

Yanıt veremedi.

İşte güç olan da bu. Belli bir noktada tüm kişisel gelişim ve hedef belirleme programları başarısızlığa uğruyor. Eğer biri bir şeylere ulaşmak için hazır değilse, kişinin onu gerçekleştirmek için gerekli olan enerjiyi koruyamayacağı gerçeğine karşı çıkıyorlar. Vazgeçiliyor. Herkes 1 Ocak'ta kararlar verme ve 2 Ocak'ta hepsini unutma deneyimini bilir. Hepsi iyi niyetle yapılır. Ama daha derinde bir şeyler bilinçli arzularla aynı çizgide değildir.

Öyleyse "aç" olmayan o daha derindeki konumla nasıl başa çıkıyorsunuz?

İşte bu kitapta öğreneceğiniz Hawaii Metodu bu noktada devreye giriyor. Engellerin bulunduğu *bilinçaltının* temizlenmesine yardımcı oluyor. İster sağlık ister bolluk, mutluluk ya da herhangi başka bir şey olsun, arzularınıza ulaşmanızdan sizi alıkoyan saklı programların etkisiz hale gelmesine yardımcı oluyor. Her şey içinizde oluyor.

Hepsini şu anda elinizde tutmakta olduğunuz kitapta anlatacağım. Şimdilik şunu göz önünde tutun:

Tor Norretranders'in kitabı *The User Illusion*'da, kalkışmakta olduğunuz ani ve inanılmaz bir zihinsel değişim sürecinin esasını özetleyen bir cümle var: "Hiçlik aynada kendini gördüğü zaman kâinat başladı."

Kısacası, *Sıfır Sınır* hiçbir şeyin var olmadığı ama her şeyin mümkün olduğu sıfır konumuna geri dönmek üzerinedir. Sıfır konumunda düşünceler, kelimeler, eylemler, hatıralar, programlar, inançlar ya da herhangi başka bir şey yoktur. Sadece hiçlik vardır.

Ama bir gün hiçlik kendini aynada gördü ve siz doğdunuz. Oradan, siz yarattınız ve bilinçsizce inançlar, programlar, anılar, düşünceler, kelimeler, eylemler ve daha pek çok şeyi içinize çekip kabul ettiniz. Bu programların pek çoğu varoluşun başlangıcına geri dönmektedir.

Bu kitabın bütün amacı anbean mucizeyi deneyimlemenize yardımcı olmaktır. O noktadan itibaren, size anlattıklarıma benzer mucizeler başınıza gelecektir. Sizler için eşsiz ve inanılmaz derecede harika, sihirli ve mucizevi olacaklardır.

Anlamanın ötesindeki bu güçlü ruhani füze gemisiyle ilgili deneyimim neredeyse tarif edilemez bir şeydir. En büyük hayallerimin de ötesinde bir başarıya sahibim. Yeni beceriler ediniyorum ve kendime ve dünyaya karşı beslediğim sevgi düzeyim çoğu zaman tarifi mümkün olmayan bir boyuta geliyor. Neredeyse sabit bir huşu içinde yaşamaktayım.

Şu şekilde açıklamama izin verin: Herkesin ardından bakarak dünyayı gördüğü bir merceği vardır. Dinler, felsefeler, terapiler, yazarlar, konuşmacılar ve guruların hepsi dünyayı belli bir zihin kalıbından geçirerek algılarlar. Bu kitapta öğreneceğiniz şey, diğer mercekleri ortadan kaldıran yeni bir merceği nasıl kullanacağınızdır. Ve bir kez başardınız mı benim sıfır sınır dediğim yerde olacaksınız.

Self I-Dentity Ho'oponopono adlı, iyileşmeye yönelik bu güncelleşmiş Hawaii yöntemini tarihte ortaya çıkaran ilk kitabın bu olduğunu bilmelisiniz. Ama aynı zamanda da anlamalısınız ki bu, metodu uygulayan tek bir kişinin deneyimidir: benim. Bu inanılmaz metodu bana öğreten terapistin onayıyla bu kitap yazılırken aynı zamanda onu takip eden diğer her şey dünyayla aramdaki kendi merceğimden yazılmıştır. Self I-Dentity Ho'oponopono'yu tam anlamıyla anlamak için bir hafta sonu eğitimine katılmanız ve bunu deneyimlemeniz gerekmektedir (Eğitimlerin listesini www.hooponopono.org ve www.zerolimits.info sitelerinde bulabilirsiniz).

Son olarak, bu kitabın tüm esası tek bir cümlede özetlenebilir. Kullanmayı öğreneceğiniz bir cümle, kâinatın en büyük sırrını ortaya çıkaran bir cümle, size ve Tanrı'ya şu anda söylemek istediğim bir cümle:

"Seni Seviyorum."

Bir bilet alın ve oturun. Ruhunuza giden tren kalkmak üzere.

Şapkalarınızı tutun.

Sizi Seviyorum. *Aloha no wau ia oe.*
Dr. Joe Vitale
(Ao Akua) Austin, Teksas
www.mrfire.com

Hiçlik kendini aynada gördüğü zaman kâinat başladı.

—Tor Norretranders, *The User Illusion*

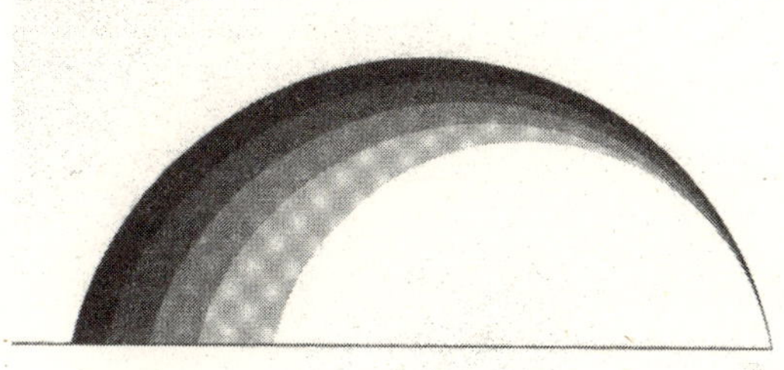

Macera Başlıyor

Huzur sizinle olsun, benim tüm huzurum.

O ka Maluhia no me oe, Ku'u Maluhia a pau loa.

Ağustos 2004'te Ulusal Hipnozcular Locası'nın yıllık toplantısında konuşmacıydım ve bir standım vardı. İnsanlardan, toplantıdan, çıkan enerjiden ve iletişim ağından çok memnundum. Ama o gün başlayacak ve hayatımı değiştirecek olan olaya hazırlıklı değildim.

Dostum Mark Ryan da benimle birlikte stantta çalışıyordu. Mark hipnoterapisttir. Konu, yaşamı ve yaşamın tüm gizemlerini araştırmak olduğunda son derece açık fikirli, meraklı, konuşkan ve etkileyicidir. Sık sık saatler süren sohbetler ederiz. Milton Erickson'dan daha az tanınan şamanlara kadar terapi alanındaki kahramanlarımızdan konuşuruz. İşte böyle bir sohbet sırasında Mark beni şaşırtan bir soru sordu:

"İnsanları onları görmeden bile iyileştiren terapisti duydun mu?"

Soru beni afallattı. Ruhsal şifacılar ve uzaktan tedavi uygulayanlar hakkında bazı şeyler duymuştum ama Mark farklı bir şeylerden bahsediyor gibiydi.

"Kendisi bir hastane dolusu akıl hastası suçluyu tek birini dahi görmeden iyileştiren bir psikolog."

"Ne yaptı?"

"Adı Ho'oponopono olan bir Hawaii şifa metodu kullandı."

"Ho-oh ne?"

Mark'ın o kelimeyi tekrar etmesini belki on kere istedim. Daha önce hiç duymamıştım. Mark hikâyeyi ya da uygulamayı bana daha fazlasını anlatacak kadar bilmiyordu. Meraklandığımı kabul ediyorum ama aynı zamanda şüphe duyduğumu da itiraf etmeliyim. Bunun bir şehir efsanesi olması gerektiğini düşündüm. İnsanları görmeden iyileştirmek mi? Ya, tabii.

Mark hikâyeyi anlatmaya devam etti:

"16 yıl boyunca Kaliforniya'daki Shasta Dağı'nda yolculuk yaptım. Kendimi arıyordum," diye anlattı Mark. "Oradaki bir arkadaşım bana asla unutmayacağım bir broşür verdi. Üzerine mavi mürekkeple yazılmış beyaz bir kâğıttı. Bu, Hawaiili terapist ve yöntemiyle ilgili bir makaleydi. Makaleyi yıllarca tekrar tekrar okudum. Terapistin ne yaptığını anlatmıyordu ama yöntemiyle insanları iyileştirdiğini söylüyordu."

"O makale nerede şimdi?" diye sordum. Okumak istemiştim.

"Bulamıyorum," dedi Mark. "Ama bir şey bana bunu sana anlatmamı söyledi. Bana inanmadığını biliyorum ama ben de senin kadar merak ediyorum. Ben de daha fazlasını öğrenmek istiyorum."

Bir sonraki toplantıya kadar bir yıl geçti. Araya giren aylar boyunca internette dolaştım ama insanları görmeden iyileştiren terapist hakkında hiçbir şey bulamadım. Tabii ki kişi karşısında olmadan yapılan uzaktan tedavi yöntemleri üzerine bilgi vardı ama anladığım kadarıyla o Hawaiili terapistin yaptığı bu değildi. Daha sonra öğreneceğim gibi, onun uyguladığı iyileştirme yönteminde mesafe diye bir şey yoktu. Üstelik daha *Ho'oponopono* kelimesinin nasıl yazıldığını bile bilmiyordum. Dolayısıyla her şeyi oluruna bıraktım.

Derken, 2005 yılındaki senelik hipnoz toplantısında Mark tekrar terapistten bahsetti.

"Onun hakkında bir şeyler buldun mu?" diye sordu.

"İsmini bilmiyorum, ho- mu ne, o terimin nasıl yazıldığını bile bilmiyorum," diye açıkladım. "Dolayısıyla da hiçbir şey bulamadım."

Mark aklına koyduğunu yapan biriydi. Çalışmamıza ara verdik, dizüstü bilgisayarımı açtık, bir kablosuz bağlantı bulduk ve aramaya başladık. Ho'oponopono'nun resmî ve tek web sitesi olan www.hooponopono.org'u bulmamız uzun sürmedi. İnceledim ve birkaç makale buldum. Böylece neyin izini sürdüğüm üzerine hızlı bir bilgiye sahip oldum.

Ho'oponopono'nun bir tanımını buldum: "Ho'oponopono Tanrısal düşüncelerin, kelimelerin, faaliyetlerin ve hareketlerin etkisiyle içinizdeki zehirli enerjilerin temizlenme sürecidir."

Bunun ne anlama geldiği hakkında hiçbir fikrim yoktu, dolayısıyla daha fazlası için araştırmama devam ettim. Şunu buldum:

"Basitçe ifade etmek gerekirse, Ho'oponopono 'doğrusunu yap' ya da 'bir hatayı düzelt" demektir. Eski Hawaiililere göre, hatalar geçmişin acı veren anılarıyla zehirlenen düşünceler yüzünden ortaya çıkar. Ho'oponopono, dengesizliğe ve hastalığa neden olan bu acı veren düşüncelerin ya da hataların enerjisini ortadan kaldırmanın bir yoludur."

İlginç, evet. Ama bu ne demekti?

İnsanları görmeden iyileştiren gizemli terapist hakkında bilgi bulmak için sitede gezinirken, Ho'oponopono'nun Ho'oponopono ile Self I-Dentity (SITH) adında güncelleşmiş bir şekli olduğunu öğrendim.

Tüm bunların ne anlama geldiğini biliyormuşum gibi davranmadım, Mark da davranmadı. Bizler gezgin yoldaşlardık. Dizüstü bilgisayarlarımız bu yeni ülkenin el değmemiş topraklarında sürdüğümüz atlarımızdı. Yanıtların peşindeydik. Hevesle tuşlara vurmaya devam ettik.

Bazı şeylerin aydınlığa kavuşmasına yardımcı olan bir makale bulduk:

Ho'oponopono ile Self I-Dentity

Hastalarımın Sorunlarından %100 Sorumlu Olmak

Ihaleakala Hew Len, PhD ve Charles Brown, LMT

Sorun çözme ve tedavi etmeyle ilgili geleneksel yaklaşımlarda terapist, sorunların kaynağının hastanın içinde olduğuna inanır, kendi içinde değil. Sorumluluğunun hastanın kendi sorumluluğu üzerinde çalışmasına yardımcı olmak olduğuna inanır. Bu inançlar iyileştirme işlemi boyunca sistemli bir şekilde yok edilebilir mi?

Etkin bir sorun çözücü olmak için *terapistin, sorunun konumunun yaratılmış olmasından kendisinin yüzde yüz sorumlu olduğunu kabul etmesi gerekir; bunun anlamı, sorunun kaynağının hastanın içindeki değil, kendi içindeki yanlış düşünceler olduğunu kabul etmesi demektir. Terapistler ne zaman bir sorun olsa kendilerinin de her zaman orada olduklarını asla fark etmiyor gibi görünmektedirler!*

Sorunu gerçekleştirmekten yüzde yüz sorumlu olmak terapiste onu çözmekten de yüzde yüz sorumlu olma hakkını verir. Terapist Kahuna Lapa'au Morrnah Nalamaku Simeona tarafından geliştirilen bir pişmanlık, affetme ve değiştirme süreci olan güncelleşmiş Ho'oponopono metodunu uygulamak kendisinin ve hastanın içindeki hatalı düşüncelerin kusursuz SEVGİ düşünceleri olarak değiştirilmesine olanak tanır.

Gözleri yaşla doluydu. Ağzının kenarlarında derin çukurlar vardı. "Oğlum için endişeleniyorum," diye hafifçe iç geçirdi Cynthia. "Tekrar uyuşturucu kullanmaya başladı." Acı dolu hikâyesini anlatırken, *onun sorunu olarak ortaya çıkan, kendi içimdeki zararlı düşünceleri temizlemeye başladım.*

Terapistin ve ailesinin, akrabalarının ve atalarının içindeki zararlı düşünceler yerini sevgi dolu düşüncelere bırakırken hastanın ve onun ailesinin, akrabalarının ve atalarının içinde de aynı şey oldu. Güncelleşmiş Ho'oponopono süreci, terapistin, zararlı düşünceleri SEVGİ'ye dönüştürebilen Asıl Kaynak'la doğrudan çalışmasını sağladı.

Gözlerindeki yaşlar kurudu. Ağzının etrafındaki çukurlar yumuşadı. Gülümsüyordu, yüzünde bir rahatlama ifadesi vardı. "Neden bilmiyorum ama kendimi daha iyi hissediyorum."

Nedenini ben de bilmiyorum. Gerçekten. Hayat bir gizem,
SEVGİ hariç; o her şeyi bilir. Her şeyi bu şekilde oluruna
bıraktım ve tüm lütufların içinden aktığı SEVGİ'ye
teşekkür ettim.

Sorun çözmede güçelleşmiş Ho'oponopono yöntemini kullanırken, terapist önce kendi I-Dentity'sini (Kimlik), kendi aklını alır ve başkalarının SEVGİ ya da TANRI diye adlandırdıkları Asıl Kaynak'la bağlantıya sokar. Bağlantıyı sağladıktan sonra terapist önce kendisinin sonra da hastasının içinde sorun olarak kendini gösteren hatalı düşünceleri düzeltmesi için SEVGİ'ye çağrı yapar. Çağrı, terapist açısından bir pişmanlık ve affetme sürecidir: "Kendimde ve hastamda soruna yol açan içimdeki yanlış düşünceler için özür dilerim, lütfen beni affet."

Terapistin pişmanlık ve affetme çağrısına karşılık olarak SEVGİ zararlı düşüncelerin değişim sürecini başlatır. Bu ruhani düzeltme sürecinde SEVGİ, öncelikle soruna neden olan zararlı duyguları, ister içerleme, ister korku, öfke, suçlama ya da şaşkınlık olsun, nötralize eder. Bir sonraki adımda SEVGİ, nötralize olmuş enerjileri bir ıssızlık, boşluk, gerçek özgürlük konumuna bırakarak düşüncelerden temizler.

SEVGİ boşalan, özgür kalan düşünceleri bu sefer kendisiyle doldurur. Sonuç? Terapist SEVGİ'yle iyileştirilir, yeniden yapılanır. Terapist iyileştirilince hasta ve onunla ilgili tüm sorunlar da iyileşir. Hastada var olan umutsuzluğun yerinde artık SEVGİ vardır. Ruhundaki karanlığın yerinde artık SEVGİ'nin iyileştirici Işığı yer almıştır.

Ho'oponopono'yla Self I-Dentity eğitimi insanlara kim olduklarını ve sorunlarını anbean ve SEVGİ içinde iyileştirerek ve yeniden yapılanarak nasıl çözebileceklerini öğretir. Eğitim iki saat süren ücretsiz bir konuşmayla başlar. Katılımcılara içlerindeki düşüncelerin nasıl kendi yaşamlarındaki ve ailelerinin, akrabalarının, atalarının, arkadaşlarının, komşularının ve iş arkadaşlarının yaşamlarındaki ruhsal, zihinsel, duygusal, bedensel, ilişkisel ve parasal sorunlara neden olduğu hakkında bir özet konuşma yapılır. Hafta sonu eğitiminde öğrencilere bir sorunun ne demek olduğu, sorunların nerede yer ettiği, yaklaşık 24 sorun çözme yöntemi kullanılarak farklı sorunların nasıl çözülebileceği ve kendilerine nasıl gerçekten iyi bakabilecekleri öğretilir. Eğitimdeki öncelikli vurgu, kişilerin kendilerinden ve yaşamlarında başlarına gelenlerden ve sorunları çaba sarf etmeden çözümlemekten yüzde yüz sorumlu olduklarıdır.

Güncelleşmiş Ho'oponopono metodunun mucizesi, her an yeni bir sizle karşılaşmanız ve yöntemin her uygulanışı ile SEVGİ'nin iyileştiren mucizesine daha fazla değer vermenizdir.

Ben hayatımı ve ilişkilerimi aşağıdaki anlayışlara göre idare ederim:

1. Fiziki evren düşüncelerimin bir ürünüdür.
2. Eğer düşüncelerim kanserliyse, kanserli bir fiziksel gerçeklik yaratırlar.
3. Eğer düşüncelerim kusursuzsa, ağzına kadar SEVGİ'yle dolu bir fiziksel gerçeklik yaratırlar.
4. Fiziki evrenimi şimdi olduğu şekilde yaratmaktan yüzde yüz ben sorumluyum.
5. Hastalıklı bir gerçek yaratan kanserli düşünceleri düzeltmede yüzde yüz ben sorumluyum.
6. Orada olduğu gibi diye bir şey yok. Her şey aklımdaki düşünceler neyse öyle var oluyor.

Mark'la birlikte makaleyi okuduk ve aradığımız terapistin hangisi olduğunu merak ettik: Charles Brown mu yoksa Dr. Hew Len mi? Bilmiyorduk. Ve şu makalede bahsedilen Morrnah kimdi? Ve şu Self I-Dentity Ho-oh *lütfen*?

Okumaya devam ettik.

Arayışımıza ışık tutan birkaç makale daha bulduk. Bazı şeyleri ortaya çıkaran şunun gibi ifadeler de bunlara dâhildi: "Ho'oponopono ile Self I-Dentity her sorunu bir sıkıntı olarak değil, bir fırsat olarak görür. Sorunlar, SEVGİ'nin gözleriyle görmemiz ve onun verdiği esinle hareket etmemiz için bize bir şans daha vermek üzere ortaya çıkan geçmişin tekrarlanan hatıralarından başka bir şey değildir."

Meraklanmıştım ama anlayamıyordum. Sorunlar "geçmişin tekrarlanan hatıraları" mı? Hı? Bu yazarlar ne anlatmaya çalışıyorlardı? Şu ho- denen şey insanları iyileştiren terapiste nasıl yardımcı olmuştu? Zaten, şu terapist kimdi ki?

Bir başka makale buldum, bu seferki Darrell Sifford adında bir muhabirdi ve ho'opo –adı her neyse– metodunun yaratıcısıyla bir görüşmesini yazmıştı. Adı Morrnah'ydı ve bir kahuna ya da sırların bekçisiydi. Bu Morrnah'nın insanların iyileşmesine yardım etmek için yaptığı şey, "seçimimizin Tanrısal yaratıcısına 'herkesin içinde olan... ilahi yaratıcının gerçek bir uzantısı olan Tanrısallığa' çağrı yapmaktı."

Belki siz ne olduğunu anlıyorsunuzdur. Ama ben o sırada hiçbir şey anlamamıştım. Mark da öyle. Bu Morrnah'nın söylediği duaya benzer şeylerin insanların iyileşmesine yardımcı olduğu açıktı. O duayı bulmayı zihnime not ettim ama şu anda farklı bir göreve başlamak üzereydim: terapisti bulmak ve iyileştiren metodunu öğrenmek. Daha fazla öğrenmek ve bu şaman terapistle karşılaşmak için duyduğum heves gittikçe daha heyecan verici oluyordu. Her ne kadar Mark ve ben toplantıdaki stantlarımıza dönmek zorunda olsak da araştırmamıza devam etmek için ekranda dolaşmayı sürdürdük.

Makalelere ve web sitesine dayanarak, bulmak istediğimiz terapistin adının Ihaleakala Hew Len olduğunu tahmin etmiştik. Bırakın nasıl yazıldığını, nasıl okunduğu hakkında bile hiçbir fikrim yoktu. Onu nasıl bulacağımı da bilmiyordum. Mark ve ben Google'ı denedik ama hiçbir ize rastlamadık. Bu göksel terapistin bir kurgu ürünü ya da emekli ve hatta ölmüş biri olduğundan şüphelenmeye başladık.

Dizüstü bilgisayarımı kapadım ve toplantıya geri döndüm.

Ama macera başlamıştı.

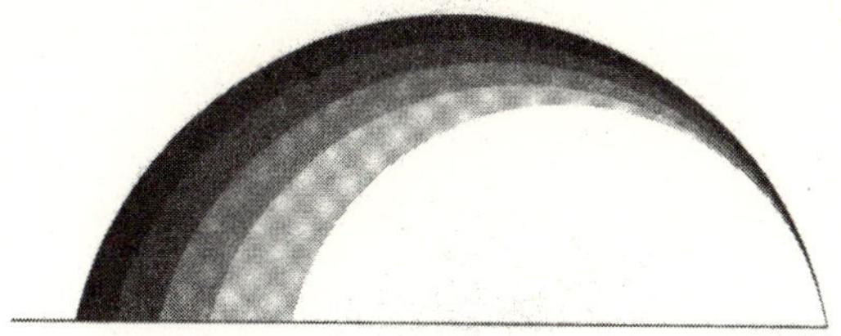

Dünyanın En Olağanüstü Terapistini Bulmak

Dışarı bakan hayal görür, içeri bakan uyanır.

—Carl Jung

Teksas, Austin'in dışındaki evime döndüğümde hastaları görmeden iyileştiren terapistin hikâyesini hâlâ aklımdan çıkaramamıştım. Metodu neydi? Kimdi? Hikâyesi bir aldatmaca mıydı?

Çoğu *Adventures Within* ve *Çekim Yasası Sırrı* adlı kitaplarımda kronolojik olarak yayınlanan, kişisel gelişim üzerine 20 yıllık çalışmalarım nedeniyle, daha fazlasını bilmem gerektiği kimse için şaşırtıcı olmamalı. Ben oldum olası meraklı biriyimdir. Tartışmayı seven bir gurunun yanında yedi yıl geçirmiştim. Kişisel gelişim danışmanları ve bilgeleriyle, yazarlar ve konuşmacılarla, mistikler ve akıl sihirbazlarıyla söyleşiler yapmıştım. Yazdığım kitapların başarısından dolayı, insan gelişimi konusunda önde gelen uzmanları artık arkadaşım olarak çağırabiliyordum. Ama terapistin hikâyesini aklımdan çıkaramıyordum. Bu farklıydı. Büyük bir buluştu.

Daha fazlasını bilmeye ihtiyacım vardı.

Böylece yeniden araştırmaya başladım. Eskiden kayıp kişileri bulmak için dedektif kiralardım. Böyle bir şeyi *The Seven Lost Secrets of Success* adlı kitabımla ilgili olarak reklam dâhisi Bruce Barton için yapmıştım. Dr. Hew Len'i bulmak için de birini kiralamaya hazırdım, ta ki garip bir şey olana kadar.

Bir gün, Dr. Hew Len hakkında yine araştırma yaparken, ismini bir web sitesinde buldum. Bunu daha evvel neden göremediğim konusunda hiçbir fikrim yoktu. Ama oradaydı işte.

Bir telefon numarası bulamadım. Ama Dr. Hew Len'le e-posta yoluyla ücret karşılığı kişisel bir danışma seansı ayarlayabilirdim. Terapi yapmak için garip bir yol gibi görünüyordu ama internet çağında her şey mümkündü. Ona bir adım yaklaşmak için en iyi yolun bu olduğuna karar vererek web sitesi aracılığıyla bir e-posta yolladım. İnanılmaz heyecanlanmıştım. Yanıtını sabırsızlıkla bekledim. Ne diyecekti? Aydınlatıcı bir şeyler yazacak mıydı? E-posta aracılığıyla beni iyileştirecek miydi?

O gece zar zor uyudum, ondan haber almak için sabırsızlanıyordum. Ertesi sabah yanıtı geldi, şöyle yazıyordu:

> Joe:
>
> Benden danışmanlık istediğin için teşekkür ederim. Danışmanlıklar genellikle internet ya da faks üzerinden yapılır. Danışmanlık isteyen kişi bana danıştığı şeyin doğasıyla ilgili bilgi verir. Örneğin, bir sorunun, bir endişenin tanımı gibi. Bilgi üzerine Tanrısal yönergeler edinmek için çalışır ve meditasyon yaparım. Sonra kişiyle yeniden e-posta yoluyla iletişime geçer ve meditasyon sırasında elde ettiğim şeyi ona anlatırım.
>
> Bugün öğle yemeği için dışarı çıktığımda Hawaii'den bir avukat bana bakmam için bir bilgi yolladı. Onun üzerinde çalıştıktan sonra, meditasyonda Tanrısal Olan'dan alacağım şeyi kendisine bildireceğim.
>
> Çalışmamla ilgili bilgiyi www.hooponopono.org'dan edinebilirsin.
>
> Neyin senin için yararlı olacağını görmek için benimle istediğin zaman bağlantıya geçebilirsin.
>
> Hey şeyin ötesinde sana huzur dilerim.
>
> Ben'in Huzuru.
>
> Ihaleakala Hew Len, PhD

Garip bir e-postaydı. Tanrısallık mı? Avukatlar onu kiralamış mı? Kendisi ve yöntemi hakkında yargıda bulunacak kadar bilgiye sahip değildim henüz ama kesinlikle daha fazlasını bilmek istiyordum.

Hemen e-postayla ona bir şey danışmaya karar verdim. Fiyatı 150 dolardı ve benim için çok ucuzdu. Uzun bir arayıştan sonra nihayet mucizevi bir işe sahip olan terapistten bir şeyler öğrenebilecektim! Çok heyecanlanmıştım!

Ona ne sormam gerektiği konusunda biraz düşündüm. Hayatım gayet güzeldi. Kitaplarım vardı; başarıya, arabalara, evlere, hayat arkadaşına, sağlığa ve pek çok insanın aradığı bir mutluluğa sahiptim. 35 kilo vermiştim ve çok iyi hissediyordum ama vermem gereken 15 kilo daha vardı. Hâlâ kilo verme problemiyle mücadele ettiğime göre, Dr. Hew Len'e bu konuda danışmaya karar verdim. Öyle de yaptım. 24 saat içinde yanıt verdi ve bana şu e-postayı yazdı:

> Yanıtın için teşekkür ederim, Joe.
>
> Baktığımda duyduğum şey, "O gayet iyi," idi.
>
> Bedeninle konuş. Ona de ki: "Seni bu halinle seviyorum. Benimle olduğun için teşekkür ederim. Eğer herhangi bir nedenle benim tarafımdan kötüye kullanılmış olduğunu hissettiysen lütfen beni affet." Şimdi dur ve günün geri kalanında bedenini ziyaret et. Ziyaretinin sevgi ve şükran ziyareti olmasına izin ver. "Beni taşıdığın için sana teşekkür ederim. Nefes alıp verdiğim için, kalbim attığı için teşekkür ederim."
>
> Bedenini bir hayat arkadaşın olarak gör, bir hizmetçi olarak değil. Tıpkı küçük bir çocuğa konuşurmuş gibi konuş bedeninle. Onunla dost ol. Kendi kendine çalışmak için en çok sevdiği şey bol sudur. Onun aç olduğunu hissedebilirsin ama aslında sana susadığını anlatmak istiyor olabilir.
>
> Su içmek, bilinçaltındaki (Çocuk) anıları, tekrar

eden sorunları değiştirir ve bedenin "hepsinden arınmana ve Tanrı'nın içeri girmesine izin verir". Mavi renkli cam bir şişe al. Suyla doldur. Ağzını mantar tıpayla kapa ya da selefonla sar. Şişeyi güneşin altında ya da akkor ışık altında en az bir saat beklet. Suyu iç, banyo yaptıktan ya da duş bu suyu kullan, elbiselerini bu suyla yıka ve suyu nerelerde kullanıyorsan orada hep bu suyu kullan. Kahveni ya da sıcak çikolatanı bu suyla yapabilirsin.

E-postanda zarif bir sadelik hissi vardı, eşsiz bir hediye.

Belki evimize giden yolları temizleyen bir gezgin yoldaş olarak onu yeniden ziyaret edebiliriz.

Her şeyin ötesinde sana huzur dilerim.

Ben'in Huzuru.

Ihaleakala

Huzur dolu mesajının keyfini çıkarırken daha fazlasını bilmek istiyordum. Bu şekilde mi danışmanlık yapıyordu? İnsanları akli bir hastanede böyle mi iyileştiriyordu? Eğer öyleyse bir şeyler ciddi şekilde eksikti. Bir kilo kaybetme probleminde pek çok insanın onun e-postasını son karar olarak kabul ettiğinden şüphe duyuyordum. Bana "Sen iyisin." demek zaten her şeyin çözümü değil mi?

Tekrar yazdım ve daha fazla bilgi istedim. İşte yanıtı:

Joe:

Huzur benimle başlar.

Sorunlarım bilinçaltımda tekrar eden hatıralardır. Sorunlarımın herhangi biriyle ya da herhangi bir yerle ya da herhangi bir durumla hiçbir ilgisi yoktur. Onlar, Shakespeare'in sonelerinden birinde şiirsel olarak da söylediği gibi "kederlenilmiş kederlerdir".

Tekrar eden hatıraları deneyimlediğim zaman bir seçim yapmam gerekir. Durup onlarla meşgul olabilirim ya da onları dönüştürme yoluyla serbest bırakmak için Tanrısallıktan talepte bulunabilirim; böylece zihnimi asıl konumu olan sıfır, boşluk konumuna anılardan yoksun olarak yeniden getirmiş olurum. Hafızam boşaldığı zaman, ben Tanrı'nın beni tamı tamına yarattığı şekliyle, kendi Tanrısallığımla var olurum.

Bilinçaltım sıfır konumundayken zamansız, sınırsız, sonsuz ve ölümsüzdür. Anılar yazdırıldığı zaman bilinçaltım zamanın, mekânın, sorunların, belirsizliğin, kaosun, düşünmenin, kopyalamanın ve idare etmenin içine gömülür. Anıların yönetmesine izin vererek zihnimin netliğini ve bununla birlikte de Tanrı'yla aynı çizgide olmayı kaybederim. Aynı çizgide değilsen esinlenmezsin ve alamazsın. İlhamın yoksa amacın da yoktur.

İnsanlarla çalışırken onlarla ilgili algılarım, düşüncelerim, tepkilerim olarak bilinçaltımda tekrar tekrar oynanan hatıralarımı değiştirmesi için Tanrı'dan daima yardım isterim. Böylece sıfır konumundan Tanrı, bilinçaltımı ve bilincimi esinlenmelerle doldurarak ruhumun, insanları Tanrı'nın onları deneyimlediği şekilde deneyimlemesine izin verir.

Tanrısallıkla çalışırken bilinçaltımda değiştirilen hatıralar aynı zamanda tüm zihinlerin bilinçaltını da temizler ki bunlar sadece insan, hayvan ya da bitki krallıklarının değil, görülebilen ve görülemeyen tüm varlıkların bilinçaltıdır da. Huzurun ve Özgürlüğün benden başlıyor olduğunu fark etmek ne harika.

Ben'in Huzuru.

Ihaleakala

Evet, hâlâ anlamamıştım. Yaptıkları üzerine bir kitap yazmak için onunla çalışıp çalışamayacağımı sormaya karar verdim. Bu bana metodundaki sırrı çözmek ve akıl hastanesinde çalıştığı yıllar hakkında bir şeyler öğrenmek için mantıklı bir yol gibi görünüyordu. Bunun başkalarına yardımı olabilir dedim. İşin büyük bölümünü ben yapacağım dedim. Ona e-posta yolladım ve beklemeye başladım. Şöyle yanıt verdi:

Joe:

"Huzur benimle başlar."

İnsanlık, başkalarını yardım ve destek ihtiyacı içindeymiş gibi algılamanın bağımlılık yaratan hatıralarıyla doludur. Ho'oponopono'yla Self I-Dentity (SITH), sorunların içte değil de "dışarıda bir yerde" olduğunu tekrar tekrar söyleyen algılara sahip bilinçaltımızdaki bu hatıraları temizlemek üzerinedir.

Her birimiz halihazırda oluşturulmuş olan "kederlenilmiş kederlerimizle" dünyaya geliriz. Sorunlu hatıraların insanlarla, yerlerle ya da durumlarla hiçbir ilgisi yoktur. Onlar özgür olmak için birer fırsattır.

SITH'nin bütün amacı kişinin Self I-Dentity'sini, İlahi Zekâ'yla doğal ritmini yeniden düzenlemektir. Bu orijinal ritim yeniden yerleştirildiğinde sıfır açılır ve ruh, ilhamla dolar.

SITH alan insanlar bilgiyi, onlara da yardım eder düşüncesiyle başkalarıyla paylaşmak isterler. "Onlara yardım edebilirim" yaklaşımından çıkmak zordur. SITH'yi insanlara tam olarak "açıklamak" anılar sorununu çözmez. SITH yapmak çözer.

Eğer "kederlenilmiş kederlerimizi" temizlemek istiyorsak iyileşeceğiz demektir ve herkes ve her şey de iyileşecek demektir. Bu nedenle, insanları SITH'yi başkalarıyla paylaşma konusunda cesaretlendirmiyoruz; onun yerine, başkalarıyla olan sorunlarını bir kenara bırakıp önce kendilerini, ondan sonra diğerlerini özgürleştirmeleri için teşvik ediyoruz.

"Huzur benimle başlar."

POI,

Ihaleakala

Evet, *hâlâ* anlamıyordum.

Tekrar yazdım ve onunla telefonda görüşüp görüşemeyeceğimi sordum. Onunla bir röportaj yapmak istediğimi söyledim. Kabul etti. Bir sonraki cuma için randevulaştık. Öyle heyecanlıydım ki dostum Mark Ryan'a yazdım ve ona yıllar önce bana bahsettiği o esrarengiz Hawaiili şamanla nihayet konuşacağımı anlattım. O da heyecanlandı.

Ne öğreneceğimiz konusunda ikimiz de merak içindeydik.

Ne deneyimleyeceğimiz konusunda çok az şey biliyorduk.

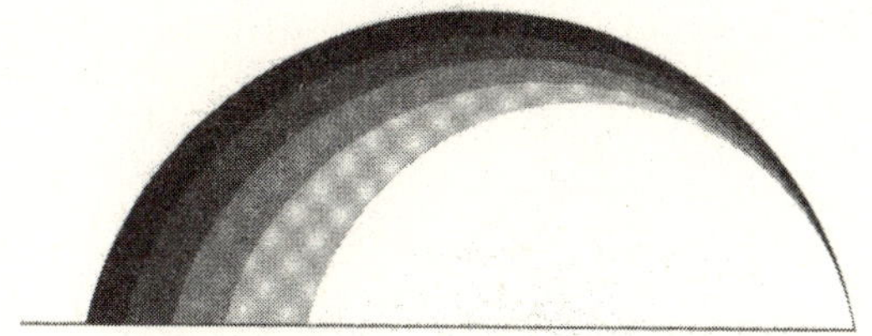

İlk Konuşmamız

Herkes dünyanın sınırları olarak kendi görüş alanının sınırlarını alır.

—Arthur Schopenhauer

Dr. Hew Len'le ilk kez 21 Ekim 2005'te konuştum.

Tam ismi Dr. Ihaleakala Hew Len idi. Ama bana kendisini "E" olarak çağırmamı söyledi. Evet, tıpkı alfabedeki harf gibi. Tamam. Bunu yapabilirim. "E" ve ben ilk telefonda muhtemelen bir saat kadar konuştuk. Terapist olarak işiyle ilgili tüm hikâyeyi bana anlatmasını istedim.

Bana üç yıl boyunca Hawaii Devlet Hastanesi'nde çalıştığını söyledi. Akıl hastası suçluları tuttukları koğuş tehlikeli bir yerdi. Psikologlar bir aydan fazla dayanamıyorlardı. Personel ya sık sık hastalık iznine çıkıyordu ya da istifa ediyordu. İnsanlar o koğuşa hastalar tarafından saldırıya uğrama korkusuyla sırtlarını duvara dayayarak gidiyordu. Yaşamak, çalışmak ya da ziyaret etmek için hiç hoş bir yer değildi.

Dr. Hew Len ya da "E", bana hastaları mesleki açıdan asla görmediğini söyledi. Asla onlara danışmanlık yapmamıştı. Dosyalarını incelediğini kabul ediyordu. O dosyalara bakarken kendisi üzerinde çalışabiliyordu. Kendisi üzerinde çalıştıkça hastalar iyileşmeye başlamıştı.

Aşağıdakini öğrendikten sonra bu olay daha da ilginç bir hale geldi.

"Birkaç ay sonra, prangaya vurulmuş olan hastaların özgürce dolaşmalarına izin verilmeye başlanmıştı," diye anlattı. "Ağır ilaç tedavisi gören diğerlerininse ilaçları azaltılmıştı. Serbest bırakılması için asla şans tanınmayanlarsa salıverilmişti."

Dehşete düşmüştüm.

"Sadece bu da değil," diye devam etti. "Personel işe gelmekten zevk almaya başladı. Devamsızlık ve iş devretme sona erdi. Sonunda ihtiyacımızdan daha fazla personel işe gelir oldu. Bugün koğuş kapanmış durumda."

İşte tam burada bir milyon dolarlık soruyu sordum:

"Kendi içinde, o insanların değişmesine neden olan ne yapıyordun?"

"Basit bir şekilde onlarla ortak olan, kendimdeki bir parçayı temizliyordum," dedi.

Ne?

Anlamadım.

Dr. Hew Len, senin yaşamındaki tüm sorumluluğun, yaşamında olan –çünkü o *senin yaşamındadır*– her şeyin senin sorumluluğun olması anlamına geldiğini söyledi. Yalın bir ifadeyle, tüm dünya senin yaratındı.

Vay canına! Bu öyle kolay yutulacak bir şey değildi. Söylediğimden ya da yaptığım bir şeyden sorumlu olmam bir şeydi, yaşamımdaki *herkesin* söylediklerinden ya da yaptıklarından sorumlu olmam tamamen başka bir şeydi.

Öte yandan gerçek şudur: Eğer yaşamınızın tüm sorumluluğunu üzerinize alırsanız o zaman gördüğünüz, duyduğunuz, tattığınız, dokunduğunuz ya da herhangi bir şekilde deneyimlediğiniz her şey sizin sorumluluğunuzdur çünkü *o sizin hayatınızdadır*.

Bu da demektir ki teröristlerin, başkanın, ekonominin –deneyimlediğiniz ve hoşlanmadığınız her şeyin– iyileşmesi size bağlıdır. Başka bir deyişle, onlar sadece içinizden dışa vurulmuş iz düşümlerdir.

Sorun onlar değildir, sorun sizsinizdir.

Ve onları değiştirmek için kendinizi değiştirmeniz gerekir.

Bırakın kabul etmeyi ya da gerçekten yaşamayı, bunu anlamanın bile kolay olmadığını biliyorum. Suçlamak mutlak sorumluluktan çok daha kolaydır. Ama Dr. Hew Len'le konuşurken onun için Ho'oponopono'da iyileştirmenin kendini sevmek demek olduğunu fark etmeye başladım. Yaşam kalitenizi yükseltmek istiyorsanız yaşamınızı iyileştirmelisiniz. Birini –hatta akıl sağlığı bozuk birini bile– iyileştirmek istiyorsanız bunu kendinizi iyileştirerek yaparsınız.

Dr. Hew Len'e kendisini nasıl iyileştirdiğini sordum. O hastaların dosyalarına bakarken tam olarak ne yapıyordu?

"Sadece sürekli olarak, 'Özür dilerim,' ve 'Seni seviyorum,' deyip durdum," diye açıkladı.

Bu kadar mı?

Bu kadar.

Kendini sevmek kendini geliştirmenin en iyi yolu haline geliyordu. Ve kendinizi geliştirirken dünyanızı da geliştirmiş oluyordunuz.

Dr. Hew Len ya da "E" hastanede çalışırken, neyle karşılaşırsa karşılaşsın, onu Tanrı'ya teslim ediyor ve o şeyin temizlenmesini istiyordu. Her zaman ona güvenmişti. Her zaman işe yaramıştı. Dr. Hew Len kendisine şunu soruyordu: "Kendi içimde bu soruna ne neden oluyor ve içimdeki bu sorunu nasıl düzeltebilirim?"

Görünüşe göre içten dışa vurum olan bu iyileştirme tekniğinin adı Self I-Dentity Ho'oponopono'ydu. Hawaii'deki misyonerleri derinden etkileyen Ho'oponopono'nun daha eski bir şekli de vardı anlaşılan. Burada insanların sorunlarını çözmek için onlar hakkında en ince detayına kadar konuşmalarını sağlayan bir kişi söz konusuydu. Bir sorunla aralarındaki manevi bağı kopardıkları zaman sorun yok oluyordu. Ama Self I-Dentity Ho'oponopono'nun bir yardımcıya ihtiyacı yoktu. Her şey insanın kendi içinde olup bitiyordu. Çok meraklanmıştım ve bunu zamanla daha iyi anlayacağımı biliyordum.

Dr. Hew Len'in elinde çalışmasıyla ilgili herhangi bir materyali yoktu. Ona bir kitap yazma konusunda yardımcı olmayı önerdim ama ilgili görünmedi. Sipariş ettiğim eski bir video vardı. Ayrıca Tor Norretranders'ın *The User Illusion*'ını da okumamı söyledi. Bir kitap kurdu olduğum için anında internete girdim ve Amazon'dan kitabı sipariş ettim. Elime ulaştığında bir çırpıda okuyuverdim.

Kitap, bilinçli zihnimizin neler olmakta olduğuna dair herhangi bir bilgisi olmadığını savunuyordu. Norretranders şöyle yazıyordu: "Gerçek şu ki geçen her saniye, milyonlarca birimlik bilgi duyularımız aracılığıyla zihnimize akar. Ama bilincimiz saniyede en fazla kırk birimini işleme tabi tutar. Milyonlarca birim hemen hemen hiç bilgi taşımayan bilinçli bir deneyime sıkıştırılır."

Dr. Hew Len'in söylediklerinden anladığım kadarıyla herhangi bir anda olmakta olan şeylerle ilgili gerçek bir farkındalığa sahip değilsek eğer yapabileceğimiz tek şey her şeyi teslim etmek ve güvenmekti. Her şey yaşamınızdaki her şeyden sorumlu olmakla ilgiliydi. Her şeyden. Bana çalışmasının kendisini arındırmak üzerine olduğunu söylüyordu. Bu kadar. O kendini arındırırken dünya da arınıyordu çünkü dünya oydu. Kendisinin dışındaki her şey bir yansıma ve illüzyondu.

Bazı şeyler Jung tarzı gibi gözükse de dışarıda gördüklerinizin kendi yaşamınızın karanlık yanı olduğu konusunda Dr. Hew Len'in tanımladığı, bunun çok ötesinde bir şey gibi gözüküyordu. Her şey kendinizin bir aynasıydı ama aynı zamanda da deneyimlediğiniz ve kendi içinizden gelen her şeyi İlahi Olan'la bağlantıya geçerek düzeltmek de sizin sorumluluğunuzdu. Ona göre, dışsal olan herhangi bir şeyi düzeltmenin tek yolu İlahi Olan'a –Tanrı, Yaşam, Kâinat ya da o kolektif gücü tarif eden herhangi bir terime– "Seni Seviyorum," demekti.

Vay canına! Bu gerçek bir sohbet olmuştu. Dr. Hew Len beni tanımıyordu ama zamanının büyük bölümünü vermişti. Ve aynı zamanda da kafamı karıştırmıştı. Neredeyse 70 yaşındaydı ve bazıları için muhtemelen bir guru, diğerleri içinse kafadan kontak biriydi.

Dr. Hew Len'le ilk defa konuşmuş olmak beni çok heyecanlandırmıştı ama daha fazlasını istiyordum. Bana anlattıklarını tam olarak anlamamıştım. Ve ona karşı çıkmak ya da onu reddetmek çok kolay olurdu. Ama tıpkı akıl hastası suçlularında olduğu gibi, umutsuz kabul edilen durumları iyileştiren yeni metodunu kullanışını anlatan hikâyesini aklımdan çıkaramıyordum.

Dr. Hew Len'in yaklaşan bir semineri olduğunu biliyordum ve sordum:

"O seminerde ne öğreneceğim?"

"Öğrenmen gerekeni öğreneceksin," dedi.

Bu bana 1970'lerin eski *Doğu* eğitimi gibi gelmişti: Öğrendiğin şey, öğrenmen gereken şeydir.

"Seminerinize kaç kişi katılacak?"

"Eleme yapıyorum, dolayısıyla sadece orada olmaya hazır olanlar orada olacak," dedi. "Belki 30 ya da 50 kişi. Bilmiyorum."

Konuşmamızı bitirmeden önce "E"ye e-postasındaki imzanın ne anlama geldiğini sordum.

"POI Ben'in Huzuru demektir," diye açıkladı. "Bu, tüm anlayışların ötesindeki huzurdur."

O sırada ne demek istediğini anlamamıştım ama şimdi çok iyi anlıyorum.

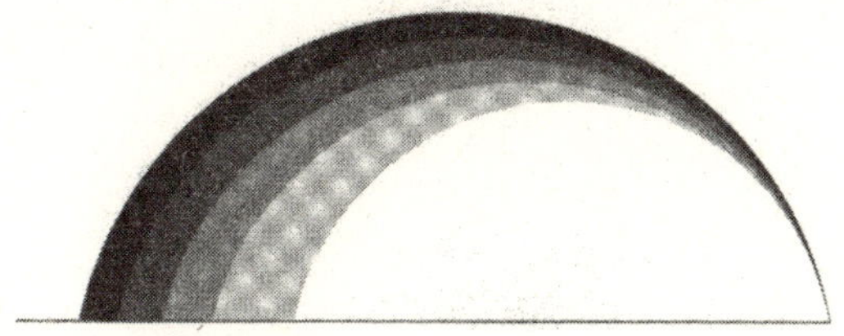

Niyetlerle İlgili Şaşırtıcı Gerçek

İnsan olarak, öznel olan içsel yaşamımız bizim için asıl önemli olandır. Ancak faaliyette olan bilinçli irademizde nasıl ortaya çıktığı ve nasıl çalıştığı hakkında nispeten çok az şey biliyor ve anlıyoruz.

—Benjamin Libet, *Mind Time*

Dr. Hew Len'le yaptığım o ilk telefon görüşmesinden sonra daha fazlasını öğrenmek için sabırsızlanıyordum. Birkaç hafta sonra yapacağı semineri sordum. Bana seminerin reklamını yapmaya kalkışmadı. Kendisinin sürekli arındığını, dolayısıyla da doğru insanların seminere katılacağını söyledi. Kalabalık istemiyordu. Kalpleri açık insanlar istiyordu. Tanrısallığın -hepimizden daha büyük olan güç için en çok kullandığı terim- doğru düzenlemeyi yapacağına güveniyordu.

Bana Dr. Hew Len'i ilk anlatan dostum Mark Ryan'a seminere katılmayı isteyip istemediğini sordum. Bu mucizeyi bana anlattığı için ona bunu bir hediye olarak vermek istediğimi söyledim. Tabii ki kabul etti.

Yolculuktan önce biraz daha araştırma yaptım. Bu terapistin metodunun Hawaii'deki çok tutulan bir iyileştirme metodu olan *huna* ile bir bağlantısı olup olmadığını merak ediyordum. Okuyunca hiç ilgisi olmadığını öğrendim. *Huna*, girişimcilikten yazarlığa geçen Max Freedom Long'un Hawaii tarzı ruhaniyetin kendi yorumuna verdiği isimdi. Hawaii'de bir okulda öğretmen olarak çalışırken Hawaiili arkadaşlarından gizli bir gelenek öğrendiğini iddia etmişti. 1945 yılında Huna Kardeşliği'ni kurmuş ve daha sonra da en popüleri *The Secret Science Behind Miracles* olan bir dizi kitap yayınlamıştı. Her ne kadar etkileyici de olsa Long'un çalışmasının benim araştırdığım terapistinkiyle hiçbir ilgisi yoktu. Öğrenmeye daha yeni başlayan biri olarak terapistin, Long'un hiç duymadığı bir uygulama yaptığını, en azından tarzlarının birbirinden farklı olduğunu anlamıştım.

Okudukça ve öğrendikçe merakım daha da çoğalıyordu. Doktorla karşılaşacağım günü sabırsızlıkla bekliyordum.

Los Angeles'a uçtum ve Mark'la buluşup birlikte Calabasa, Kaliforniya'ya gittik. Mark bana önce Los Angeles'ı gösterdi ve çok güzel vakit geçirdik. Ama her ikimiz de hakkında pek çok şey duyduğumuz adamla tanışmayı iple çekiyorduk. Kahvaltı yaparken yaptığımız sohbetler seminere katılma isteğimizi daha da kamçılıyordu.

Seminer odasına gittiğimizde yaklaşık 30 kişiden oluşan bir kuyrukla karşılaştık. Parmaklarımızın ucuna kalkıp insanların başlarından ötesini görmeye çalıştık. Doktoru görmek istiyordum. Esrarengiz adamı görmek istiyordum. Dr. Hew Len'i görmek istiyordum. Nihayet kapıya ulaştığımda Dr. Hew Len beni selamladı.

"Aloha, Joseph," dedi elini uzatarak. Sesi yumuşaktı ama aynı zamanda karizmatik ve otoriterdi. Tenis ayakkabısı, önü açık bir gömlek ve bir iş ceketi giymişti. Başında daha sonra bunun kendisinin ticari markası olduğunu öğrendiğim bir beyzbol şapkası vardı.

"Aloha, Mark," dedi arkadaşıma.

Uçuşumuz, Teksas'tan buraya ne kadar sürede geldiğimiz vs. konusunda sohbet ettik. Onu görür görmez sevmiştim. Kendisine olan güveni ve büyükbabavari havası beni hemen ona yakınlaştırmıştı.

Dr. Hew Len vaktinde başlamayı seviyordu. Seminer başlar başlamaz bana seslendi.

"Joseph, bilgisayarında bir şeyi sildiğin zaman, o şey nereye gider?"

"Hiçbir fikrim yok," diye yanıtladım. Herkes güldü. Onların da bir fikri olmadığına emindim.

"Bilgisayarınızda bir şeyi sildiğiniz zaman, o şey nereye gider?" diye genel olarak sordu.

Biri, "Çöp kutusuna," diye bağırdı.

"Kesinlikle," dedi Dr. Hew Len. "O şey hâlâ bilgisayarınızdadır ama görüş alanınızın dışındadır. Hatıralarınız da işte aynen böyledir. Onlar hâlâ sizin içinizdedir, sadece görüş alanınızda değillerdir. Yapmak istediğimiz şey onları tamamen ve kalıcı bir şekilde silmektir."

Bunu çok ilginç bulmuştum ama ne anlama geldiği ya da sözü nereye getirmekte olduğu konusunda hiçbir fikrim yoktu. Hatıralarımın kalıcı bir şekilde silinmesini neden isteyeyim ki?

"Hayatı iki türlü yaşayabilirsiniz," diye açıkladı Dr. Hew Len. "Hatıra ya da esinlenme aracılığıyla. Hatıralar tekrar tekrar ortaya çıkan eski programlardır. İlham ise Tanrı'nın size verdiği mesajdır. Sizler esinlenmeden oluşmak istersiniz. Tanrı'yı duymanın ve esinlenme almanın tek yolu tüm hatıraları temizlemektir. Yapmanız gereken tek şey temizliktir."

Dr. Hew Len, Tanrı'nın nasıl bizim sıfır konumumuz –sıfır, sınırımızın olduğu yer– olduğunu uzun uzun anlattı. Hatıralar yok. Kimlik yok. Tanrı dışında hiçbir şey yok. Yaşamlarımızda sıfır konumunu ziyaret ettiğimiz anlar oluyor ama çoğu zaman işi ele alan bir çöp kutumuz –hatıralar dediğimiz şey– var.

"Akıl hastanesinde çalıştığım ve hastaların grafiklerine baktığım zaman içimde acı hissederdim. Bu paylaşılmış bir hatıraydı. Hastaların o şekilde davranmalarını sağlayan bir program vardı. Kontrolleri dışındaydı. Bir program tarafından yakalanmışlardı. Programı hissettiğimde onu temizledim."

Temizleme yeniden iyileştirme konusu halini almıştı. Bize birkaç farklı arınma metodu söyledi, çoğunu sizlere anlatamam zira gizli bilgilerdir. Hepsini öğrenmek için Ho'oponopono eğitimlerine katılmalısınız (bkz. www.hooponopono.org). Ama Dr. Hew Len'in en çok kullandığı ve hâlâ kullanmakta olduğu ve benim de bugün kullandığım bir metot var.

Sürekli olarak, durmadan ve hepsini Tanrı'ya hitap ederek söylediğiniz dört basit ifade bulunuyor:

"Seni seviyorum."

"Özür dilerim."

"Lütfen beni affet."

"Teşekkür ederim."

İlk hafta sonu seminerinden sonra "Seni seviyorum" ifadesi zihinsel gevezeliğimin bir parçası halini aldı. Tıpkı bazen uyandığınızda zihninizde bir şarkının çalması gibi, ben de uyandığımda kafamın içinde "seni seviyorum"u duyuyordum. İster bilinçli bir şekilde söyleyeyim ister söylemeyeyim, cümle oradaydı. Çok güzel bir duyguydu. Her şeyi nasıl netleştirdiğini bilmiyordum ama tekrarlayıp durdum. "Seni seviyorum" nasıl kötü olabilir ki zaten?

Seminerin bir yerinde Dr. Hew Len tekrar beni seçti. "Joseph, bir şeyin anı mı yoksa esinlenme mi olduğunu nasıl bilirsin?" diye sordu.

Soruyu anlamamıştım ve şöyle söyledim:

"Kanser olan birinin bu hastalığa kendisinin mi yol açtığını yoksa hastalığın Tanrı tarafından ona yardım etmek için bir meydan okuma olarak mı verildiğini nasıl anlarsın?"

"Hiç fikrim yok," diye yanıtladım.

"Benim de," dedi Dr. Hew Len. "İşte bu nedenle sürekli olarak arınmalı, arınmalı ve arınmalısın. Her şeyden arınmalısın çünkü bir hatıranın ne olduğu ve bir esinlenmenin ne demek olduğu hakkında hiçbir fikrin yok. Sıfır konumu olan sıfır sınırında bir yer edinmek için arınırsın."

Dr. Hew Len, zihnimizin dünyayla ilgili çok küçük bir görüşü olduğunu ve bu görüşün sadece eksik değil, aynı zamanda da hatalı olduğunu söyledi. Guy Claxton'ın *The Wayward Mind* adlı kitabını okuyana kadar bu kavramı tam olarak anlamamıştım.

Claxton'ın kitabı, beynimizin biz daha bir şeyi bilinçli olarak yapmaya karar vermeden ne yapmamız gerektiğini anladığını kanıtlayan deneylerden bahsediyor. Çok bilinen bir deneyde, Benjamin Libet adında bir nörobilimci, insanları beyinlerinde neler olduğunu gösteren bir elektroensefalogram makinesine (EEG) bağlar. Deney, bir beyin dalgası faaliyetinin, kişinin bir şey yapmaya bilinçli olarak niyet etmesinden *önce* gerçekleştiğini ortaya çıkarmakta ve niyetin bilinçaltından geldiğini ve *ondan sonra* bilinçli farkındalığa geçtiğini öne sürmektedir.

Claxton, Libet'in, "niyetin ortaya çıkmak için hareketin başlamasından saniyenin yaklaşık beşte birlik bir zaman dilimi öncesinde harekete geçtiğini –ama niyetten yaklaşık saniyenin üçte birlik bir zaman dilimi öncesinde beyinde bir faaliyet dalgasının ortaya çıktığını– keşfettiğini" yazıyor.

On Desire: Why We Want What We Want adlı kitabın yazarı William Irvine'e göre, "Seçimlerimizin bilinçli olarak şekillenmediğini öne süren deneyler akla yatkındır. Aksine, onlar bilinçaltımızdan gelmekteler ve en sonunda bilicimizin yüzeyine çıktığında onlara sahip olmaktayız."

Ve kitabı *Mind Time*'da tartışma yaratan deneyleri yürüten Benjamin Libet'in kendisi şöyle yazmıştır: "Harekete geçmeyle ilgili bir niyetin bilinçsiz ortaya çıkışı bilinçli olarak kontrol edilemez. Sadece bir motor faaliyetindeki son tamamlaması bilinçli olarak kontrol edilebilir."

Başka bir deyişle, bu kitabı alma dürtüsü size bilinçli bir seçim gibi gelebilir ama aslında beyniniz önce kitabı almanız için bir sinyal yollar ve *ondan sonra* bilinçli aklınız, "Bu kitap ilginç görünüyor. Sanırım alacağım," gibi bir şey ifade eden bir niyeti takip eder. Başka bir mantık yürüterek bu kitabı almamayı seçmiş olabilirsiniz ama sizi harekete geçmek için dürten merkezdeki sinyalin kendisini kontrol edemezsiniz.

Buna inanmanın zor olduğunu biliyorum. Claxton'a göre, "Hiçbir niyet bilinçten çıkmaz, hiçbir plan orada kurulmaz. Niyetler önsezilerdir, bilincin köşelerinde çakan ikonlar ne olabileceğini işaret etmek içindir."

Görünüşe göre, açık bir niyet açık bir önseziden daha fazlası değildir.

Beni rahatsız eden şey şuydu: Düşünce nereden geliyordu?

Gerçekten çok etkilenmiştim. *Çekim Yasası Sırrı* adlı kitabımda niyetin gücü üzerine yazdığım ve *The Secret* adlı filmde yine onunla ilgili konuştuğum için niyetlerin kesinlikle benim seçimim olmadığını öğrenmek tam bir şoktu. Herhangi bir şey amaç edindiğim zaman, yaptığımı düşündüğüm şey aslında sadece beyinde zaten harekete geçmiş olan bir güdüyü sözcüklerle ifade etmekti.

Öyleyse ne ya da kim beynimin o niyeti yollamasına neden oluyordu? Aslına bakarsanız daha sonra Dr. Hew Len'e, "Kim bundan sorumlu?" diye sordum. Güldü ve soruyu çok beğendiğini söyledi.

Tamam da yanıt neydi?

Niyetler hakkında kafamın hâlâ karışık olduğunu itiraf etmeliyim. Zihin gücümü kullanarak ve kilo kaybetmek konusundaki niyetimi belirterek 35 kilo vermiştim. O zaman ben bir niyeti mi ortaya koymuştum yoksa beynimin kilo vermekle ilgili sinyaline bir yanıt mı vermiştim sadece? O bir esinlenme miydi yoksa bir hatıra mı? Dr. Hew Len'e yazıp yolladım. Şöyle bir yanıt verdi:

> Sıfır'da hiçbir şey yoktur, Ao Akua, amaca duyulan ihtiyaç dâhil, hiçbir sorun yoktur.
>
> Kilo kaygıları sadece tekrar tekrar oynayan hatıralardır ve bu hatıralar Sıfır'ın, senin yerine geçmektedirler. Sıfır'a, sana geri dönmek Tanrısal Olan'ın kilo kaygılarının ardındaki hatıraları silmesini gerektirir.
>
> Sadece iki yasa deneyimleri gerçekleştirir: Tanrısal Olan'dan gelen esinlenme ve bilinçaltında depolanmış Hafıza; önceki Yepyeni ve sonraki Eski.
>
> İsa da bunu söylemiş sanki: "Önce Krallığı ara (Sıfır) ve geri kalan her şey ardından gelecektir (İlham).
>
> Sıfır, senin ve Tanrısal Olan'ın evidir... "...ki oradan ve ondan tüm kutsamalar –Bolluk, Sağlık ve Huzur– akar."
>
> POI
>
> Dr. Hew Len

Görebildiğim kadarıyla Dr. Hew Len, geçmiş niyetlere bakıyor ve kaynağa –sıfır sınırın olduğu sıfır konumuna– gidiyordu. Oradan ya anı ya da esinlenme deneyimliyordunuz. Kiloyu bir anı olarak ele alalım. Yapılması gereken tek şey onu sevmek ve onu affetmektir ve hatta ona teşekkür etmektir. Onu temizleyerek Tanrı'nın bir esinlenme gerçekleştirme şansına sahip olmasını sağlıyorsun.

Ortaya çıkan gerçek şu ki yaşamımın büyük bölümünde beni obez yapan aşırı yemek yeme arzum bir programdı. Bilinçaltımdan geliyordu. Onu temizlemedikçe orada olacak ve çalışmaya devam edecekti. Ortaya çıkmaya devam ettikçe yaptığım seçimin farkında olmaya devam etmeliydim: aşırı yemek yemek ya da yememek. Bu yaşam boyu devam eden bir savaş demekti. Şakası yoktu. Evet, onu yapmayacağını söyleyerek yemek yeme eğilimine kendini kaptırmayı umursamayabilirsin. Ama şu kesindir ki bunu yapmak çok fazla enerji ve çaba gerektirir. Zaman içinde, kendini kaptırmaya hayır demek yeni bir alışkanlığa dönüşebilir. Tanrı aşkına, o noktaya gelmek için ne yapmamız gerekiyor?!

Onun yerine hafızada temizlik yaparak o hatıra bir gün yok oluyor. Böylece aşırı yemek yeme arzusu su yüzeyine çıkmıyor. Sadece huzur kalıyor geriye.

Kısacası niyet, esinlenmeyle karşılaştırıldığında zayıf bir kırıntıdan başka bir şey değildi. Bir şey yapma konusunda niyet etmeye devam ettiğim sürece onun ne olduğuyla savaşmaya devam ediyorum. Kendimi esinlenmeye teslim ettiğim andaysa yaşam başkalaşıyor.

Dünyanın aslında bu şekilde işlediği konusunda hâlâ emin değildim ve niyetin gücü konusunda da hâlâ kafam karışıktı. Bu nedenle araştırmama devam etmeye karar verdim.

The Secret filminin yaratıcısı ve yapımcısı Rhonda Byrne'le bir akşam yemeği yedim. Ona bilmeyi çok istediğim bir şey sordum: "Film fikrini sen mi ürettin yoksa fikri aldın mı?"

Bir salgına dönüşen ünlü tanıtım filmini yaratmak için esinlenme aldığını biliyordum (Bkz. www.thesecret.tv). Bir keresinde bana kısa film fikrinin ona birdenbire, birkaç saniye içinde geldiğini söylemişti. Özel gösterimi 10 dakika içinde çekmişti. Tarihteki en güçlü kısa filmini yapmak için bir tür esinlenme aldığı çok açıktı.

Ama benim bilmek istediğim, sonunda gerçekleşen uzun film fikrinin bir esinlenmeden mi yoksa hissettiği başka nedenlerden dolayı mı ortaya çıktığıydı. Bu, niyetlerle ilgili sorunumun en can alıcı noktasıydı. Sonunda bir fark yaratan niyetler mi ifade ediyorduk yoksa daha sonra onları niyet olarak adlandırdığımız fikirler mi ediniyorduk? Oturmuş, akşam yemeğimizi yerken ona bunu sordum.

Rhonda uzun süre sessiz kaldı. Sorumun üzerinde düşünürken, yanıtı kendi içinde ararken sanki uzaklara gitmiş gibiydi. Sonunda konuştu.

"Emin değilim," dedi. "Fikir bana geldi, bu kesin. Ama işi ben yaptım. Onu ben yarattım. Dolayısıyla diyebilirim ki onu ben gerçekleştirdim."

Yanıtı çok açıklayıcıydı. Fikir ona gelmişti, bu da demektir ki ona bir esinlenme şeklinde gelmişti. Film son derece güçlü, çok iyi yapılmış ve öylesine parlak bir şekilde pazarlanmıştı ki bunun tamamen Tanrısal bir geliştirme süreci olduğuna inanabilirim sadece. Evet, yapılması gerekenler vardı ve Rhonda bunları yaptı. Ama fikrin kendisi bir esinlenme olarak gelmişti.

İlginçtir ki film piyasaya çıktıktan ve tarihî izlenme oranları bize ulaşmaya başladıktan birkaç ay sonra Rhonda filmdeki tüm yıldızlara bir e-posta yollamış ve filmin artık kendi başına bir hayatı olduğunu yazmıştı. Niyetlerini ifade etmek yerine telefonlara cevap veriyor ve fırsatları değerlendiriyordu. Bir kitap ortaya çıkmak üzereydi. Larry King, filmdeki fikirlerle ilgili iki özel bölüm yapıyordu. Filmin audio versiyonu çıkacaktı. Çalışmaların ardı arkası kesilmiyordu.

Sıfır sınırın olduğu sıfır konumundan geldiğiniz zaman niyetlere ihtiyaç duymazsınız. Sadece alır ve harekete geçersiniz.

Ve mucizeler gerçekleşir.

Öte yandan, esinlenmeyi durdurabilirsiniz.

Rhonda filmi yapması için kendisini teşvik eden dürtüye hayır diyebilirdi. İşte sanki tam burada özgür irade işin içine giriyor gibi. Zihninizde bir şey yapma fikri ortaya çıktığında –ister esinlenmeden ister niyetten gelsin– eğer o ani isteğinizin farkındaysanız harekete geçmeyi ya da geçmemeyi seçebilirsiniz.

Jeffrey Schwartz'ın etkileyici kitabı *The Mind and The Brain*'de yazdığına göre, bilinçli iradeniz –seçim yapma gücünüz– bilinçaltınız tarafından ifade edilen güdüyü reddedebilir. Başka bir deyişle, bu kitabı alma güdüsüne sahip olabilirsiniz ama eğer isterseniz bu güdüyü önemsemeyebilirsiniz. Bu, özgür iradedir ya da Schwartz'ın tanımıyla, "özgür iradesizliktir."

Şöyle yazıyor: "Daha sonraki yıllarda Libet, özgür iradenin beyinden gelen düşüncelere bir kapı görevlisi gibi hizmet verme fikrini benimsemiş ve onun tinsel anlamlarını göz ardı etmemiştir."

Efsane psikolog William James, bir şeyler yapma güdüsünden *sonra* ve onu gerçekleştirmeden *önce* özgür iradenin ortaya çıktığını hissetmişti. Buna evet ya da hayır diyebilirsiniz. Seçimi görmek için farkındalık konumunda olmak gerekir. Dr. Hew Len'in bana öğrettiği şey, bütün düşünceleri, ister esinlenme olsun ister niyet, sürekli olarak temizleyerek o anda doğru olanı seçmede daha iyi olabileceğimdi.

Kilo vermemin nedeninin daha çok yemem ve daha az egzersiz yapmam için beni dürtükleyen anıya ya da alışkanlığa boyun eğmemeyi seçmek olduğunu görmeye başlamıştım. O bağımlılık yaratan dürtüleri takip etmemeyi seçerek özgür irade ya da özgür iradesizlik gücümün konumuna giriyordum. Başka bir deyişle, aşırı yemek yeme arzusu bir esinlenme değil, bir anıydı. Tanrı'dan değil, bir programdan geliyordu. Programı ya da onu umursamamayı görmezden geliyordum. Dr. Hew Len'in daha güzel bir yaklaşım olarak bana önereceği şeyin programı sevmek olduğu sonucunu çıkarmıştım, ta ki tamamen yok olana ve geriye sadece Tanrı kalana kadar.

Hâlâ tüm bunları tam olarak anlamamıştım ama dinliyor ve benim için çok yeni olduğundan etkilerini kaçırmamaya çalışıyordum. Daha sonra öğreneceklerim yanında şimdi öğrendiklerim öyle azdı ki...

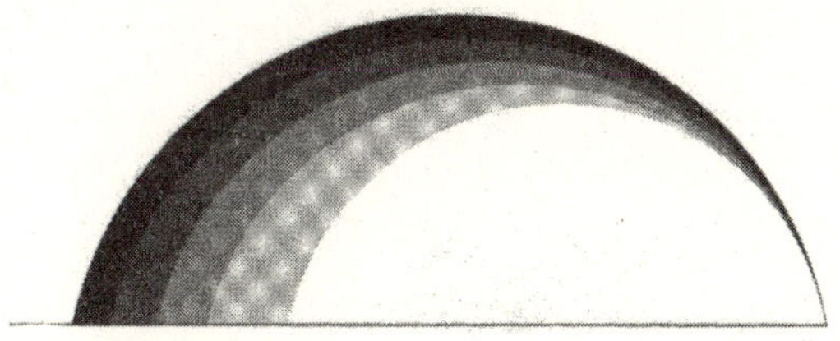

Hangi Beklentiler?

Ben senin gördüğünü düşündüğün şeyin hikâyesiyim.

—Byron Katie, *All War Belongs on Paper*

Hafta sonu etkinliği beklediğimden çok daha derindi. Dr. Hew Len, aradığımız ve deneyimlediğimiz her şeyin *–her şeyin–* içimizde olduğunu anlattı. Herhangi bir şeyi değiştirmek istiyorsanız bunu içinizde yapmalısınız, dışınızda değil. Asıl konu, mutlak sorumluluktu. Suçlanacak kimse yoktu. Hepsi sizinle ilgiliydi.

"Peki ama ya biri tecavüze uğrarsa?" diye sordu biri. "Ya da bir trafik kazası olursa? Hepsinden de biz sorumlu değiliz, değil mi?"

"Ne zaman bir sorununuz olsa sizin de orada olduğunuzu hiç fark ettiniz mi? Bu, her şeyden yüzde yüz sorumlu olmakla ilgilidir. Hiç istisnasız. Beğenmediğiniz bir şeyle ilgili sizi sıkıntıdan kurtaran bir kaçış noktası yok. Hepsinden siz sorumlusunuz, hepsinden."

Akıl hastanesinde çalıştığı ve katilleri ve tecavüzcüleri gördüğü zaman bile sorumluluğu üzerine almıştı. Onların bir hatıra ya da programla hareket ettiklerini anlamıştı. Onlara yardım etmek için hatırayı ortadan kaldırmalıydı. Bunu yapmanın tek yolu arınmaktı. İşte, tedavi edici bir ortamda hastaları profesyonel olarak asla görmediğini söylerken bunu kastediyordu. Grafiklerine bakmıştı. Bunu yaparken Tanrı'ya sessizce, "Seni seviyorum", "Özür dilerim", "Lütfen beni affet" ve "Teşekkür ederim" demişti. Hastaların sıfır sınır konumuna geri dönmelerine yardım etmek için bildiği tek şeyi yapıyordu. Dr. Hew Len bunu *kendi içinde* yaparken hastalar iyileşiyordu.

Dr. Hew Len, "Ho'oponopono'yu 'doğru yapmak' ya da 'bir hatayı düzeltmek' anlamında ele alın," diye açıkladı. "Ho'o Hawaii dilinde 'sebep' demektir ve ponopono da 'mükemmellik' demektir. Kadim Hawaiililere göre, hata geçmişten gelen acı dolu hatıralarla zehirlenen düşünceler sonucu ortaya çıkar. Ho'oponopono dengesizlik ve hastalığa yol açan bu acı veren hatıraların ya da hataların enerjisini ortadan kaldırmanın bir yoludur."

Kısacası, Ho'oponopono bir sorun giderme yöntemidir. Ama tamamen kendi içinizde uygulanmaktadır.

Bu yeni ve geliştirilmiş yöntem, metodunu Kasım 1982'de Dr. Hew Len'e öğretmiş olan sevgili Kahuna Morrnah tarafından yaratılmıştı. Dr. Hew Len hastanelerde, okullarda ve hatta Birleşmiş Milletler'de konuşmalar yapan bir "mucize gerçekleştirici"den bahsedildiğini duymuştu. Onunla tanışmış, kızının zonasını iyileştirişini görmüş ve onunla çalışmak ve sadeleştirdiği iyileştirme metodunu öğrenmek için her şeyi bir kenara bırakmıştı. O sıralarda evliliğinde sorunlar yaşayan Dr. Hew Len, ailesini de terk etmişti. Bu çok da alışılmamış bir şey değil. Tarih, ruhani bir öğretmenle çalışmak için ailelerini terk eden insanlarla doludur. Dr. Hew Len, Morrnah'nın metodunu öğrenmek istemişti.

Ama onun tuhaf yollarını hemen kabul etmedi. Bir seminerine kaydoldu ve üç saat sonra salondan çıktı. "Ruhlardan bahsediyordu ve bu da bana delice gelmişti," dedi. "Dolayısıyla orayı terk ettim."

Bir hafta sonra yeniden gitmiş, yeniden katılım parası ödemiş ve onun bir başka seminerini dinlemeyi denemişti. Ama yine yapamamıştı. Öğrettiği her şey kendisinin üniversite eğitimli aklına çok çılgınca gelmiş ve semineri tekrar terk etmişti.

"Üçüncü kere gittim ve bu sefer tüm hafta sonu orada kaldım," diye anlattı bana. "Hâlâ onun bir çılgın olduğunu düşünüyordum ama ondaki bir şey benim yüreğime hitap etti. 1992'deki ölümüne kadar onunla kaldım."

Morrnah'nın, kişinin kendisine yönelik içsel yöntemi, Dr. Hew Len ve diğerlerine göre mucizeler yaratıyordu. Morrnah'nın duası bir şekilde hatıraları ve programları siliyordu. Bu duayı öğrenmek istediğimi ve öğrenene kadar da rahat etmeyeceğimi biliyordum.

I am a Winner adlı kitap için yazdığı bir makalede Morrnah, metodu hakkında ipuçları vermişti. "İki yaşından beri eski bir sistem kullanıyorum, yöntemi güncelleştirdim ama kadim bilgeliğin esası korunmuştur."

Mabel Katz, küçük kitabı *The Easiest Way*'de şöyle yazıyor: "Ho'oponopono bir affetme, tövbe ve değişim sürecidir. Onun araçlarından herhangi birini her kullanışınızda yüzde yüz sorumluluk duyuyor ve (kendimiz için) af diliyoruz. Yaşamımızda ortaya çıkan her şeyin sadece kendi 'programımızın' bir yansıması olduğunu öğreniyoruz."

Morrnah'nın Self I-Dentity Ho'oponopono'yu geleneksel Ho'oponopono'dan ayırarak nasıl güncellediğini merak ediyordum. Dr. Hew Len bunu şu şekilde açıkladı:

Ho'oponopono ile Self I-Dentity	**Geleneksel Ho'oponopono**
1. Sorun çözmek insanın *içinde*dir.	1. Sorun çözmek insanlar *arası*dır.
2. Sadece Sen ve Ben'i gerektirir.	2. Kıdemli bir üye, katılımcılarla birlikte sorun çözme seansı süresince meditasyon yapar.
3. Sadece siz fiziksel olarak hazır bulunursunuz.	3. Sorunla ilgili olan herkes fiziksel olarak hazır bulunmalıdır.
4. Ben'e tövbe.	4. Her bir katılımcının kıdemli üye meditasyon yaparken birbiriyle tövbeleşmesi istenir, böylece katılımcılar kavgaya tutuşmaz.
5. Ben'den af.	5. Her bir katılımcının diğer üyelerden af dilemesi istenir.

Geleneksel Ho'oponopono'da, problem çözme dinamikleri üzerine eğitim almış olan kıdemli üye, herkese, sorun olarak gördükleri şeyi ifade etme şansına sahip olduklarını söylemekten sorumludur. Geleneksel Ho'oponopono her zaman bir tez alanıdır çünkü her katılımcı, sorunu farklı şekilde görür. Yeni ve geliştirilmiş uygulamayı daha çok sevdiğimi itiraf etmeliyim zira orada her şey kişinin içinde olup bitiyor. En çok satan kitaplardan biri olan *The Dark Side of the Light Chasers*'ın yazarı Debbie Ford gibi Jung yandaşı öğretmenlerin öğrencisi olduğum için değişimin gerçekleştiği yerin çevre ya da başka biri değil, kendi içimiz olduğunu zaten anlıyordum.

"Güncellenen Ho'oponopono yöntemiyle," diye devam etti Dr. Hew Len, "Morrnah, Self I-Dentity'nin anahtarı olan benliğin üç bölümünü de işin içine dâhil etti. Bu üç bölüme –ki gerçeğin her bir molekülünde vardır– *Unihipili* (çocuk/bilinçaltı), *Uhane* (anne/bilinç) ve *Aumakua* (baba/süperbilinç) dendi. Bu 'içsel aile' aynı çizgide olduklarında kişi Tanrısal Olan'la aynı ritim içindedir. Bu dengeyle, yaşam akmaya başlar. Böylece Ho'oponopono, önce kişinin içinde sonra da tüm yaradılışta dengenin yeniden kurulmasına yardım eder."

Bu inanılmaz yöntem hakkında daha fazlasını anlatmaya devam etti:

"Ho'oponopono gerçekten çok kolaydır. Eski Hawaiililere göre, bütün sorunlar düşünce olarak başlar. Ama sorun bir düşünceye sahip olmak değildir. Peki sorun ne o zaman? Sorun bütün düşüncelerin acı dolu anılarla –kişilerin, yerlerin ya da nesnelerin anıları– aşılanmış olmasıdır.

"Akıl tek başına hiçbir şey yapamaz çünkü akıl sadece yönetir. Yönetmek sorunları çözmenin yolu değildir. Onları bırakmayı istemelisiniz! Ho'oponopono yaptığınız zaman olan şey, Tanrısal Olan'ın acı veren düşünceleri alması ve onları nötralize etmesi ya da saflaştırmasıdır. Kişiyi, yeri ya da nesneyi saflaştırmazsınız. Dolayısıyla Ho'oponopono'nun ilk aşaması o enerjinin saflaşmasıdır.

"Şimdi harika bir şey oluyor. Sadece o enerjiyi nötralize etmekle kalmıyor, onu serbest de bırakıyor, dolayısıyla yepyeni bir sayfa açılıyor. Budistler buna 'Boşluk' diyor. Son adımda Tanrısal Olan'ın gelip o boşluğu ışıkla doldurmasına izin veriyorsunuz.

"Ho'oponopono yapmak için sorunun ya da yanlışın ne olduğunu bilmek zorunda değilsiniz. Tüm yapmanız gereken; fiziksel, zihinsel, duygusal ya da her neyse deneyimlemekte olduğunuz sorunu fark etmektir. Fark ettiğiniz zaman, sorumluluğunuz, hemen arınmaya, 'Özür dilerim. Lütfen beni affet,' demeye başlamaktır."

Morrnah'yı araştırdığımda ve hatta onunla yapılan söyleşi DVD'leri bulduğumda nihayet, insanları görsün ya da görmesin, onları iyileştirmek için söylediği duayı da buldum. Söylediği dua şu şekildeydi:

> İlahi yaratıcı, baba, anne, çocuk bir olarak... Eğer ben, ailem, akrabalarım ve atalarım seni, aileni, akrabalarını ve atalarını düşüncelerimizle, sözlerimizle, eylemlerimizle ve davranışlarımızla yaradılışımızın başlangıcından şu ana kadar gücendirdiysek senin affını diliyoruz... İzin ver, bu arınma, saflaşma, serbest bırakma tüm olumsuz anıları, engelleri, enerjileri ve titreşimleri kesip atsın ve bu istenmeyen enerjileri saf ışığa çevirsin... Ve bu gerçekleşsin.

Bunun birinin içindeki iyileşmeyi nasıl ortaya çıkardığından emin değildim ama temelinde affetme olduğunu görebiliyordum. Görünüşe göre, Morrnah ve şimdi de Dr. Hew Len, affetmeyi isteyerek iyileşmenin gerçekleşmesi için gereken yolu temizlediğimizi hissetmişti. Mutluluğumuzu bloke eden şey sezgisizlikten başka bir şey değildi. Affedicilik, onun tekrar içeri girmesi için kapıyı açıyordu.

Tüm bunları çok ilginç bulmuştum. Ho'oponopono yapmanın beni, sizi ya da akıl hastası birini nasıl iyileştirebildiğinden emin değildim. Ama dinlemeye devam ettim. Dr. Hew Len hiç istisnasız, hiç mazeretsiz ve kaçamaksız, hayatımızın sorumluluğunu yüzde yüz almamız gerektiğini açıklamaya devam etti.

"Yüzde yüz sorumlu olduğumuzu hepimizin bildiğini hayal edebiliyor musunuz?" diye sordu. "10 sene önce kendi kendimle bir anlaşmaya vardım: Eğer birini yargılamadan tek bir gün geçirebilirsem kendime kocaman bir soslu dondurma ısmarlayacaktım. Bunu asla başaramadım! Kendimi çok daha sık yakaladığımı fark ettim ama asla bir günü tamamlayamadım."

Evet, artık onun da bir insan olduğunu biliyordum. İtirafını çok iyi anlıyordum. Kendi üzerimde ne kadar çalışırsam çalışayım, farklı olmasını umduğum halde hâlâ insanlar ya da olaylardan rahatsız oluyorum. Hayatımda önüme çıkan pek çok şeyi gittikçe daha fazla tolere edebiliyorum ama aynı zamanda her konumda tam anlamıyla sevecen olmaktan çok uzağım.

"Peki ama insanlara her birimizin sorunlardan yüzde yüz sorumlu olduğumuzu nasıl açıklarım?" diye sordu. "Eğer bir sorunu çözmek istiyorsanız kendi üzerinizde çalışın. Eğer sorun bir başkasıyla ilgiliyse, örneğin, kendinize sadece şunu sorun: '*Kendi içimde*, bu insanın beni kızdırmasına neden olan ne oluyor?' İnsanlar hayatınıza sadece sizi öfkelendirmek için gelirler! Eğer bunu bilirseniz her türlü durumu kaldırabilirsiniz. Nasıl? Basit: 'Şu anda neler oluyorsa bunun için üzgünüm. Lütfen beni affet.'"

Eğer bir masaj terapisti ya da fizyoterapist iseniz ve biri size sırt ağrısıyla gelmişse sorulması gereken soru şudur: "İçimde, bu insanın sırt ağrısı olarak kendini gösteren ne oluyor?"

Bu, hayatın kendisine baş döndürücü bir bakış şeklidir. Bir açıdan, Dr. Hew Len'in tüm o akıl hastası suçluları nasıl iyileştirebildiğini de açıklıyor. Onlar üzerinde çalışmamıştı, *kendi* üzerinde çalışmıştı.

Hepimizin kalbinin saf olduğunu, orada hiç program, hatıra ve hatta esinlenmenin bile olmadığını anlattı. Bu, sıfır konumuydu. Orada sıfır limit vardı. Ama yaşadıkça programlar ve anılar yakalıyoruz, tıpkı insanların soğuk algınlığına yakalanması gibi. Nezle olduğumuz zaman kötü insan olmuyoruz ama onu iyileştirmek için gerekeni yapıyoruz. Programlar da aynıdır. Onlara yakalanırız. Birinde bir program gördüğümüzde bunu biz de alırız. Ondan çıkmanın yolu arınmaktır.

"Her an, yaşamını yaratmada kendisini yüzde yüz sorumlu hissetmeye istekli olan herkes için sorunlardan ve hastalıklardan kurtulmanın bir yolu var," dedi Dr. Hew Len. "Eski Hawaii iyileştirme yöntemi olan Ho'oponopono'da kişi, içindeki yanlışları düzeltmek için Sevgi'yi talep eder. 'Özür dilerim. İçimde, sorun olarak kendini gösteren ne olup bitiyorsa, lütfen beni affet,' dersiniz. Böylece Sevgi'nin sorumluluğu, kişinin içindeki kendini sorun olarak ortaya çıkaran yanlışları tamamen değiştirmek olur."

Ve ekledi, "Ho'oponopono, sorunu bir sıkıntı olarak değil, bir fırsat olarak görür. Sorunlar sadece, bize sevginin gözüyle görebilmemiz ve esinlenmeyle harekete geçmemiz için bir şans daha vermek üzere ortaya çıkan, geçmişin yeniden canlanan anılarıdır."

Tekrar söylüyorum, seminerin kişisel detaylarını paylaşmam yasak. Ciddiyim. Açıklama yapmamamla ilgili bir anlaşma imzaladım. En büyük nedeni katılımcıların mahremiyetini korumak içindi. Ama size şunu söyleyebilirim: Konu, yaşamınızın tüm sorumluluğunu üzerinize almakla ilgili.

Bunu daha önce de duyduğunuzu biliyorum. Ben de duydum. Ama seminerde öğretildiği gibi, asla her şeyi kapsayabilecek kadar geniş bir boyutta almamıştım. Eksiksiz sorumluluk, her şeyi kabul etmek demektir; hatta hayatınıza giren insanları ve *onların* sorunlarını da çünkü onların sorunları sizin sorununuzdur. Onlar sizin hayatınızdalar ve eğer hayatınızın tüm sorumluluğunu alıyorsanız, o zaman *onların* deneyimlemekte olduklarının da tüm sorumluluğunu üzerinize almak zorundasınız (Bunu tekrar okuyun. Haydi yapın bakalım).

Bu, aklı karıştıran, belleği açan, beyni kasan bir fikir. Bunu yaşamak, yaşamı asla eskisi gibi olmayacak şekilde değiştirmektir. Ama sadece yüzde yüz sorumluluk fikrini anlamak bile, kabul etmek şöyle dursun, çoğumuzun yapmaya hazır olduğunun da ötesinde bir şey.

Ama bir kez onu kabul ettiğiniz zaman sıradaki soru, kendinizi nasıl değiştireceğinizdir ki böylece dünyanın geri kalanı da değişsin.

Tek kesin yol "Seni seviyorum"dur. İyileştirmenin anahtarı bu koddur. Ama bunu *kendi* üzerinizde kullanırsınız, başkalarının değil. Onların sorunu *sizin* sorununuzdur, unutmayın; dolayısıyla *onlar* üzerinde çalışmak *size* yarar sağlamayacaktır. Onların iyileşmeye ihtiyacı yok, *sizin* ihtiyacınız var. Kendinizi iyileştirmelisiniz. *Tüm* deneyimlerin kaynağı sizsiniz.

İşte modernleştirilmiş Ho'oponopono yönteminin *esası* budur.

Devam edin ve bunun üzerine bir süre kafa yorun.

Bunu yaparken sadece sürekli, "Seni seviyorum" deyin.

O hafta sonu seminerindeki temel noktalardan biri, kişinin ya hatırasına ya da esinlenmesine göre hareket ettiğiydi. Hafıza düşünmektir, esinlenme izin vermektir. Çoğumuz esinlenmeden kat kat fazla hatıralarla yaşıyoruz. Bunu bilinçsizce yapıyoruz çünkü bizler temelde bilinçsiziz, nokta.

Dünya bu şekilde görüldüğünde Tanrı, yukarıdan aşağıya, zihninize bir mesaj yollar. Ama eğer hatıralar canlanıyorsa –hemen hemen her zaman canlanırlar– bırakın ilhama göre hareket etmeyi, onu duymayız bile. Sonuçta Tanrısal Olan'ın tek kelimesi içimize girmez. Zihninizdeki gürültüyle o kadar meşgulsünüzdür ki onu duymazsınız.

Dr. Hew Len, söylediği noktaları daha da açmak için birkaç örnek çizdi (Bkz. Boşluğun Konumu şeması). Biri bir üçgendi. Onun siz, yani birey olduğunu söyledi. Merkezde Tanrısal Olan'dan başka bir şey yoktu. Orası sıfır sınırın olduğu sıfır konumuydu.

Tanrısal Olan'dan esinlenme alırsınız. Bir esinlenme Tanrı'dan gelir ama bir hatıra insanoğlunun ortak bilinçaltındaki bir programdır. Bir program bir inanç gibidir, başkalarında olduğunu fark ettiğimizde onlarla paylaştığımız bir programlama. Vermemiz gereken mücadele tüm programları temizlemektir ki böylece esinlenmenin geldiği sıfır konumuna geri dönebilelim.

Dr. Hew Len, hatıraların paylaşıldığını uzun uzun anlattı. Bir başkasında beğenmediğiniz bir şey bulduğunuzda o şeye siz de sahipsinizdir. Göreviniz onu temizlemektir. Bunu yaptığınızda o şey öteki kişiyi de terk edecektir. Aslında er geç dünyayı terk edecektir.

"Dünyadaki en inatçı programlardan biri de kadınların erkeklere olan nefretidir," diye açıkladı Dr. Hew Len. "Sürekli temizliyorum ve bu sanki dev bir yabani ot tarlasındaki zararlı bitkileri ayıklamak gibi bir şey. Her bir zararlı bitki, programın bir ayağı. Kadınların bir tarafında erkeklere karşı derinlere kök salmış bir nefret var. Onu bırakmak için onu sevmeliyiz."

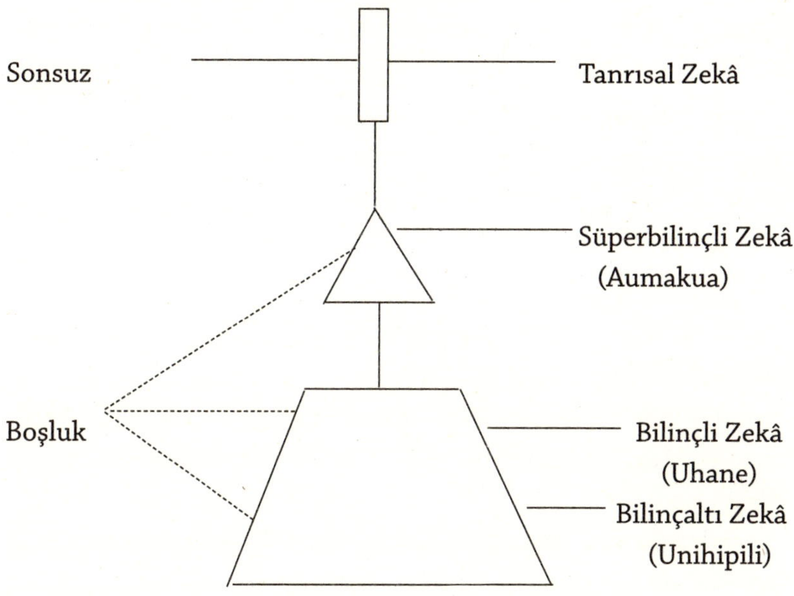

Tüm bunları tam olarak anlamamıştım. Dünyanın bir başka modeli ya da haritası gibi gelmişti. Her psikoloğun, filozofun ve dinin bir tane vardır. Bu benim ilgimi çekmişti çünkü tüm gezegenin iyileşmesine yardımcı olabilirmiş gibi gözüküyordu. Eğer Dr. Hew

Len bir koğuş dolusu akıl hastası suçluyu iyileştirebiliyorsa kim bilir başka neler mümkün olabilir?

Ama Dr. Hew Len, Ho'oponopono'nun kolay olmadığını vurguladı. Bağlılık gerektirir. "Bu, hayata McDonald's yaklaşımı değildir," dedi. "Anında siparişinizi aldığınız bir hazır yemek büfesi değildir. Tanrı sipariş almaz. Sürekli arınma, arınma, arınma gerektirir."

Başkalarının mümkün olmadığını düşündüğü arınma yöntemleri kullanan insanların hikâyelerini anlattı. Bunlardan biri, roketlerinden birindeki bir sorun yüzünden ona gelen bir NASA mühendisiyle ilgiliydi.

"Mademki bana gelmişti, benim de o sorunun bir parçası olduğumu varsaydım," diye anlattı Dr. Hew Len. "Böylece arındım. Rokete, 'Özür dilerim,' dedim. Bir süre sonra, mühendis geri döndüğünde roketin uçuş sırasında bir şekilde kendini düzelttiğini söyledi."

Ho'oponopono yapmak roketi etkilemiş miydi? Dr. Hew Len ve mühendis böyle düşünüyor. Mühendisle konuştum, bana roketin kendisini düzeltmesinin imkânsız olduğunu söyledi. Bir mucizenin doğasında olan başka bir şey olmuş olmalıydı. Ona göre, Dr. Hew Len'in yardımıyla arınmayı gerçekleştirmişti.

Bu hikâyeye inandığımı söyleyemem ama buna başka bir açıklamam olmadığını da itiraf etmeliyim.

Seminere verilen bir mola sırasında bir adam yanıma yaklaştı ve, "Sizinle aynı ismi taşıyan ünlü bir internet pazarlamacısı var," dedi.

Dalga geçip geçmediğini bilmiyordum, dolayısıyla, "Sahi mi?" diye sordum.

"Evet, bir sürü kitabı var ve ruhani pazarlama ve hipnotik yazı üzerine yazıyor. Harika bir adam."

"O *benim*," dedim.

Adam çok utanmış görünüyordu. Mark Ryan tüm konuşmayı duymuştu ve bunun komik olduğunu düşünmüştü.

Sınıfta tanınmaya başladığım için insanların benim ünümü bilip bilmemeleri beni pek ilgilendirmiyordu. Seminer sırasında Dr. Hew Len beni o kadar sık çağırıyordu ki insanlar onun beni diğerlerinden ayırdığını düşünmeye başlamıştı. Biri, "Dr. Hew Len'le bir ilginiz var mı?" diye sordu. Ona olmadığını söyledim ve o kişinin neden bir ilgim olabileceğini düşündüğünü sordum. "Bilmiyorum, sanki size odaklanmış gibi gözüküyor."

Diğer insanlardan ayrılmanın olumsuz bir şey olduğunu asla düşünmezdim. Dr. Hew Len'in bana olan dikkatini seviyordum ve kitap yazdığımı ve internette okuyucularım olduğunu bildiği için bana şahsen yardım ettiğini zannediyordum. Eminim ki eğer bu iyileşme mesajını alırsam pek çok insana yardım edebileceğimi biliyordu.

O zamanlar onun Tanrı'dan esinlenme alarak beni bir guru olmak üzere eğittiğini bilmiyordum. Ama dünyanın değil, kendi kendimin gurusu.

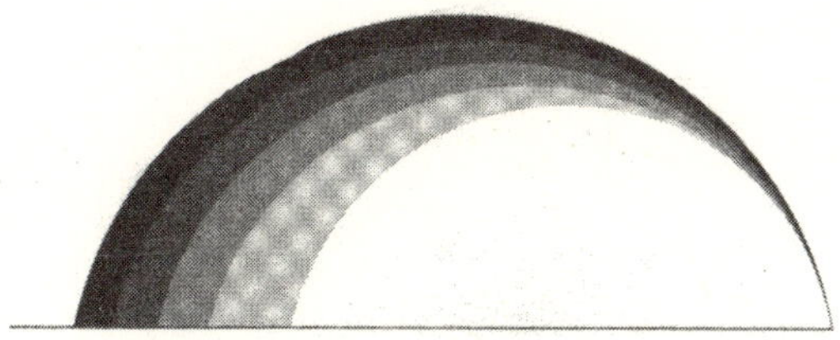

Seni Seviyorum

İlk olarak Kendiniz olduğunuz zaman, sizin için mükemmel, bütün, tam ve doğru olan herhangi bir şeyden esirgenemezsiniz. Kendiniz olarak ilk önce Tanrı'nın Düşünceleri, Sözleri, Eylemleri ve Hareketlerinin yolunda otomatik olarak mükemmelliği deneyimlersiniz. Önce zehirli düşüncelerinize izin verdiğinizde otomatik olarak hastalık, karışıklık, içerleme, depresyon, yargılama ve fakirliğin yolunda kusuru deneyimlersiniz.

—Dr. Ihaleakala Hew Len

Dr. Hew Len'in mesajını olabildiğince öğrenmeye çalıştım, daha öğrenmek istediğim ve öğrenmeye ihtiyaç duyduğum çok fazla şey vardı. Kendimi sadece fikirlere açmaya izin vererek onları bir sünger gibi çekmekte her zaman iyi olmuşumdur. İlk seminerde otururken hayattaki tek işimin yoluma çıkan her şeye, ister iyi ister kötü göreyim, "Seni seviyorum" demek olduğunu hissetmeye başlamıştım. Gördüğüm ya da hissettiğim sınırlayıcı programları ne kadar yok edebilirsem sıfır sınırı konumunu o kadar elde edebilir ve kendi üzerimde dünyaya barış getirebilirdim.

Mark, seminerin mesajını anlamada biraz daha fazla zorlanıyordu. Öğretiyi mantıklı bir çerçeve içine oturtmaya çalışıyordu. Zihninde neler olduğu hakkında hiçbir fikri olmayacağı ve dolayısıyla da mantıklı bir açıklama bulmaya çalışmanın boşuna olduğu benim için gittikçe netleşiyordu.

Dr. Hew Len, bilinçli zihinde 15 byte'lık bir anlık zaman dilimi içinde 15 milyon byte'lık olay gerçekleştiğini tekrar tekrar vurguladı. Yaşamımızda rol alan tüm unsurları anlama şansına sahip değiliz. Onları serbest bırakmalıyız. Güvenmeliyiz.

Tüm bunların delice göründüğünü kabul ediyorum. Seminerin bir yerinde bir bey, bir duvarda bir kapının açıldığını ve ölü insanların oradan geçip gittiğini gördüğünü söyledi.

"Bunu neden gördüğünüzü biliyor musunuz?" diye sordu Dr. Hew Len.

"Çünkü daha önce ruhlardan konuşmuştuk," dedi biri.

"Kesinlikle," dedi Dr. Hew Len. "Onlar hakkında konuşarak onları kendinize çektiniz. Başka dünyaları araştırmak istemiyorsunuz. Bu dünyada, bu anın içinde kalarak yapacak yeterince şeyiniz var."

Ben hiç hayalet falan görmüyordum. Görenlere ne anlam vermek gerektiği hakkında hiçbir bilgim yoktu. *Altıncı His* adlı filmi sevmiştim ama sadece film olarak. Ortaya çıkan ve benimle konuşan ruhlar istemiyordum.

Öte yandan, bunun Dr. Hew Len için normal olduğu açıktı. Akıl hastanesindeki çalışmaları ve gece yarısı kendiliğinden çekilen sifon sesleri hakkında hikâyeler anlatmıştı.

"Orası ruhlarla doluydu," dedi. "Pek çok hasta önceki yıllarda koğuşta ölmüştü ama ölmüş olduklarını bilmiyorlardı. Hâlâ oradaydılar."

Hâlâ oradaydılar ve banyoyu mu kullanıyorlardı?

Anlaşılan öyleydi.

Ama asıl garip olan bu değildi. Dr. Hew Len, eğer biriyle konuşursanız ve gözlerinin neredeyse bembeyaz, etrafında ise buluta benzer bir tabaka olduğunu fark ederseniz işte onların ruhlar tarafından sahiplenilmiş olduklarını açıkladı.

"Onlarla konuşmaya bile kalkmayın," diye öğütledi. "Onun yerine, sadece kendinizi arındırın ve arınmanızın onları ele geçirmiş olan karanlığı ortadan kaldıracağını umut edin."

Ben gerçekten açık fikirli bir adamım ama bu ruhlar hakkındaki konuşma ve sahiplenilmiş bedenler ve gece tuvaleti kullanan hayaletler benim için biraz fazlaydı. Ama hâlâ oradaydım. İyileştirmenin gerçek sırrını bilmek ve böylece kendime ve başkalarına bolluk, sağlık ve mutluluk verebilmek için yardımcı olmak istiyordum. Ama görünmeyen bir dünyaya doğru gideceğimi ve orada bir alaca karanlık kuşağına gireceğimi hiç mi hiç tahmin etmemiştim.

Seminerin bir yerinde bedenimizdeki enerjiyi açmak için yere uzanmış, egzersizler yapıyorduk. Dr. Hew Len beni yanına çağırdı.

"Şu kişiye baktığımda Sri Lanka'daki tüm açlığı görüyorum," dedi bana.

Gösterdiği kişiye baktım ama gördüğüm tek şey halı üzerinde gerinen bir kadındı.

"Temizlememiz gereken çok şey var," dedi Dr. Hew Len.

Kafamın karışık olmasına rağmen anladığımı uygulamak için elimden geleni yaptım. Yapılması en kolay olanı sadece sürekli "Seni seviyorum" demekti. Ben de bunu yaptım. Bir gece banyoya gittiğimde, boşaltım sistemimde bir enfeksiyon başlangıcı hissettim. Enfeksiyonu hissettiğim anda Tanrı'ya "Seni seviyorum" dedim. Bir süre sonra bunu unuttum, sabah hiçbir şeyim kalmamıştı.

Zihinsel olarak "Seni seviyorum," demeye devam ettim, tekrar tekrar, iyi, kötü ya da farklı; ne olduğu hiç fark etmiyordu. İster farkında olayım ister olmayayım, o an için ne varsa arındırmak adına elimden geleni yapıyordum. Nasıl olduğuna dair size kısa bir örnek vereyim:

Bir gün biri bana, beni üzen bir e-posta yolladı. Geçmişte, bu durumu duygusal yakıcı düğmelerim üzerine çalışarak ya da çirkin mesajı bana yollayan kişiyi mantık yoluyla ikna etmeye çalışarak ele alırdım. Bu sefer Dr. Hew Len'in metodunu denemeye karar verdim.

Sessizce ve sürekli olarak "Özür dilerim" ve "Seni seviyorum" demeye başladım. Belli bir kişiye hitap etmedim. Sadece dışsal şartları yaratan ya da bana çeken içimdeki şeyi iyileştirmesi için sevginin ruhunu uyandırıyordum.

Bir saat sonr aynı kişiden bir e-posta daha aldım. Bir önceki mesajı için özür diliyordu.

O özrü elde etmek için dışsal hiçbir müdahalede bulunmadığımı unutmayın. Ona cevap bile vermedim. Ama "Seni seviyorum" diyerek içimdeki, bir şekilde her ikimizin de içine dâhil olduğumuz sınırlayıcı, saklı bir programı iyileştirmiştim.

Bu uygulamayı yapmak her seferinde anında yanıt alacağınız anlamına gelmez. Amaç sonuçlara değil, huzura ulaşmaktır. Bunu yaptığınız zaman, genellikle istediğiniz sonucu ilk seferde elde edersiniz.

Örneğin, bir gün çalışanlarımdan biri ortadan kayboldu. Önemli bir projeyle ilgili acil yapılması gereken bir işi bitirmesi gerekiyordu. Sadece bunu yarım bırakmakla kalmamış, yer yarılıp içine girmişti sanki.

Bunu pek de hoş karşılamamıştım. Dr. Hew Len'in metodunu bilmeme rağmen, tüm istediğim, "Seni öldürmek istiyorum" demekken "Seni seviyorum" demek yine de bana zor gelmişti. Ne zaman o çalışanımı düşünsem büyük öfke duyuyordum.

Gene de, "Seni seviyorum ve "Lütfen beni affet" ve "Özür dilerim" demeye devam ettim. Kimseye hitap etmiyordum. Söylemek için söylüyordum. Sevgi hissetmediğim kesindi. Aslına bakarsanız içimde huzura yakın bir yere ulaşmadan önce bu uygulamayı üç gün boyunca yapmam gerekti.

Ve çalışanım da o zaman ortaya çıktı.

Hapisteydi. Yardım etmem için beni aradı. Yardım ettim ve bunu yaparken, "Seni seviyorum"u uygulamaya devam ettim. Anlık sonuçlar almamıştım ama içsel huzurumu bulmuş olmam beni mutlu edecek bir sonuç için yeterliydi. Ve bir şekilde o anda çalışanım bunu hissetti ve beni aradı. Onun telefonuna cevap verdiğimde acil olan projemi bitirmek için gereken yanıtları da elde edebilmiştim.

Dr. Hew Len'in yönettiği ilk Ho'oponopono seminerine katıldığım zaman, *Çekim Yasası Sırrı* adlı kitabımı övmüştüm. Bana kendimi arındırdıkça, kitabımın vibrasyonlarının da yükseleceğini ve onu okuyan herkesin bunu hissedeceğini söyledi. Yani kendimi geliştirdikçe okuyucularım da gelişecekti.

"Peki ya halihazırda satılmış olan kitaplar?" diye sordum. Kitabım en çok satanlar arasındaydı ve çok sayıda basımı yapılmıştı. Kitabımı satın almış olan kişiler için endişelenmiştim.

"O kitaplar senin dışında değil ki," diyerek bir kez daha mistik bilgeliğiyle soluğumu kesti. "Hepsi hâlâ senin içinde."

Yani aslında "dışarıda" diye bir şey yoktu.

Bu ileri tekniği hak ettiği derinlikte anlatmak için sadece ona adanmış bir kitap yazmak gerekir ki işte ben de bu yüzden Dr. Hew Len'in onayıyla bunu yazıyorum. Yaşamınızda mali işlerden ilişkilere, herhangi bir şeyi kalkındırmak istediğinizde bakacağınız tek bir yer olduğunu söylemek yeter sanırım: *kendi içiniz.*

Dr. Hew Len'in anlattıklarını seminere katılanların hepsi anlamamıştı. Son güne yaklaşırken onu soru yağmuruna tutmaya başladılar, hepsi de mantıklı sorulardı:

"Nasıl olur da benim temizlenmemem bir başkasını etkiler?"

"Tüm bunlarda özgür irade nerede?"

"Neden bu kadar çok terörist bize saldırıyor?"

Dr. Hew Len sessizdi. Doğrudan bana bakıyordu sanki ve ben de salonun en arkasında oturuyordum. Hayal kırıklığına uğramış gibiydi. Varlıklarının "dışarıda" değil, tamamen içlerinde olduğunu anlatan mesajını göz önüne alırsak muhtemelen herkesin bunu anlama eksikliğinin kendi anlama eksikliğinin bir yansıması olduğunu hissetmişti. Sanki iç geçiriyor gibiydi. Tahmin edebildiğim tek şey kendine, "Özür dilerim. Seni seviyorum," dediğiydi.

Seminerdeki pek çok kişinin Hawaiili ismi olduğunu fark etmiştim ama hiçbiri Hawaiiliye benzemiyordu. Mark ve ben bunu onlara sorduk. Bize, eğer ısrarcı olursanız Dr. Hew Len'in size yeni bir isim verdiğini söylediler. Kendin olmana ve Tanrısal Olan'la sıfırda birleşme yolunda yeni bir "sen"le özdeşleşmekti amaç.

Yeni bir ismin verdiği gücü biliyordum. 1979 yılında, Swami Anand Manjushri olmuştum. Bu ismi bana o zamanki öğretmenim Bhagwan Shree Rajneesh vermişti. Hayatımın geçmişimle uğraştığım, fakirlikle mücadele ettiğim ve bir anlam aradığım o döneminde o isim bana yeni bir başlangıç yapmamda yardımcı olmuştu.

İsmi yedi yıl kullanmıştım. Dr. Hew Len'in bana yeni bir isim vereceğini ya da verebileceğini merak etmem doğaldı.

Ona bunu sorduğumda bana Tanrısal Olan'a danışacağını söyledi. Kendisine esinlenme geldiğini hissettiğinde ne olduğunu bana söyleyecekti. İlk seminerden bir ay kadar sonra bana şunları yazdı:

> Joe:
>
> Geçen gün bir bulutun zihnime geldiğini gördüm. Yavaşça, çok yumuşak bir sarının içinde çalkalanarak kendini değiştirmeye başladı. Sonra, görünmezliğin içinde uyanan bir çocuk gibi kendini gerdi. Görünmezlikten Ao Akua, "Tanrı'ya saygı duyan" ismi ortaya çıktı.
>
> Bu alıntıyı bugün bir e-posta mesajının bir bölümü olarak aldım:
>
> "Bana hayatı ödünç veren Tanrım, bana minnetle dolu bir kalp ödünç ver."
>
> Sana tüm anlayışların ötesinde Huzur dilerim.
>
> Ben'in Huzuru.
>
> Ihaleakala

Ao Akua ismine bayılmıştım ama nasıl söylendiği hakkında hiçbir fikrim yoktu. Dolayısıyla ona yazıp sordum. İşte yanıtı:

> Joe:
>
> A, baba kelimesindeki a harfinin sesidir
>
> O, Oh'taki harfin sesidir.
>
> K, ker'deki gibi bir sestir.
>
> U, turuncu'daki gibi bir sestir.
>
> Ben'in Huzuru,
>
> Ihaleakala

Yeni ismimi okuyabildim ve çok hoşuma gitti. Onu asla toplum içinde kullanmadım, sadece Dr. Hew Len'e yazarken kullandım. Daha sonra, www.JoeVitale.com sitesindeki yazılarıma başladığımda imzamı "Ao Akua" olarak attım. Çok az kişi ismimi sorguladı. Gene de onu çok sevdim çünkü sanki Tanrısal Olan'dan, bana göre Tanrı'yı görmek için bulutların gidişi anlamına gelen bir cümleyi kullanarak web sitesindeki sayfamı temizlemesini istemek gibiydi.

Hafta sonu eğitimi zihnime, "Seni seviyorum"u –en azından bir süreliğine– yerleştirdiğinde daha fazlasını istemeye başladım. Dr. Hew Len'e yazarak, ona Teksas'a gelip küçük bir arkadaş grubuna Ho'oponopono hakkında konuşmayı isteyip istemediğini sordum. Onu kendime ayırmak için yaptığım plan buydu. Kısa bir konuşma için Teksas'a uçardı ve bende kalırdı. Benimle birlikteyken de bir koğuş dolusu akıl hastası suçluyu nasıl iyileştirdiği dâhil bildiklerini öğrenmeye çalışacaktım. Dr. Hew Len davetimi kabul etti ve şöyle yazdı:

Joe:

Beni aramaya zaman ayırdığın için teşekkür ederim. Yapman gerekmiyordu ama yaptın. Minnettarım.

Şubatta Austin'e yapacağım ziyaret için sana bir röportaj "programı" teklif etmek isterim. Belki röportajın konusu *Adventures Within: Confessions of an Inner World Journalist* adlı kitabındaki ayrıntılarını aktardığın problem çözme yaklaşımlarının bir tür incelemesi olabilir. Bu görüşmede seni röportajı yapan kişiden, kendimi de röportajı yapılan kişiden daha öte biri olarak görüyorum.

Bilgi aktarırken netlik çok önemli, bırak hangi şekli alacaksa öyle olsun. Örneğin, bir sorun olduğunda daha belirsiz olan o sorunun nedeni değil, ne olduğudur. Eğer sorunun ne olduğu konusunda kişi net değilse onu nasıl çözebilir? Çözüme ulaştırabilmek için sorun nerede aranmalıdır? Zihinde mi? O nedir? Belki bunlardan hiçbiri değildir.

Hatta sorunu kim ya da ne çözer sorusu da vardır.

Kitabında değindiğin gibi, kişi sorunu çözmek için Tercih ya da Biçim gibi metotları uygulamaya kalkıştığında yargılamamayı sürdürmek zordur. Asıl sorun yargılar mı yoksa inançlar mıdır? Bırak gerçek problem kendini göstersin.

Röportaj iyi ve kötü, doğru ve yanlış yöntemler ya da kavramlar üzerine olmasın. Bu sadece yenilenen belirsizliğe takılmaktan başka bir şey olmayacaktır. Sen ve ben eğer suları bir nebze temizleyebilirsek muhteşem bir iş yapmış oluruz.

Elbette her an, kendi özel ritmini ve gelgitlerini taşır. Sonuçta, Shakespeare'in *Julius Caesar* oyununda Brütüs'ün de dediği gibi, "Her şeyin ne olacağını görmemiz için günün sonuna kadar beklememiz gerekecek". Bizim de öyle.

Teklif ettiğim röportaj hakkında bana düşüncelerini yaz. Ben Brütüs gibi sona bağlı değilim.

Huzur,

Ihaleakala

Hemen Dr. Hew Len ve benimle özel bir akşam yemeğinin duyurusunu yaptım. Beş ya da altı kişinin yanıt vereceğini düşünüyordum. Oysa neredeyse 100 kişi ilgi gösterdi. Ve 75 kişi güzel bir akşam yemeği için para ödeyerek yerlerini ayırttı.

Dr. Hew Len yemeğe katılacakların bir listesini isteyerek beni şaşırttı. Onlar üzerinden temizlenmek istemişti. Bunun ne anlama geldiğinden emin olmamakla birlikte listeyi ona yolladım. Bana cevaben şöyle yazdı:

Liste için teşekkür ederim, Ao Akua.

Bu sadece arınmakla ilgili, ıvır zıvırdan arınmak ve Tanrı'yla açık olabilmek için bir şans yakalamak.

Sen artık uşağının yitirdiğiyle geçin,
Seni yüceltsin diye o erisin, yok olsun;
Kof saatlerini sat sonsuzluk almak için,
Dışın yoksul düşsün de için servetle dolsun.
Sen de ölümle beslen nasıl ölüm can yerse,
Ölmek bitmiş demektir ölüm ölür giderse.

Huzur seninle olsun,

Ihaleakala

Dr. Hew Len, Austin'e gelip de onu havaalanından aldığımda bana hemen hayatımla ilgili sorular sormaya başladı.

"Hayatın hakkında yazdığın kitap (*Adventures Within*'i kastediyordu) huzuru bulmak için pek çok yol denediğini gösteriyor," diye başladı. "Hangisi gerçekten işe yaradı?"

Düşündüm ve hepsinin bir yardımı olduğunu ama en yararlı ve güvenilir olanın belki de Tercih Yöntemi olduğunu söyledim. Bunun, inançları hangisinin gerçek olduğunu bulmak için sorgulamak olduğunu anlattım.

"İnançları sorgularken neyle kalırsın?"

"Neyle kalırsın?" diye tekrarladım. "Seçiminle ilgili netlikle kalırsın."

"Bu netlik nereden gelir?" diye sordu.

Neye varmak istediğinden emin değildim.

"Bir insan aynı zamanda nasıl olur da hem varlıklı hem de pisliğin teki olabilir?" diye sordu birden.

Soru beni şaşkına çevirmişti. Zenginliğin ve pisliğin biri olmanın özel bir şey olmadığını açıklamak istedim. Sadece iyi olanların zengin olabileceğini söyleyen hiçbir yasa yoktur. Belki kötü bir insan para konusunda net olabilir, böylece de zengin olur ama aynı zamanda hâlâ son derece can sıkıcı biri de olabilir. Ama o sırada bunları anlatacak kelime bulamadım.

"Hiç fikrim yok," diye itiraf ettim. "Zengin olmak için kişiliğini değiştirmek zorunda olduğunu düşünmüyorum. Sadece zenginliği kabullenen inaçların olması gerekir."

"Bu inançlar nereden gelir?" diye sordu.

Onun eğitiminden geçmiş biri olarak söyleyecek yeterince yanıtım vardı: "İnananların yaşamdan aldıkları programlar vardır."

Gerçek bir hipnotik yazar olduğumu söyleyerek konuyu tekrar değiştirdi. Benim Ho'oponopono hakkında bir kitap yazmam fikrinden bahsetmeye başladı.

"Öyleyse kitap yazmam için bana yardıma hazır mısın?" diye sordum.

"Hafta sonunun nasıl geçeceğini bir görelim," dedi.

"Konu açılmışken, bu akşam yemekte ne yapacağız?" diye sordum. Doğru yaptığımdan ve insanların beklentilerinin karşılanmasından emin olmak için bulunduğum konumu daima kontrol etmek isterdim.

"Asla plan yapmam," dedi. "Tanrısal Olan'a güvenirim."

"Ama önce sen mi konuşmaya başlayacaksın yoksa ben mi ya da ne? Senin için okumamı istediğin bir giriş yazısı var mı?"

"Bakalım," dedi. "Plan yapma."

Bu durum beni rahatsız etmişti. Benden bekleneni bilmek isterdim. Dr. Hew Len beni karanlığa itiyordu. Ya da belki ışığa. Emin değildim. O sıralarda anladığımdan çok daha bilgece sözler söylemeye devam etti:

"Var olduğumuz şu anda biz insanların farkında olmadığı şey hayata karşı inatçı, aralıksız bir direnç içinde olduğumuzdur," diye başladı. "Bu direnç bizi Self I-Dentity'mizden ve Özgürlükten, İlhamdan ve her şeyin ötesinde Tanrısal Yaratıcının kendisinden sürekli ve sabit bir farklılık konumunda tutuyor. Yani, bizler zihnimizin çöllerinde amaçsız bir biçimde dolaşan yersiz yurtsuz insanlarız. Hz. İsa'nın 'Direnmeyin,' prensibini kulak ardı ediyoruz. Bir diğer prensibin farkında bile değiliz: 'Huzur benimle başlar.'

"Direnç bizi sürekli olarak endişe ve ruhsal, zihinsel, bedensel, maddi ve manevi yoksulluk konumunda tutar," diye ekledi. "Shakespeare'in aksine, bizler akıp gitmek yerine sürekli bir direnç konumunda olduğumuzun farkında değiliz. Bilincin her bir byte'ı için bilinçaltımızda en az bir milyon byte deneyimliyoruz. Ve kurtuluşumuz için bir byte hiçbir işe yaramaz."

Olağanüstü bir akşam olacaktı.

Yemeğin yeneceği salonu görmek istedi. Austin'in merkezindeki bir otelin en üst katındaki büyük bir salondu bu. Müdür kibardı ve salona girmemize izin verdi. Dr. Hew Len yalnız kalıp kalamayacağımızı sordu. Kabul etti ve gitti.

"Dikkatini ne çekiyor?" diye sordu.

Etrafıma baktım ve, "Halının temizlenmesi gerekiyor," dedim.

"Nasıl bir etkileşim alıyorsun?" diye sordu. "Doğru ya da yanlış yok. Senin aldığın benim aldığımdan farklı olabilir."

Gevşemeye ve o ana odaklanmaya çalıştım. Birden çok fazla trafik, yorgunluk, karanlık hissettim. Bunun ne olduğu ya da ne anlama geldiği konusunda hiçbir fikrim yoktu. Bunu Dr. Hew Len'e söyledim.

"Oda yorgun," dedi. "İnsanlar içeri girip çıkıyorlar ve asla onu sevmiyorlar. Onaylanmaya ihtiyaç duyuyor."

Bunun biraz garip olduğunu düşündüm. İnsan gibi olan bir oda mı? Duyguları mı vardı?

Aman, her neyse.

"Bu oda, isminin Sheila olduğunu söylüyor."

"Sheila? Bu odanın ismi mi?"

"Sheila onu takdir ettiğimizi bilmek istiyor."

Buna nasıl yanıt vereceğimden emin değildim.

"Burada yemek vermek için ondan izin istememiz gerekiyor," dedi. "Dolayısıyla Sheila'ya onun için uygun olup olmadığını soruyorum."

"Ne diyor?" diye sordum kendimi biraz aptalca bularak.

"Onayladığını söylüyor."

"E, iyi o zaman," diye yanıt verdim oda için ödediğim parayı geri alamayacağımı hatırlayarak.

Açıklamaya devam etti. "Bir keresinde bir oditoryumda konuşmam için hazırlanıyordum ve sandalyelere konuşuyordum. 'Atladığım biri var mı? Herhangi birinin ilgilenmem gereken bir sorunu var mı?' diye sordum. Sandalyelerden biri, 'Bir önceki seminerde maddi konularda sorunları olan bir adam üzerimde oturuyordu ve şu anda kendimi ölü gibi hissediyorum!' dedi. Ben de o sorunla *arındım* ve sandalyenin doğrulduğunu gördüm. Sonra da 'Tamam! Bir sonraki kişiyi taşımaya hazırım!' dedi."

Şimdi de sandalyelerle mi konuşuyor?

Bir şekilde zihnimi onun bu olağan dışı yöntemi hakkında daha çok şey duymaya açmıştım. Anlatmaya devam etti:

"Yapmaya çalıştığım şey aslında odaya öğretmekti. Odaya ve içindeki her şeye, 'Nasıl Ho'oponopono yapılır öğrenmek ister misiniz? Nihayetinde kısa bir süre sonra ben gideceğim. Bu çalışmayı kendi başınıza yapabilecek olmanız hoş olmaz mı?' dedim. Bazıları evet dedi, bazıları hayır, bazıları da 'Ben çok yorgunum!' diye cevapladı."

Pek çok kadim kültürün her şeyi canlı olarak gördüğünü hatırladım. *Clearing* adlı kitabında Jim PathFinder Ewing yerlerin çoğu zaman enerjileri emdiğini anlatır. Odaların ve sandalyelerin duyguları olduğunu imgelemek çok da çılgınca olmamalıydı. Kesinlikle insanın ufkunu genişleten bir düşünceydi. Eğer fizik bilimi haklıysa bizim katı olarak algıladıklarımızı oluşturan şey enerjiden başka bir şey değildir, bu durumda oda ve sandalyelerle konuşmak o enerjiyi yeniden yeni ve daha temiz bir form olarak düzenlemenin bir yolu olabilirdi.

Peki ama ya sandalyelerin ve odanın konuşmaya yanıt vermesi?

O sıralarda buna pek de hazır değildim.

Dr. Hew Len pencereden gökdelenlere baktı. Koca binalar, hükûmet binası, ufuk bana çok güzel görünüyordu.

Ama Dr. Hew Len için öyle değildi.

"Mezar taşları görüyorum," dedi. "Şehir ölülerle dolu."

Pencereden baktım. Mezarlıkları görmedim. Ya da ölümü. Bir şehir görüyordum. Bir kez daha Dr. Hew Len'in her an beyninin her iki tarafını da kullandığını ve yapıları metaforlar olarak görebildiğini ve onları gördükçe onlarla konuştuğunu öğreniyordum. Bense gözlerim açık, ayakta uyuyordum.

Oteldeki odada yaklaşık 30 dakika kaldık. Tek söyleyebileceğim, Dr. Hew Len'in etrafta dolaşarak odayı temizlediği, af dilediği, Sheila'yı sevdiği ve temizlediği, temizlediği, temizlediğiydi.

Bir ara bir telefon görüşmesi yaptı. Hattın diğer tarafındaki kişiye nerede olduğunu söyledi, tarif etti ve izlenimlerini sordu. Kendi izlenimlerinin teyidini alıyor gibiydi. Telefonu kapattıktan sonra bir masaya oturduk ve konuştuk.

"Arkadaşım bu odanın onu sevdiğimiz sürece burada akşam yemeği yememize izin vereceğini söyledi," dedi.

"Onu nasıl sevebiliriz?"

"Ona sadece 'Seni seviyorum' de," diye cevap verdi.

Saçma gibi görünüyordu. Bir odaya "Seni seviyorum" demek mi? Ama elimden geleni yaptım. Önceden "Seni seviyorum"un işe yaraması için illaki söylediğini hissetmen gerekmediğini öğrenmiştim, sadece söylemeliydin. Dolayısıyla söyledim. Aslında birkaç kez tekrar ettiğiniz zaman onu hissetmeye başlıyorsunuz.

Birkaç dakikalık sessizlikten sonra Dr. Hew Len bilgece konuşmaya devam etti:

"Bireysel olarak sahip olduklarımızın anılar ya da esinlenmeler, insanlıktan mineral, bitki ve hayvan krallıklarına kadar her şey üzerinde ani ve kesin bir etkisi vardır," dedi. "Bir bilinçaltı zihninde bir hatıra Tanrısal Olan tarafından sıfıra dönüştürüldüğünde tüm bilinçaltı zihinlerinde de sıfıra dönüştürülmüş olur, *hepsinin*!"

Devam etmeden önce bir süre sustu:

"Dolayısıyla, anbean ruhumuzda olan şeyler, Joseph, aynı anda tüm ruhlarda da olmaktadır. Bunu fark etmek öyle muhteşem bir şeydir ki. Daha da muhteşemi, bilinçaltı zihnindeki bu hatıraları sıfırlamak ve ruhunda ve her şeyin ruhunda onları Tanrısal Olan'ın düşünceleri, sözleri, davranışları ve hareketleriyle değiştirmek için Tanrısal Yaratıcı'ya çağrıda bulunabilecek olmanın kıymetini bilmektir."

Buna ne cevap verebilirsiniz ki?

Tek düşünebildiğim "Seni seviyorum"du.

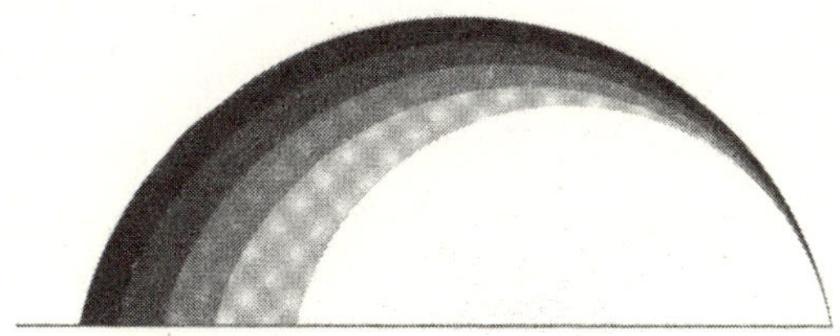

Tanrı'yla Yemek

Bir tövbe, affedicilik ve değişimler süreci olan güncelleştirilmiş Ho'oponopono, zehirli enerjileri boşaltıp kendisiyle doldurması için "Sevgi"ye verilen bir dilekçedir. Sevgi bunu zihinden akarak, ruhani zihinden, süperbilinçten başlayarak başarır. Buradan entelektüel zihne, bilinçli zihne, onu düşünce enerjilerinden özgürleştirerek akmaya devam eder. Sonunda, duygusal zihnin içine, bilinçaltına girer, zehirli enerjilerin düşüncelerini boşaltır ve onları kendisiyle doldurur.

—Dr. Ihaleakala Hew Len

Dr. Hew Len'le verdiğimiz akşam yemeğine 70 kadar kişi geldi. Bu olağanüstü öğretmene böylesine bir ilgi olacağı hiç aklıma gelmezdi. Alaska'dan, New York'tan ve başka yerlerden Austin'e gelmişlerdi. Bazıları Oklahoma'dan arabayla gelmişti. Neden geldiklerini asla tahmin edemezdim. Bazıları meraktan gelmişti. Bazıları *Çekim Yasası Sırrı* gibi kitaplarımın hayranıydı ve bir sonraki adımlarını benimle atmak istiyorlardı.

Ne diyeceğimi ve nereden başlamam gerektiğini hâlâ bilemiyordum. Dr. Hew Len rahat görünüyordu, kendini akışa bırakmıştı. Bir masada yemeğini yiyordu ve herkes söylediği her kelimeye kilitlenmişti. Aşağıdaki deneyim, arkadaşım Cindy Cashman'a aittir (bu arada, kendisi uzayda evlenen ilk kişi olmayı planlıyor: Bkz. www.firstspacewedding.com).

25 Şubat 2006, Cumartesi'ydi. Austin'in merkezine, Dr. Hew Len'i dinlemeye gittim. Yemekte yanında oturdum. Verdiği mesaj, yüzde yüz sorumlu olmaktı. Güçlü enerji değişimlerine şahit oldum. Masamızdaki bir kadın astım krizi geldiğinde orada bulunan bir adamı hastaneyi aramadığı için suçluyordu. Dr. Hew Len durdu ve şöyle dedi:

"Beni sadece siz ilgilendiriyorsunuz ve daha fazla su içmeniz gerektiğini, bunun astımınıza yardımcı olacağını duyuyorum."

Kadının enerjisi anında suçlamadan minnete dönüştü. Buna şahit olmak beni çok heyecanlandırmıştı çünkü kendi kendime, "Suçlayıp duruyor" diyerek onu nasıl sessizce yargıladığımı ve suçlayıcı insanların bulunduğu bu ortamdan uzaklaşmayı istediğimi fark etmiştim. Dr. Hew Len'in yaptığı şey negatif enerjiyi almak ve onu tamamen sevecen, pozitif bir enerjiye dönüştürmekti.

Bundan sonra, kendi su şişemi çıkardım ve otelin suyunu göstererek Dr. Hew Len'e, "Suları pek iyi değil," dedim.

Ve Dr. Hew Len bana şöyle cevap verdi: "Şu anda yapmış olduğunuz şeyin farkında mısınız?"

Bunu dediği anda suya negatif vibrasyon yollamış olduğumu anlayıverdim. Vay canına! Ne yaptığımın farkına varabildiğim için bir kez daha minnettar oldum.

Kendisinin sürekli olarak nasıl arındığını bana anlattı, yani o kadın adamı suçladığında Dr. Hew Len kendine şöyle sormuştu:

"İçimde ne oluyor ki bu onunla ortaya çıkıyor? Nasıl yüzde yüz sorumlu olabilirim?"

Enejisini Tanrı'ya yollamış ve şöyle demişti:

"Teşekkür ederim – Seni seviyorum – Özür dilerim." Tanrı'nın şöyle dediğini duymuş: "Ona söyle, daha fazla su içsin."

Bana, "Nasıl arınabileceğini biliyorum, böylece o ihtiyacı olanı alıyor, ben de kendi ihtiyacım olanı," dedi.

Tanrı'yla konuşuyordu ve Tanrı da onlarla konuşuyordu. Arındığında herkesi Tanrı'nın onları gördüğü gibi göreceğim.

Dr. Hew Len'e onu görmek için bir randevu alıp alamayacağımı sordum, bana hayır dedi çünkü Tanrı ona benim zaten içsel bir bilgiye sahip olduğumu söylemişti.

Bu benim için çok güzel bir doğrulamaydı.

Sonuçta bu gece öğrendiğim mesajlar şunlardı:

1. *Dr. Hew Len'in kadının enerjisini şikâyetten minnettarlığa nasıl dönüştürdüğüne şahit oldum.*
2. *Kadını ve suyu nasıl yargıladığımı fark ettim.*
3. *Kendisini arındırmak için kullandığı sistemi ve bunu hepimizin kullanmasının ne kadar güçlü bir şey olduğunu anladım.*
4. *"Teşekkür ederim" ve "Seni seviyorum"u daha sık söylemeyi hatırlamayı öğrendim.*

Yemeğe bir koğuş dolusu akıl hastası suçluyu iyileştirmiş olan gizemli terapistten nasıl haberim olduğunu anlatmakla başladım. Herkesin dikkatini çekmiştim. Dr. Hew Len'le halka açık bir konuşma yaptığımız için herkesi soru sormaya davet ettim. Sokrates ve Platon'un yaptıklarına benzer bir şeydi bu belki ama ben kendimi Platon değil, daha çok Play-Doh* gibi hissediyordum.

Dr. Hew Len konuşmasına şöyle başladı: "İnsanlar 'Peki ya inançlar? Duygular? Buna benzer şeyler?' gibi sorular sorarlar. Ben bu tür şeylerle uğraşmıyorum. 'Nasıl olur' türü saçmalıklarla uğraşmıyorum. Ama siz gene de bana bunları soracaksınız, bu nedenle de uğraşmak zorundayım! Ama bu sanki oraya ulaşmak ve bir şeylere dokunmak gibidir, anında yakıverir ve ben de elimi çekiveririm. Dolayısıyla bir şeyler yüzeye çıktığında, hatta çıkmadan önce bile, ben elimi çoktan çekmiş olurum.

"Tıpkı bu odaya girmeden önceki gibi –burası kutsal bir odadır– içeri girmeden önce odayla konuştuğumdan emin oldum. Odaya ismini sordum çünkü onun bir ismi var. Sonra odaya, 'Odaya girmemde bir sakınca var mı?' diye sordum. Oda, 'Hayır, hiçbir sakınca yok,' dedi. Ama diyelim ki oda, 'Olmaz. Sen –ifademi mazur görün– boktan birisin,' dedi. O zaman kendime bakardım ve yapmam gerekeni yapardım ki böylece içeri girdiğimde doktorlarla

* Renkli oyun hamuru markası. (yay. n.)

ilgili söylenen, 'Kendini iyileştir!' sözünü duyardınız. Dolayısıyla, bir an için bile olsa, iyileşmiş olarak içeri girmek istediğimden emin olmak istiyorum."

Dinleyicilerin seviyesini belirlemek için sözünü kestim. Herkesin Dr. Hew Len'in kim olduğunu ve bizim neden burada olduğumuzu bilmesini istemiştim. Yapmakta olduğumuz şey spontaneydi ve belli bir formatı yoktu. Herkese gevşemelerini ve kendilerini açmalarını tavsiye ettim. Dr. Hew Len'le beraberken ne söyleneceğini ya da ne yapılacağını asla bilemezsiniz.

Herkese neden bir insanın göğüs kanserine yakalanmış olabileceğini sordu. Kimse yanıtlayamadı. Hatta kendisi de. Her an etrafımızda milyonlarca byte'lık bilginin akmakta olduğuna ama bizlerin bir anlık zaman dilimi içinde ancak 20 byte'lık bir bilginin farkında olduğumuza işaret etti. Bu onun sürekli tekrar ettiği bir konuydu. Çünkü vermek istediği mesajın temelini oluşturuyordu: Hiçbir ipucuna sahip değiliz.

"Hayatımızda neler olup bittiğine dair bilimin kesin olarak bildiği hiçbir şey yoktur," diye açıkladı. "Matematik bile sıfırdan dolayı tam olarak netlik kazanmamıştır. Charles Seife, *Sıfır: Tehlikeli Bir Düşüncenin Yaşam Öyküsü* adlı kitabının sonunu şöyle bağlamaktadır: 'Bütün bilim adamları kozmozun hiçlikten meydana geldiğini ve zamanı gelince tekrar hiçliğe döneceğini bilir. Kâinat sıfırla başlar ve sıfırla biter.'"

Dr. Hew Len devam etti: "Dolayısıyla ben de zihnimin kâinatını sıfırladım. İçinde hiçbir bilgi yok. Onu farklı şekillerde adlandırabilirsiniz: boşluk, saflık. Ne dediğiniz beni ilgilendirmez. Zihnim şu anda sıfırlanmış durumda. Neler olduğunun hiç önemi yok, ben farkında olmasam dahi size anlatacağım süreç, sıfırda olabileceğim *sabit sürekli sıfırlama*dır."

Çoğunluk Dr. Hew Len'de odaklanmıştı ama benim gibi olan bazıları hâlâ karanlıktaydı. Ama Dr. Hew Len konuşmaya devam etti, "Eğer zihniniz sıfırda ise yaradılış meydana gelir ve ona da 'esinlenme' denir. Hawaii dilinde 'esinlenme' *Ha* demektir.

"Dolayısıyla, eğer Hawaii'ye gitmişseniz 'Ha' kelimesi 'esinlenme' demektir. Wai 'su'dur ve I 'Tanrı'dır. *Hawaii* 'Tanrı'nın nefesi ve suyu' demektir. *Hawaii* kelimesinin kendisi bir arınma yöntemidir, dolayısıyla herhangi bir yerdeyken, -örneğin bir odaya girmeden önce- 'Bilmediğim ama arınmam gereken ne var? Neler olduğu hakkında hiçbir fikrim yok, bu öyleyse ne?' diye kontrol ederim. Böylece 'Hawaii' denen arınma yöntemini uyguladığımda farkında bile olmadığım bir bilgiyi alacak ve beni sıfıra geri götürecektir.

"Sadece sıfırda... ve anlamanız gereken şey zihnin iki efendisi olduğudur. Ya zihninizde olmakta olan şeye hizmet eder *ya da* esinlenmeye hizmet eder. Geri kalanların hepsine hatıra denir."

Gittikçe daha heyecan verici oluyordu. Dr. Hew Len konuşmasını daha derinleştirdi.

"Tanrısal Zekâ tüm bu esinlenmenin geldiği yerdir ve *sizin* içinizdedir! Dışarıda bir yerde değildir. Oralara gitmenize gerek yok. Oralara gitmenize gerek yok! Dışarıda birilerini aramanız gerekmiyor. O halihazırda *içinizde*! Bundan sonraki boyut süperbilinçtir. Bu kadar basit. Hawaiililer ona *Aumakua* der. Au 'zamanın ve uzayın ötesi' demektir, *makua* ise 'kutsal ruh ya da bir Tanrı'dır, yani sizin zamansız ve sınırsız bir parçanız vardır. Sizin o parçanız tam olarak neler olup bittiğini bilmektedir.

"Bir de bilinçli zihniniz var, Hawaiililer ona *Uhane* derler. Ve bilinçaltı vardır, Hawaiililer ona *Unihipili* derler.

"Dolayısıyla farkında olunması gereken en önemli şeylerden biri de 'Ben kimim?' diye sorgulamaktır. Yani söylemekte olduğumuz şey -sizinle paylaştığım şey- kimliğinizin zihnin bu elementlerini içeriyor olduğudur. Şimdi, *bu* zihnin boş olduğunu bilmek sizin için önemlidir! Dolayısıyla bu zihin *sıfır*dır. Öyleyse siz kimsiniz? Siz Tanrısal bir varlıksınız, sıfır olansınız. Peki, neden sıfır olmak isteyesiniz?

"Sıfırken her şey mümkündür! *Her şey*! Dolayısıyla, şimdi, bunun anlamı sizin Tanrı'nın görüntüsünden yaratılmış olduğunuzdur. Bu konuda net olacağım çünkü ben bazı şeyler duyuyorum ama *sizin* Tanrı tarafından arınmanızı istiyorum.

"Dolayısıyla siz Tanrı'nın görüntüsünden yaratıldınız. Madalyonun bir yüzünde sizler boş ve sonsuz yaratıldınız. Bütün süprüntüleri temizlemek ve boş olmak istediğiniz anda esinlenme varlığınızı doldurur ve artık özgür olursunuz. Özgür olduğunuzu bilmek zorunda bile değilsiniz çünkü çoğu zaman bilmeyeceksiniz. 'Nerede? Nerede? Temizdim! Hadi, söyleyin nerede? Daha çok çalışacağım.' Çoğu zaman bilmeyeceksiniz!

"Akıl bir yerde tıkanıp kaldığında, ah, gittikçe daha fazla tıkanır. Hawaii dilinde biz buna –dilimi mazur görün– *Kukai Pa'a* deriz. Kukai Pa'a ne demek biliyor musunuz? Zihinsel kabızlık."

Bir kişi, "Eğer bir başkası size meydan okuyorsa, düzeltilmesi gerekenin o kişi değil de kendiniz olduğunu mu söylüyorsunuz?" diye sordu.

"Eğer biriyle sorununuz varsa, bu o kişiyle sorununuz var demek *değildir*!" dedi Dr. Hew Len. "Sorun, yüzeye çıkan ve sizin *tepki gösterdiğiniz hatıra*dır. Sorununuz işte onunladır. Diğer kişi değil.

"Eşlerinden nefret eden kişilerle çalıştım. Bir keresinde bir kadın, 'New York'a gitmeyi düşünüyorum. Orada daha şanslı olacağım,' demişti. O sırada Tanrısal Olan'ın şöyle dediğini duydum: 'Öyleyse, o nereye giderse gitsin, o da onunla birlikte gidecek!'"

Dr. Hew Len biri onunla terapi için bağlantıya geçtiğinde arayan kişiye değil, kendisine baktığını söyledi.

"Örneğin, bir süre önce, 92 yaşındaki bir kadının kızı beni aradı. 'Annemin birkaç haftadır çok kötü kalça ağrıları var,' dedi. Benimle konuşurken, Tanrısal Olan'a şu soruyu sordum: 'İçimde o kadının acısına neden olabilecek ne oluyor?' Sonra da 'İçimdeki bu sorunu nasıl düzeltebilirim?' diye sordum. Sorularımın yanıtları geldi ve ben de söyleneni yaptım.

"Bir hafta kadar sonra kadın beni aradı ve, 'Annem şimdi daha iyi hissediyor!' dedi. Bu, sorun tekrar meydana gelmeyecek anlamına gelmez çünkü aynı sorun olarak görünen şeylerin çoğu zaman çoklu nedenleri vardır. Ama ben kendi üzerimde çalışmaya devam ettim, onun üzerinde değil."

Başka biri denizaşırı bölgelerdeki savaşları sordu. Bunun için onun mu sorumlu olduğunu bilmek istiyordu. Daha doğrusu, Dr. Hew Len'in bunun için ne yaptığını bilmek istiyordu.

"Ah, kendimi sorumlu görüyorum!" Dr. Hew Len bunu şüphe götürmeyecek bir kesinlikle söylemişti. "Her gün arınma işlemini yapıyorum ama arınma yapacağım, dolayısıyla bu konunun çaresine bakılmasını istiyorum diyemem. Neler olabileceğini sadece Tanrı bilir. Ama ben kendime düşeni yapıyorum ki bu da arınmadır, tıpkı hastaneleri temizlemek gibi. Artık Hawaii'deki akıl hastanesinde katiller için ayrılmış bir bölüm yok. Orada değil! Ben kendi payıma düşeni elimden geldiği kadar iyi yaptım. Belki, eğer biraz daha arınmış olsaydım, daha da iyi sonuçlar alabilirdik. Ben bir insanım ve elimden gelenin en iyisini yapıyorum."

Dr. Hew Len'in yorulduğunu görebiliyor ve akşamı artık sonlandırmak istediğini hissediyordum. Hepimiz için olağanüstü bir zamandı.

Ama bu o geceyle sona ermedi.

Ertesi günün sabahında ben, Dr. Hew Len, Elizabeth McCall (*The Tao of Horses*'ın yazarı) ve birkaç kişi daha birlikte kahvaltı yaptık. Ne zaman Dr. Hew Len'in etrafında olsam içsel olarak sessizleşmeye başlamıştım. Belki de sıfır konumunu hissediyordum. Belki de değil. Kim bilir?

Ama ani bir esinlenmeyle bir hafta sonu semineri düzenlemek ve bunu "Beyond Manifestation" diye adlandırmak istedim. Bu fikrin nereden geldiğini bilmiyordum. En azından o zamanlar bilmiyordum. Şimdi bunun Tanrısal Olan'dan gelen bir esinlenme olduğunu biliyorum. Kahvaltı boyunca bunun çok iyi bir fikir olduğunu hissetmiştim ama istemiyordum.

Projeler, seyahatler, promosyonlar, form tutma yarışmaları ve daha fazlasıyla meşguldüm. Programıma bir başka yapılması gereken iş eklemek istemiyordum. Fikre karşı koymaya çalıştım. Bekleyip kendiliğinden yok olup olmayacağını görmeye karar verdim.

Yok olmadı. Üç gün sonra hâlâ aklımdaydı. Dr. Hew Len bana eğer birkaç arınmadan sonra o fikir hâlâ oradaysa onu harekete geçirmem gerektiğini söyledi. Bunun üzerine hayatımdaki en renksiz ve kötü e-postayı yazıp bilgi bankamda kayıtlı herkese postaladım. E-postayı yolladıktan üç dakika sonra biri arayıp adını seminere yazdırdığında hayretler içinde kaldım. Bilgisayarının başında oturmuş ve neredeyse benden gelecek haberi beklemiş olmalıydı.

Geri kalan kayıtlar çok kolay oldu. Seminer için sadece 25 kişi istiyordum. Bu benim kendi kendime koyduğum bir sınırlamaydı çünkü kendimi 2500 yerine 25 kişi önünde konuşurken daha rahat hissedecektim. Ayrıca bu semineri daha önce hiç yapmamıştım. Aslına bakarsanız nasıl yapılacağı konusunda hiçbir fikrim yoktu.

Gelmiş olan esinlenme ve endişelerimi Dr. Hew Len'e anlattım.

"Verebileceğim tek öğüt plan yapmamaktır," dedi.

"Ama ben her zaman plan yaparım," diye açıkladım. "Konuşmalarımı yazarım, sunumlar hazırlarım ve bildiriler dağıtırım. Konuşmalarımda nereye gittiğimi bildiğim zaman kendimi daha iyi hissederim."

"Tanrı'nın seni gözeteceğine güvendiğin zaman kendini daha iyi hissedeceksin," diye karşılık verdi. "Bunu arındıracağız."

O anda ne kastettiğini biliyordum çünkü konu onun deneyim sahasına gelmişti ve bu da kendisinin de içinde bir şeyleri arındırması gerektiği anlamına geliyordu. Her şey paylaşılıyordu. Bunun farkına vardığımız anda sizin deneyiminiz benim deneyimimdir ve aynı şey sizin için de geçerlidir.

Semineri planlamama konusunda elimden geleni yaptım. Bir noktada korkularıma teslim oldum ve katılımcılara dağıtmak üzere bir kılavuz hazırladım. Ama kullanmadım ve hiç bakmadım. Ve kimse de onunla ilgilenmedi.

Seminere, "Bu seminerde ne yapılacağı konusunda hiçbir fikrim yok," diyerek başladım.

Herkes güldü.

"Hayır, gerçekten," dedim. "Ne söyleyeceğimi bilmiyorum."

Hepsi yeniden güldü.

Bunun üzerine onlara Dr. Hew Len, Ho'oponopono ve "Kendi gerçeğinizi kendiniz yaratırsınız" cümlesinin düşündüklerinden daha fazla şey ifade ettiğini anlatmaya başladım.

"Hoşlanmadığınız biri hayatınıza girdiğinde," diye açıkladım, "bunu siz yaratmışsınızdır. Eğer kendi gerçeğinizi yaratıyorsanız o zaman onları da yaratmışsınız demektir."

Hafta sonu harika geçti. Bugün bile, seminere katılanlarla çektirdiğimiz grup fotoğrafına baktığımda paylaşmış olduğumuz sevgiyi hissediyorum. O fotoğrafı www.BeyondManifestation.com adresinde görebilirsiniz.

Ama bu benim için sadece bir başlangıçtı.

Hâlâ öğrenecek çok şeyim vardı.

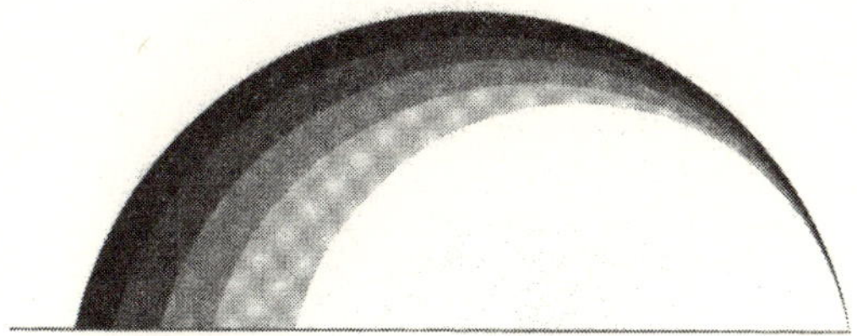

Kanıt

Işığınızı oluşturmak için karanlığın içine girmelisiniz.

—Debbie Ford. *The Dark Side of the Light Chasers*

Akşam yemeğine ve Beyond Manifestation seminerine gelen pek çok kişide ani ve önemli gelişmeler olmuştu. Bu bölümde onların gerçek hikâyelerini okuyabilirsiniz, böylece Ho'oponopono uygulamasının gücünü biraz hissedebilirsiniz.

İşte bu hikâyelerden biri Louis Green'den:

Sevgili Joe,

Dr. Hew Len'le bizi bir araya getirdiğin akşam için sana yeniden teşekkür etmek istiyorum. Suzanne'a da en ince detayları düşünüp bana Hyatt'tan vejetaryen akşam yemeği getirttiği için teşekkürler. Sen ve Nerissa'yla birlikte oturmaktan ve ikinizi ve masadaki diğer harika insanları tanımış olmaktan büyük zevk aldım.

Dr. Hew Len'i şahsen ve bu kadar yakından dinlemek ve sorularıma verdiği yanıtlarla beni aydınlatırken gösterdiği lütuf ve cömertlik büyük ayrıcalıktı benim için.

O geceyi takip eden iki hafta bana inanılmaz deneyimler yaşattı ve ben bunları seninle paylaşmak istiyorum. Kendime hatırlatmam gereken şeylerden biri de Dr. Hew Len'in bana yardım etmek için Tanrı'dan arınma istemesiydi. Böylece ben de aklıma geldikçe Ho'oponopono uygulamaya çalışırken, ki bunu zaman zaman yapar oldum, hâlâ onun dualarından yararlanıyorum.

Kaydı Dinledikten Hemen Sonra Dr. Hew Len'in Anlattıkları ile İlgili Talep Aldım.

İlk olarak Suzanne'dan aldığım ve beni Dr. Hew Len'le geçen gece hakkında hikâyelere ve sonuçlara davet eden bir e-postayla ilgili deneyimimden bahsedeceğim. İlginçtir ki Yaşamın Kayıp Öğrenimi El Kitabı*'nı satın almıştım ve seninle Dr. Hew Len'in MP3 kaydınızı indirmiştim. Suzanne'ın e-postasını gelen kutusunda gördüğüm sırada kaydı bir kez daha dinlemeyi yeni bitirmiştim.*

Davam Tanıtımı Yapılmadan Ulusallaştı

İkinci deneyim cidden inanılmazdı. 23 Şubat'ta, Austin'den ayrılmadan önce, ibraz etmem gereken yeni bir dava almıştım. Ayrılmadan önce gerekli olan şeyleri postalayabilmek için vaktim olmamıştı, dolayısıyla ertesi sabah (24 Şubat) Austin'deki postaneden yolladım. Açıklanamayacak bir şekilde yolladıklarım postada kayboldu ve dosyalanmak üzere ulaşması gereken yere ancak 6 Mart'ta vardı.

Tüketici haklarını savunan avukatların yer aldığı ulusal bir kuruma üyeyim. Geçen cuma öğleden sonra Connecticut'tan bir avukat, Canadian County, Oklahoma'da ibraz edilen bir davanın özetini postaladı ve bana Tulsa'daki meslektaşlarımın bunu ibraz edip etmediklerini sordu. Neredeyse yere düşecektim. Dava, benim davamdı. Ona bir e-posta yazdım ve bunu nasıl öğrendiğini sormak için ofisini aradım. Sonraki bir saat boyunca bir şeyler bulmak amacıyla Google'da dolaştım ama şansım yaver gitmedi.

E-postama cevap verdi ve Courthouse News Services (www.courthousenews.com) adlı online bir birime abone olduğunu yazdı. Buranın ülkenin dört bir yanındaki yasal dosyaları ve görüşleri izleyen ve önemli, dikkate değer ya da *sadece merak uyandırıcı gelişmeleri haber veren üyeleri (ve muhtemelen muhbirleri) vardı. Web sitesinin ön sayfasının sağ kolonunda tek paragraflık bir özet* bulunuyordu ve ben dava hakkında dışarı hiçbir bilgi vermemiştim. Komik ama bu sabah müvekkilimin babası beni ziyaret etmişti ve ben de onu, elimizde mahkemeye götürebileceğimiz çok güçlü bir dava olduğuna tüm kalbimle inandığım konusunda ikna etmiştim. Her gün açılan binlerce dava içinden benimkinin haber konusu olması inanılmazdı.*

Son Dakikada Ayarladığım Bir Akşam Yemeğine Rekor Düzeyde Katılım Oldu.

Ben yerel vejetaryen grubumuzun yönetim kurulundayım ve aylık toplantılarımız genellikle ayın ikinci cumartesi günü gerçekleşir. Mart toplantısı için başkanla toplantı yerini kontrol ederken hiçbir düzenleme yapılmamış olduğunu fark ettim. İşe gönüllü oldum. 28 Şubat Salı günü, listemin birinci sırasındaki restorana gittim ve restoran sahibinin 3 Mart Cuma gününe kadar şehir dışında olduğunu öğrendim ama döndüğünde beni araması için ona mesaj bırakacaklarını söylediler. Burası olmamıştı.

Ertesi gün, 1 Mart Çarşamba, birkaç ay önce açılmış olan bir Thai restoranına gittim. Müdürle görüştüm ve bir vejetaryen büfesi yapıp yapamayacaklarını sordum. Ona deneyimlerime göre ortalama 20 kişilik bir katılım olacağını, en yüksek katılımın 30'u biraz geçtiğini söyledim. Yapabileceklerini söyledi ama çok fazla yemek hazırlayıp da az kişi gelirse yemekler ziyan olacağından 100 dolar ön ödeme şartı koydu. Menüye baktım, inanılmaz bir anlaşmaydı: Vejetar-

---

* Yukon, Chevrolet ve Fifth Third Bank aleyhine dolandırıcılık iddiasıyla Oklahoma, Vanadian County Mahkemesi'nde dava açılmıştı. Davayı açan pek de akıllı olmayan bir adamdı ve Yukon'un "kazı kazan" ilanından bir ödül kazandığını ve bunu talep etmek üzere geldiğinde beş saat boyunca kendisini büyük bir baskı altında bırakan ve sıkıntı veren bir satış işlemiyle alıkonulduğunu ve davalıların ertesi gün iadesini reddettiği, yeni bir kamyon almaya zorlandığını iddia ediyordu.

yen suşi, çorba, dört başlangıç, tatlı ve çay sadece 8 dolar ediyordu. Bana restoranın sahibinin de onayını alması gerektiğini ve benim de ön ödeme çekini hazırlamamı söyledi. 2 Mart günü anlaşmamızı yaptık. Başkana web sitemizdeki gazetede yayınlaması için kısa bir duyuru yazdım ve e-postayla gönderdim. Akşam yemeği 11 Mart Cumartesi günü olacaktı, ben de 9 Mart Perşembe saat 17:00'ye kadar RSVP istedim.*

Genelde başkanımız aylık gazeteyi ayın birinci gününden ya birkaç gün önce ya da birkaç gün sonra yayınlar. Çoğu kişi gazetesini e-posta yoluyla alır. Gazeteyi yerel sağlıklı besin dükkânlarına ve kütüphanelere de yollarız. Bu sefer, başkanın gazete hazırlayacak vakti olmadı ve 5 Mart Pazar gecesi ona yolladığım e-postayı duyuru olarak herkese e-postayla yolladı. Halka açık gönderim yapılmadı. Akşam yemeğinde 20 kişi olursak şanslıyız, diye düşünmeye başlamıştım.

Pazartesi günü, RSVP'ler azar azar gelmeye başladı. Birkaç kişi aradı. Birkaç kişi de salı günü arayınca 13 kişi oluruz, bu da ön ödememizi karşılar diye hesap ettim. Ama çarşamba günü daha evvel hiç olmadığı kadar çok arama olmaya başladı. Günün sonunda 37 kişi olmuştuk. Bunun başka bir soruna yol açabileceğini düşündüm ve müdürü arayıp restoranın kapasitesini sordum, 65 kişi dedi. Perşembe günü aramalar devam etti ve RSVP'nin son günü geldiğinde 55 kişi olmuştuk. O gün işte pek verimli olamamıştım çünkü çok heyecanlıydım ve sürekli e-postalarımı kontrol etmeye odaklanmıştım (çekim gücü?). Müdürü aradım ve o kadar kişiyi ağırlayıp ağırlayamayacaklarını sordum. "Tabii ki," dedi.

Perşembe akşamları Kabala dersleri aldığımdan o gün eve saat 21:00'de gittim. Telefon ve e-postamı kontrol ettim, katılım devam ediyordu. 67 olmuştuk. Fazla kalabalık olur-

---

* Davetiyelerde kullanılan, davete katılım için ön bildirim şartı olduğunu ifade eden Fransızca kökenli kısaltma "Répondez s'il vous plaît".

sak ne olacağını ciddi ciddi düşünmeye başlamıştım. Aklıma parlak bir fikir geldi. Geç arayıp gelmek için yalvaranlara normal saatten daha geç gelmelerini söyleyecektim. Cuma ve cumartesi günü aramalar devam etti. Ve sonunda 75'i bulduk!

Yemek inanılmaz başarılı geçti! Rezervasyon yaptırmış olanlardan bazıları gelmedi ve hiç aramamış olan birkaç kişi geldi (tipik). Restoranın enerjisi müthişti, tüm masaları doldurmuştuk. İlk toplantılarında Thai büfe alan bazı kişiler bundan çok etkilendiler. On yıldan fazla bir süredir üye olanlarsa Oklahoma Vejetaryenleri toplantısında ilk kez böyle rekor düzeyde bir katılım olduğunu söylediler. Bazılarının yemekten sonra başka planları vardı. Geç gelenler içinse her zaman boş bir yer bulundu. Restoranda çalışanlar elbette ki memnunlardı zira daha önce böylesine büyük bir grubu hiç ağırlamamışlardı.

Araba Kiralama Mucizeleri

Austin'e gitmek için araba kiralamıştım çünkü benimkini eskitmek istememiştim. Fiyatları karşılaştırdım ve bir hafta kiralamakla çarşambadan pazartesiye kiralamanın aynı paraya geldiğini fark ettim. İnternetten, küçük arabaya göre daha konforlu olacağını düşündüğüm orta büyüklükte bir araba kiralamak için iyi bir ücret buldum. Kiralama şirketini aradığımda boşta birkaç arabalarının kaldığını söylediler. İçlerinden iki tanesi turuncu Chevy HHR'ydi. Ofislerine gittiğimde bana ellerinde kiralık orta boy araba olmadığını söylediler. Bir HHR alıp alamayacağımı sordum, her ne kadar tam boy sınıfına girseler de bir şekilde bunun mümkün olduğunu söylediler. Austin'e turuncu bir arabayla gitmenin harika olacağını düşündüm, ne de olsa turuncu, mezun olduğum Teksas Üniversitesi'nin renklerinden biriydi.

Bununla birlikte, arabayı şirketten alıp ofise gittiğimde

arabanın dışarıdan temiz göründüğünü ama içeriden rahatsız edici sesler geldiğini fark ettim. Geri götürmek istedim. Öte yandan ofise gitmek ve bazı küçük işler için koşuşturmak için arabaya ihtiyacım vardı. Gün boyunca arabayı geri götüremedim. Daha sıradan bir arabayla değiş tokuş yapmak için acenteyi aradım, bana ellerinde hâlâ istediğim gibi bir araba olmadığını ama ertesi sabah bir şansım olabileceğini söylediler.

Gece ve sabah bavulumu hazırladım. Dışarı çıkıp bavulumu HHR'ye yerleştirirken arka yolcu kapısında bir ezik olduğunu dehşetle fark ettim. Tabii ki her zaman fazladan sigorta yaptırırım ve bu göçüğü de bir gün önce gördüğümü hatırlamıyordum, dolayısıyla bunu yapanın ben olduğumu düşündüm. Devam etmeye ve arabayı bir hafta kullanmaya karar verdim. Böylece belki bir şeyleri çözebilirdim. Perşembe günü, planladığımdan çok daha geç bir saatte, 12:30'da yola çıktım ve 18:30'da Austin'e vardım.

Cumartesi gecesi, Joe ve Dr. Hew Len'in toplantısının olacağı Hyatt'a gitmeden bir saat öncesine, saat 17:00'ye geri dönelim. Arabadaki ezikle ilgili biraz fazla endişeleniyordum. Austin'in kuzeyinde bir alışveriş merkezine gidip tek kullanımlık dijital bir fotoğraf makinesi bulmaya çalıştım ama yoktu. Otele dönmek için arabama geri döndüğümde hava kararıyordu ve sağanak yağmur vardı. İşlek bir caddeye girmek üzere hazırlanırken arkamda birden ani bir çarpma hissettim. İlk düşündüğüm şey, "Kahretsin, önce kapıdaki ezik, şimdi de bu" oldu. Bir saat sonra katılmam gereken, ödemesini önceden yaptığım bir akşam yemeği vardı ve duş alıp giyinmek için zaman gerekiyordu. Tüm bunlar yetmezmiş gibi, cumartesi akşamı olmasına rağmen yoğun bir trafiğin tam ortasındaydım. Kiralık oto ruhsatımı elime alıp arabadan çıktım. Genç bir siyahi adamla karşılaştım. "Frenlerim," dedi. "Arabam için yeni frenler almam lazım. Durduramadım." Bir avukata söylenmemesi gereken bir itiraf, diye düşündüm. "Kahretsin, bu kiralık bir araba!" dedim. Hasarı görmek için HHR'nin arkasına yürüdük. Baktık ve şaşırdık. "Hiç hasar yok," dedi adam. "Tanrı'ya şükür hasar yok!" İnanılmaz ama haklıydı. Bu araba esnek bir plastikten yapılmış olmalıydı. Normalde çok öfkelenirdim ama işi büyütüp vakit kaybetmek istemedim. Otelime geri dönmek istiyordum. El sıkıştık ve herkes kendi yoluna gitti. Akşam yemeğine yetiştim ve Joe ve Nerissa'nın masasına oturdum.

Kapıdaki ezikle ilgili yapılması gerekenler üzerine ciddi bir Ho'oponopono uygulaması yaptım. Arabayı herhangi bir ceza almayacağımı varsayarak teslim etmeden birkaç saat önce bunun dışında başka hiçbir şey yapmadım. Telefon rehberine baktım ve ezikleri boyasız tamir eden bir yer buldum. Mağazadaki adam bunun yaklaşık 95 dolara patlayacağını ve tamirin birkaç saat süreceğini söyledi. Bu da benim kira süremin dolması ve ceza ödemem anlamına geliyordu ki bunu gerçekten hiç istemiyordum. Ne yapmam gerektiğini sordum ve yanıt hemen geldi. Dürüst ol. Araba kiralama şirketini ara ve her şeyi itiraf et. Eğer beni tamir etmem için sıkıştırırlarsa en azından tahmini bir hesabım var. Aradım ve telefondaki adam arabayı tamir ettirmememi, oraya getirmemi söyledi, kayıtları kontrol edecekler ve ezik yeri kendileri inceleyeceklerdi. "Tamam," dedim. Arabayı geri götürdüm ve park ettim. Müşteri hizmetlerinden bir kadın barkodu okutmaya ve HHR'deki ölçümleri not etmeye başladı. Ne olduğunu ona da anlattım, o da beni ofise yolladı. Telefonda konuştuğum adamı buldum. Arabanın kimlik numarasını bilgisayara girdi. Mucize II: Ezik halihazırda kaydedilmişti. Sorumlu olan ben değildim. Yaşasın! Özgürdüm!

Kız Kardeşime Hayallerinin İşi Teklif Edildi

Joe ve Dr. Hew Len'le yediğimiz akşam yemeğinden bir hafta sonra kız kardeşim aradı. Çok büyük ve tanınmış bir şirketin başkan yardımcısıydı. Bir insan kaynakları şirketinden kardeşimi aramışlar ve ona hayallerinin işi olarak nitelendirmiş olduğu bir pozisyonla ilgilenip ilgilenmeyeceğini sormuşlar. Telefonda bana detayları anlatmak istemedi. Onun yerine şirketten kendisine yolladıkları iş tanımını e-postayla gönderdi. Neredeyse yere düşüyordum. Şirketin lüks bir markası vardı ve size söyleyebileceğim tek şey tek bir kelime olurdu: Şirketin ismi ve bu her şeyi anlatırdı. Birkaç ay sonra işe alındı!

İşte bir başkası:

Ekim 2006'da bir dönüm noktası sayılabilecek o üç günlük seminere katıldığımda Joe'nun iyileştirmeyle ilgili kısayolu, deyim yerindeyse, sel gibi akan gözyaşlarımı dindirmişti. Gözyaşlarımın sel gibi akması "insanlarla olmak" ya da ona benzer bir ismi olan uygulamayla başladı. "İnsanlarla birlikte olmak" adına, semineri idare eden kişi, 74 kişiyi dört gruba ayırdı. Sırayla, her seferinde bir sıra olmak üzere, gözlerine bakarak sadece insanlarla birlikte olacaktık. Ben üçüncü gruptaydım.

Semineri idare eden kişi birinci grubu sahneye çağırdı ve yüzlerini seyircilere dönmelerini söyledi. Yerimizde oturan bizlere baktılar. Biz de onlara baktık. Sonra ikinci gruba sahneye gelmesi söylendi. İkinci grup birinci grubun bir adım önünde, yüzleri gruba dönük olarak durdu. Herkes önündeki kişinin gözlerine üç dakika boyunca baktı. Sonra ikinci grubun sahneyi terk etmesi ve yerlerine dönmesi istendi. Sahnede kalan birinci grubun tekrar oturanlara bakması ve bizlerin de onlara bakmamız istendi.

Sıra benim bulunduğum gruba yaklaştıkça gerildiğimi hissettim ama nedenini bilmiyordum. Ellerim terlemeye başladı ve yerimde duramadığımı fark ettim. Yapılması gereken-

ler basitti aslında. Tüm hayatım boyunca ister yabancılarla olsun ister arkadaşlarımla her zaman iletişim kurarken göz temasında başarılı olmuşumdur. Her şey yolunda gidecekti.

Hayatımın ilk önemli seminerinde, şimdiki uygulamanın aynısını ilk kez deneyimlediği anın hikâyesini anlatan seminer liderini hatırladım. 20 yıl kadar önce bu uygulamada katılımcı olarak yer aldığı zamanı anlatmıştı, dizleri öylesine titremişti ki çıkardığı ses duyuluyordu.

Söyledikleri aklıma gelince odayı terk etmek istedim. Kendi kendime bu uygulamaya devam etmek zorunda olmadığımı söyledim çünkü zaten insanlara bakmada son derece başarılıydım! Ama odayı terk etmeme izin verilmeyeceğini biliyordum. Bu yüzden terleyerek ve kıpırdayıp durarak oturmaya devam ettim.

Benim grubum ilk çağrıldığında diğer grubun bir adım uzağında durup onların gözlerine bakmaya başladık. "Oh! 50 kişiye bakmak zorunda kalmayacağım. Sadece bir kişiye bakmam lazım!" diye düşündüm. Pozisyonumuzu aldık ve semineri yöneten kişi üç dakikalık kendini keşfetme uygulamasını başlattı. İlk on saniyeden sonra, kontrolümün dışında ve neden olduğunu bilmeden ağlamaya başladım. Kendimi durduramıyordum. Karşımdaki eşime her bakışımda hıçkıra hıçkıra ağlıyordum. "Grup Üç, lütfen sahneden çıkın," dendiğini duydum. Eşime, "Teşekkür ederim," dedim ve çıktım.

Tanrım, bana ne oldu?! İçimdeki sesin bana söylediklerini dinlemem gerekiyordu ama tek bir kelime bile duymamıştım! Öylece kalakalmıştım, tek kelime yok. Hiçbir şey öğrenmemiştim! Ne biçim bir uygulamaydı bu? Aklım karışmıştı, utanmıştım ve uygulama sahnede, tam önümde devam ederken ben yaşadıklarımı düşünüyordum. "Grup Üç, lütfen ayağa kalkın, sağa dönün ve sahneye gelin." "Aaaaaah! Gene mi!" diye bağırdı zihnim.

Şimdi benim grubum oturanlara dönük duruyordu. Bu sefer üç dakika dayandım çünkü bana bakanlara bakmadım.

Sonra dördüncü grubun sahneye çıkması istendi ve şimdi yeni eşim tam önümde duruyordu, yüzümden bir adım ötede. Bu sefer bana utangaç bir şekilde gülümseyen, daha kibar ve daha yaşlı bir kadınla yüz yüzeydim. "Tamam, sanırım bu sefer başarabilirim," dedim kendi kendime. Ama uygulama başlar başlamaz gözyaşlarım yeniden sel gibi akmaya başladı. Eşimin gözlerine her bakışımda gözyaşlarım boşalıyordu, ben de başımı çevirdim. Sakince her şeyin yoluna gireceğini söyleyerek beni yatıştırmaya çalıştı. Beklenmedik gözyaşlarımdan dolayı utanmıştım ve kafam karışmıştı. Semineri yöneten kişi hepimizi zihnimize kulak vermeye, bize söylediklerini dinlemeye yönlendirdi. Ama benim sesim konuşmuyordu.

Derken, birden düşüncelerimi dinlemeye çalışmak yerine zihnimi düşüncelerle doldurabileceğimi hatırladım. İç sesim zaten benimle konuşmuyordu. Oradakinden daha güzel bir düşünceyi zihnime koyduğumda hemen eşime baktım ve düşündüm: Teşekkür ederim. Seni seviyorum. Teşekkür ederim. Özür dilerim. Seni seviyorum. Teşekkür ederim. Anında yatıştım ve içim karşımdaki kadın için minnet ve sevgiyle doldu. Kendimi daha iyi hissettim ve ağlamam durdu. Ona bakıyordum ve ağlamıyordum.

İnanılmaz ama bu sefer eşim ağlamaya başladı. Gözyaşları yanaklarından sel gibi akıyordu ve, "Şimdi sen beni ağlatıyorsun," diye fısıldarken başı öne arkaya belli belirsiz sallanıyordu. Özel duygularımı ona yollamaya devam ettim: "Teşekkür ederim. Seni seviyorum. Özür dilerim. Lütfen beni affet. Teşekkür ederim." Sonra eşim grubuyla birlikte sahneden ayrıldı ve ben de bana bakması ve beni ve grubumu değerlendirmesi istenen 50 kişinin önünde, ayakta kalakalmıştım. Ama şimdi tam bir içsel huzur içindeydim ve bana bakan insanlara bakabiliyordum. Aslında onları ben arayıp buluyordum. Sadece bana bakanlara bakıyordum. Çok daha iyi hissediyordum! Yabancılarla kendim olabiliyordum! Her-

kesi seviyordum ve gerçekten ama gerçekten onlara minnettardım.

Sonunda uygulama sona erdi ve seminer devam etti, sonra kısa bir mola verdik. Son eşim olan nazik kadın beni buldu ve deneyimimiz üzerine konuştuk. Ona belli ki insanlardan korktuğumu ama bunu hiç bilmediğimi söyledim. Bana gerçekten birbirimizle bağlantıya geçtiğimizi hissettiğini söyledi ve seminerin ona da yardımcı olduğunu çünkü kendisinin de başkalarının sevgisini kabul etmede zorlandığını fark ettiğini anlattı. Tabii ki ben de onunla sahnede beraberken ağlamamı durduran iyileşme tekniğini anlattım. Ağlamaya başladı. Birbirimizi kucakladık ve kısa molamıza devam etmek için ayrıldık.

Nerissa Oden
TheVideoQueen.com

Bu yılın başında, bir çalışanımın alması gerekenden daha fazla satış komisyonu aldığını fark ettim. Bu benim ve küçük şirketim için yüzlerce dolarlık kayba neden olmuştu. Çalışanım bunun sorumluluğunu üzerine almayı reddetti. Çok çalışkan biriydi ve benden kazandığı kadar parayı bizim küçük kasabamızda başka bir yerden alamazdı. Ona şefkat duyuyordum ama aynı zamanda son derece kızgın ve kırgındım. Daha sonraki günlerde, belli iş konuları dışında onunla konuşmamaya başladım, yüzüne de zar zor bakıyordum. Ne yapacağımı bilmiyordum. Joe'yu aradım ve sonra gerçekten inanılmaz şeyler oldu. Onu aradığım için bana teşekkür etti. Sonra da enerjiyi temizlemem için izlemem gereken birkaç adım gösterdi. Önce durumu kendime benim çekmiş olduğumu anlamam gerekiyordu, kolay değildi ama uygulama için gerekliydi. Sonra kendimi, çalışanımı ve sorunu kuşatan enerjiyi affetmeliydim. Ondan sonra durumun nasıl olmasını istiyorsam ona göre niyetler belirlemeli ve Dr. Hew Len'in iyileştirici sözlerini tekrar etmeliydim. "Özür dilerim. Lütfen beni affet. Ve seni seviyorum." Sonuç olağanüstüydü. Uygulamayı tamamladıktan sonra Joe'ya aşağıdaki notu yazdım:

Sevgili Joe,

Tavsiyelerin son derece doğruydu. Onları okuduktan hemen sonra arabayla Wimberley'den Austin'e gitmem gerekti ve bana söylediğin her şeyi yaptım. İnanılmaz basitti. Bunu aslında kendime çektiğimi anlamak için yeterince vaktim oldu ve sonra da kendimi, çalışanımı ve onu kaplayan enerjiyi affettim. Yeni amaçlar edindim ve o olağanüstü Hawaii iyileştirme metodunu çok kereler uyguladım. Austin'e ulaştığımda sırtımdan bir ton yük kalkmış gibi hissediyordum.

Joe'nun tavsiyelerini uyguladıktan sonra içimdeki enerji tamamen değişti. Öfkem ve incinmişliğim sona erdi. Bu gerçekten inanılmazdı. Çalışma ortamım düzeldi. Suzanne, eğer biri sistemin gerçekten çalışıp çalışmadığını sorarsa kesinlikle çalışıyor derim!

Victoria Schaefer
Yayımcı, Pedal Ranch Publications
Wimberley, Teksas

Bir mektup da Shreveport, Louisiana'da yaşayan Denise Kilonsky'den.

Bu, Ekim 2006'da bana verilen ve Ho'oponopono'yla tam olarak örtüşen bir rüyadır.

Hapishanelerin olmadığı bir dünya gördüm çünkü Ho'oponopono felsefesinin sonucunda onlara ihtiyaç kalmamıştı. Ho'oponopono'yu uygulamış olan Dr. Hew Len, Joe, ben ve diğerleri tarafından paylaşılan Ho'oponopono'nun verdiği mesajın sadeliği yapılan programlar ve seminerlerle tüm dünyayla paylaşılmıştı. Bu programlar insanlara, özellikle de küçük çocuklara, kendilerini nasıl seveceklerini ve böylece birbirlerini de nasıl seveceklerini öğretmişti.

Rüyamda kendimi binlerce kişiye seminer üzerine seminer verirken gördüm. Bu seminerlerde insanları gerçekte kim oldukları, ilahi doğalarını hatırlamak ve öyle bir insan olmak için neler yapmaları gerektiği -gerçek doğalarının sevgi olduğunu hatırlamaları için- konusunda uyandırıyordum.

Bu rüyada genç bir çete üyesinin başka bir çetenin liderinin başına bir silah dayamış olduğunu gördüm, onu vurmakla tehdit ediyordu. Tehdit altındaki genç, okulunda daha yeni benim seminerime katılmıştı. Bir mucizeden bahsedip duruyordu ve kendi çetesinin de o mucizeyi deneyimlemesini istiyordu. Ama onlar bunu duymaktan bezmişlerdi!

O seminerde gerçek doğasını hatırlamıştı. Keşfini genç çete arkadaşlarıyla paylaşmıştı ve onlar verdiği mesaj yüzünden kendilerini tehdit altında hissetmişlerdi çünkü her şey fazla basitti ve fazla kolay ve hileli gözüküyordu.

Bu genç çete üyesi, katıldığı seminerde sahneye yürümüş ve beni kasıklarımdan vurmuştu. Yerde yatarken, kanım ve yaşam gücüm bedenimden akıp gidiyordu. Genci yanıma getirdiler, ben de onu kucaklayıp kulağına, "Lütfen beni affet. Seni seviyorum," diye fısıldadım. Ve varlığımın tüm sevgisiyle onu kucaklamış olarak kollarında öldüm. O anda genç, mesajı aldı. Ölü bedenimi kucaklarken hıçkırık ve gözyaşlarının arasından bana, "Lütfen beni affet. Seni seviyorum," diye fısıldadı. O anda yaşam gücü bedenime geri döndü ve her ikimiz de çok güzel bir altın ışıkla dolduk, ışık öylesine güçlüydü ki oradaki ve millerce çap içindeki herkes ikimizden çıkan sevgiyi hissedebilmişti.

Bu sevgi enerjisi dokunduğu herkes tarafından fark edildiğinden, genişleyerek büyüdü ve gittikçe daha uzaklara yayıldı. Ama herkes onu fark etmeyi arzulamıyordu. Bu hikâyedeki genç çete üyesi, şimdi kendi kardeşinin başına silah dayamış olan genç adam, sevgiyi fark etmeyi ve onu kabul etmeyi arzulamıyor gibiydiler. Kurtarılmış olan genç, ona, "Lütfen beni affet. Seni seviyorum," dedi ve onu kucaklayıp sevdi, sanki kendisinin bütün karanlık taraflarını seviyor ve kucaklıyormuş gibi.

Ve sonra oldu! İkisi de altın sevgi enerjisi dalgasıyla doldu ve diğer gencin ona verilen bu sevgiyi fark etmesi ve alması zaman aldı. Onu aldığı zaman diğerine, "Lütfen beni affet. Seni seviyorum, kardeşim," dedi.

Sonra ne oldu tahmin edin?

İkisi de çok güzel ve gittikçe genişleyen altın bir sevgi enerjisiyle doldu. Odayı doldurup da her bir çete üyesine dokununca –ve onlar da sevgiyi fark edip onu aldılar– bu altın sevgi enerjisi kilometreler boyunca caddelerde aktı. Ötekiler de fark edince onu başkalarına geçirdiler ve bu altın sevgi enerjisi büyüdü ve daha uzaklara, daha fazla genişleyerek ilerledi, ta ki tüm dünya sevgiyle dolana kadar.

Bu Altın Çağ'dır, Sevgi'nin Çağı'dır. İşte bu nedenle bize kim olduğumuzu ve gerçek doğamızın sevmek olduğunu hatırlatan Ho'oponopono hediye edilmiştir. Hepimizin istediği tek şey sevilmektir.

Çok güzel bir rüya, değil mi? Ho'oponopono'nun hikâyesi çok güzel bir film olabilir. Pay It Forward *filmini ve onun dünyada yaptığı etkiyi düşünüyorum. Dünya Ho'oponopono'ya hazırdır.*

Joe Vitale'nin ilk kez düzenlediği Beyond Manifestation Semineri'nden eve döndükten sonraki ilk yedi gün içinde başıma sayısız mucize geldi. Tıpkı bir sünger gibi tüm enerjiyi, dersleri ve mesajı çektim ve sonuçları ışık hızıyla kendini göstermeye devam etti.

Somut sonuçlarımdan birkaçını saymak gerekirse: Birçok yeni müşterim oldu. Hiç yoktan yeni anlaşmalar ortaya çıkmaya başladı. Ortak girişimler için bana sayısız teklif getirildi. İnternetteki iletişim listem %300 arttı (bunu yazdığım gün itibarıyla). Ve aklıma şaşılacak derecede esinlenme dolu fikirler gelmeye başladı.

Düşünün, sadece üç ay önce kendi iş alanımda tanınmayan biriydim.

Tüm bunlar hiçbir çaba harcamadan ve uğraşmadan gerçekleşti. Her şey bana doğru kolayca, kendiliğinden ve cömertçe aktı. İçime bir esinlenme doğduğunda artık hemen harekete geçiyorum ve sonuçlar beni çok daha güzel yerlere götürüyor.

İşimi geliştirmek için Ho'oponopono'nun "silme metodunu" sık sık kullanıyorum ve arınmaya devam ettikçe karşıma daha neler çıkacağını sabırsızlıkla bekliyorum.

Joe ve Dr. Hew Len, size teşekkür ederim!

Sonsuz minnettarlığımla,

Amy Scott Grant
http://thesuccessmethod.com
http://newsuccess.org

Joyce McKee yazmış:

Geçtiğimiz yıl boyunca yeni bir rol üstlendim: annemin bakıcılığı. Annem, yaşamlarımızdaki bazı zorluklardan dolayı, kızlarının daha yakınında olabilmek için uzun yıllar yaşadığı evinden taşındı. Bundan kısa süre sonra sağlıklı ve hayatı boyunca kaya gibi sağlam olan anneme kalp yetmezliği ve akciğer kanseri teşhisi kondu. Şükürler olsun ki yaşamının geri kalanını kızlarıyla birlikte geçirmek istedi. 88 yaşındaydı ve kanser tedavi yollarını denememe kararı aldı. Bunun üzerine doktorları çok yakında öleceğini söyledi.

Geçtiğimiz mayıs ayında Joe Vitale'nin Beyond Manifestation Semineri'ne katıldım ve Dr. Hew Len ve onun Ho'oponopono metoduyla tanıştım. İlgimi çekmişti. İçine dönüp kendini arındırması sonucu akıl hastası suçlular üzerinde aldığı sonuçlar beni derinden etkiledi.

Evren son derece merhametli ve öğrenci hazır olduğunda ona mutlaka öğretmenini yollar. Zamanlama mükemmeldi. O hafta sonu cevabını bilmek istediğim asıl soru, "Bunu annemin ölüm süreci içinde ona yardımcı olabilmek için nasıl kullanabilirim?" idi.

Ortaya çıkmak ve annem dâhil, yaşamımdan, tüm yaşamımdan yüzde yüz sorumlu olduğumu evrene teslim etmek istiyordum. Böylece öğrendiklerimi uyguladım. İçime döndüm ve sürekli olarak arındım.

Annem ve bendeki etkileri çok büyük oldu. Son nefesine kadar bilinci açıktı, hiç acı çekmedi ve kendi işini kendi görebildi. Evet, ilaca ihtiyacı olduğu anlarda küçük krizler yaşadı ama evde olmanın rahatlığı sayesinde bu gibi durumları atlatabildi ve hiçbir zaman hastaneye apar topar gitmek zorunda kalmadı. Bunlar onun başka bir boyuta geçeceği ana hazırlıklı olmamız için bizi eğiten süreçlerdi sanki.

En büyük hediye ise beklenildiğinden daha uzun yaşaması oldu. Her sabah uyanmak onu şaşırtıyordu ve bana gülen bir yüzle, "Tahmin et ne oldu, bir günüm daha var!" diyordu. Karşılıklı olarak tüm sevgi sözcüklerini söyleyecek ve onun aramızdan ayrılacağı güne hazır olacak kadar vaktimiz oldu. "Anneyle beraber yaşama" sürecinin bende yarattığı korkunun üstesinden gelmeyi başardım. Nereye gittiğini biliyordu, ben de öyle. Nefesi daraldığı o zor anlarda Tanrı'nın merhametini gördük ve hiç korkmadık. Ah, ne hediye ama!

Ho'oponopono yöntemi ve dualarım yaşama bakış açımı

değiştirdi. Hayatımı elime alma duygusunu deneyimledim ve hâlâ da onun harikuladeliğini deneyimliyorum. Sadece kendi hayatımda değil, başkalarının hayatında da aktif bir rol üstlenebileceğimi bilmek beni sürekli olarak, anbean Her Şeyin Kaynağı'nı aramaya itiyor.

Bir tane daha:

Mayıs 2006'da Beyond Manifestation Semineri'ne katıldığımda hâlâ multimilyon dolarlık bir petrol şirketiyle yapacağımız 1.2 milyon dolar değerindeki iş anlaşmasının başarısızlıkla sonuçlanmış olmasının duygusal ve mali acısı içindeydim. Bunun nedeni petrol şirketinin içindeki sayısız sorundan kaynaklanmıştı.

Yol boyunca ve onu izleyen günlerde, "Seni seviyorum. Özür dilerim. Lütfen beni affet. Teşekkür ederim," diye tekrar ettim. Eve vardıktan birkaç gün sonra soğuk algınlığına yakalandım. Bunun bedenimin arınması olduğunu biliyordum.

Bundan kısa bir süre sonra bir pazarlama uzmanıyla görüştüm ve görüşme boyunca bedenimde ve petrol şirketiyle aramızda olan durumla ilgili bakış açımda bir değişim gerçekleştiğini hissettim. Bana, son bir yıl içinde iş yerindeki sorunlarını gidermede yardımcı olmak için müşterinin bana yaptığı en yüksek ödemenin ne olduğunu sordu.

Ona bunun 600 bin dolar olduğunu söylediğimdeyse bana "Wendy, gördün mü? Bunu bir imparatorluk kurmak için kullanabilirsin. Kaç kişi bunu hak edebilir?" diye sordu. Bir anda, sanki zihnimde bir şimşek çaktı ve kötü yerine iyi olanı fark edebilmeye başladım. Sadece bana ödemedikleri 200 bin doları düşünmek yerine bana ödedikleri 600 bin doları görebilmeye başladım.

Olayların olumlu tarafına odaklanmanın tutkumu canlandırdığını fark ettim ve bu bana anında yeni fikirlerin esinlenmesini verdi. Bir ışık yandı ve içimde gerçekleşiveren kocaman bir şeyin huşusu içine düştüm. Sanki etrafımda bir ışık vardı ve fiziksel çevremin ötesinde genişliyor, büyüyordu. İki yıldır bir kurban gibiydim ve şirkettekilere yaptıklarından dolayı kızgındım ve şimdi bir anda onlara minnettar oluvermiştim.

Bundan kısa bir süre sonra sol ayağımda bir ağrı başladı. Ne olduğunu anlayamıyordum. Her şeyi denedim: masaj, gerinme, sıcak banyo... Derken Çinli bir tıp doktoruna gittim, bedenimi "okudu" ve büyük bir stres altında olduğumu ve ağrının safra kesesi meridyeniyle –öfke meridyeni– ilgili olduğunu söyledi.

Enerji tıkanıp kalmıştı ve bu da ağrıya neden oluyordu. Tıkanmış öfkenin serbest kalması ve ağrının bedenimi terk etmesi için dört enerji uygulaması verdi.

Bedenim büyük petrol şirketine duymuş olduğum öfkeyi içinde tutmuştu ve ben bakış açımı değiştirince dışarı çıkmaya hazır hale gelmişti, sadece orada sıkışmıştı o kadar!

Bu deneyimden aylar sonra, benimle anlaşma yapmayı engellemesi istenilen petrol şirketindeki bağlantımın başka birini daha incitmeyi reddederek şirketten istifa ettiğini duydum. Tüm departman dağıtılmış ve benim verdiğim hizmetler başka bir departman tarafından idare edilmeye başlanmış.

Bu enerji temizlemesi, e-kitabımı tamamlamak ve www.getinsideyourcomfortzone.com adlı sitemi başlatmak için gereken tüm yolları açtı. Böylece üç popüler web sitesinde ergonomist olmam, ergonomi üzerine yöneltilen soruları yanıtlamam ve e-kitabımı, hizmetlerimi ve diğer programları pazarlamam için gereken fırsat bana verilmiş oldu.

Mükemmel-beden şirketleri çalışanlarına ağrıdan nasıl kurtulacaklarını öğretmek konusunda danışmanlık yapmam için beni arıyorlar. Anlaşmalar küçük ve hızlı, böylece içime doğan yeni fikirleri geliştirmeye vaktim kalıyor.

Tüm bunlara ek olarak, şu anda www.theuniversallawofattraction.com'da lisanslı ve sertifikalı stratejik çekim koçu olarak Çekim Yasası'nı öğretiyorum.

O seminerden kısa süre sonra gerçekleştirdiğim büyük keşfin Ho'oponopono'yla ilgili olma ihtimali çok yüksek. Yeni olana yer açmak için eski olandan arınmamda bana yardımcı oldu. Bunun başka açıklaması yok.

Wendy Young

İşte bir başkası:

Aracılık yapan biri olarak, müşterilerimin en büyük engellerinden birini yok etmesine yardımcı olurken dramayı kullanırım. Dokuz Kehanet *adlı kitabında, James Redfield "kontrol dramaları" kavramını şöyle açıklamaktadır: "Başkalarını kontrol etme şeklimizle yüzleşmeliyiz. Unutmayın ki Dokuzuncu Kehanet, insanların her zaman enerjide düşük olduklarını ve birbirleri arasında akan enerjiye sahip olmak için birbirlerini kontrol etme yoluna gittiklerini ortaya çıkarmıştır." Bu kavramı çok daha ara bulucu bir modelle birleştirmek, müşterilerin dikkatlerinin amaçlarından ya da sonuçlarından başka yöne çekilmesini sağlayan kendi tekniğimin doğmasına izin verdi.*

Joe Vitale bana önce Ho'oponopono'yu tanıttı ki kendisi bile bunu bilmiyor olabilir. Diğer taraftan, bir drama ya da kontrol dramaları kavramına sahibim ve bir aracı olarak bir müşteriyi sadece anlamak yerine ona kaynaklarını sonuna kadar kullanma konusunda yardımcı olmak için bir dengeleme aracına ihtiyacım vardı.

Dr. Vitale'nin beni Dr. Hew Len'in dünyasına götürmeden önce, "tekrar sıfırı elde etmek" tam olarak oturtamadığım bir dengeleme aracıydı. Batı dünyasında, özellikle de Amerika Birleşik Devletleri'nde ana kültürümüz ve bu kültürün yaydığı mesajların hepsi bizleri kendimizden uzaklaştırıp içinde yaşamakta olduğumuz bu çılgınca tüketen dünyanın anlık zevklerine kendimizi uydurmak üzerinedir. Tüketime bağlı bir dünyanın duygusal hareketini tanımlamak için "Sıfırdan 60'a"dan daha doğru bir slogan olamaz.

Ho'oponopono'nun anlamama yardımcı olduğu şey, iyileşmenin ve gerçek tatminkârlığın "60'tan sıfıra" gitmekten geçtiğidir. Pek çok metafiziksel yapı "bağımsızlık" fikrini içerir ama bana asla tam ya da mükemmel bir kavram olarak gözükmemektedir. Bazı durumlarda mutlak bağımsızlığa ulaşma çabası saçma gelir. Oysa şimdi, sıfıra geri dönerek, bağımsızlığın ve oraya nasıl gelineceğinin dinamiğini gerçekten kavrayabiliyorum.

Colorado Nehri'ne bakan Hyatt Oteli'nde, Joe'nun organize ettiği görüşmede Dr. Hew Len'le tanışma şansına erişmemin üzerinden on ay geçti. İçimde ve aile yaşantımda pek çok şey değişti. Bütün ailem ve eşimin ailesi düzenlerinde büyük değişiklikler yapmaya başladılar ve hayallerinin geniş ölçüde gerçekleşmeye başladığını keşfettiler. Eşimin ailesi hayatımda gördüğüm en huzurlu yerlerden birinde (Joe'nun evinin bulunduğu yolun aşağısında) emekliliklerini geçirmek üzere yarım milyon dolarlık bir ev satın aldı. Annem fiziksel ve duygusal sorunları üzerine çalıştı ve kendini yeniden evlenirken ve harika bir aşkın heyecanını yaşarken buldu. En güçlü yönlerimi geliştirmeme ve göstermeme engel olan bir alanda kendimi birdenbire bir gelir akımı içinde değişirken buldum. Babam (72 yaşındadır), altı haftada bir Houston'dan Prudhoe Bay, Alaska'ya (dünyanın en kuzeyindeki beşinci şehir) gidip gelmek zorunda olduğu işinden nihayet ayrıldı. En eski arkadaşlarımdan biri uzun süredir yerleşik olduğu düzenini kökünden değiştirdi ve Austin'e gelerek şu anda büyümekte olan şirketini kurdu ve tamamen farklı bir hayata başladı.

Baldızım ve kocası banliyöden kendilerine ait, hayallerindeki evlerine taşınıyorlar. Bu yıl liseye başlayan yeğenim Homecoming Queen isimli çok popüler bir TV dizisinde oynamaya başladı. Ve annesinin karşısına hayatındaki en kârlı iş fırsatı çıktı. Tüm bunlar Şubat 2006'da, Ho'oponopono'yu ilk duyduğum gün başladı ve olgunlaştı. Sıkıcı ve ciddiyetle geçen on yedi seneden sonra günlük yaşamım birdenbire yeniden renkli ve neşe dolu oluverdi.

Yaşam bir alışkanlıktır ve ben de güzel bir yaşamın alışkanlığını edindim.

Ho'oponopono'nun ustası değilim. Benim için hâlâ çok yeni bir yaklaşım ve yaşam deneyimimi nerelere kadar götüreceği konusunda kehanette bulunmayacağım. Aylar önce Dr. Hew Len'in sunumu sayesinde Ho'oponopono dünyasını bana açan Dr. Vitale'ye minnettarım. İster güzel eşimle paylaştığım özel hayatım olsun ister iş hayatım, sıfır konumuna ulaşmak, yüzde yüz sorumluluk, özür dilemek ve affetmek, yaşamımda çok güçlü etkiler yapan güçlü seçimlerdir. Teşekkür ederim, Joe ve teşekkür ederim, Dr. Hew Len.

Bruce Burns

www.YourOwnBestGood.com

Sevgili Joe,

Dr. Hew Len'i Austin'e getirdiğin için sana çok teşekkür etmek istedim. Program harikaydı, beni yaşam hakkında yeni bir anlayışla doldurdu ve evrensel kanunun sağlığımızı ve mutluluğumuzu nasıl yönettiği fikrini verdi. Lütfen bunu genişletmeme izin verin.

Öncelikle, Ho'oponopono'nun kesinlikle ustası olmadığımı söylemek isterim. Dolayısıyla paylaşılmış olanları aşırı yorumluyorsam lütfen beni affedin ama işte, sadece bir akşamda kazandığım deneyimle yaşadıklarım.

Dr. Hew Len kalbime çok yakın gelen bir şeyden uzun uzun bahsetti: sıfıra gitme sanatı. Aslında bu, Ho'oponopono'nun asıl merkezi gibi görünüyor. Savaş sanatları uygulayıcısı ve uzun yıllardır qigong öğretmeni olarak, bu zihni arındırma ve boşaltma yetisine (sıfıra gitme) insanoğlunun en büyük yeteneklerinden biri olarak bakıyorum.

Dr. Hew Len bizlere bir açıklık konumunda yaşamanın, içsel tepkilerimizi temizlemenin ve sıfıra gitmenin önemini hatırlattı. Hayata bakışına tamamen katılıyorum ve bu gezegende sevdiğim gerçekleri paylaşan bir başkasıyla karşılaşmış olmaktan dolayı çok etkilendim.

Qigong sanatı ve uygulamasında (içsel savaş sanatı enerjisi çalışması), nefes alma ve bedenimizin iç enerjisini dolaştırmak için belli bir yol vardır. Kadim savaş sanatları ustaları, bedenlerimizde çalışan evrensel kanunlar olduğunu ve içsel enerjimizi dairesel bir şekilde hareket ettirmeyi öğrendiğimiz zaman son derece hayat dolu bir seviyeye ulaşabileceğimizi ve bilincimizi son derece yükseltebileceğimizi keşfetmişlerdir. Bu yönteme çoğu zaman mikrokozmik yörünge olarak başvurulur.

[Özüne bakarsak: Nefes alırız ve nefesteki yaşam gücü enerjisini bedenimizin önünden aşağıya, belin alt bölgesine (Dan Tien olarak bilinen bölge) göndeririz. Sonra enerjiyi omurgamızdan yukarıya yöneltir, arkadan öne geçiririz. Bu tekrar eden yöntem, enerjik bedenimizde sağlığımızı ve bilincimizi güçlendiren mikrokozmik bir yörünge oluşturur.]

Dr. Hew Len, Ho'oponopono'yu açıklamak için bir diyagram kullandığı ve insanlar arasındaki iletişimle bilincin en iyi dairesel yönde nasıl aktığını gösterdiği zaman bunun mikrokozmik yörüngeyle olan benzerliği karşısında yumruk yemiş gibi olmuştum. Aslında çizelgeler bir yana evrenin daha evvel fark etmediğim şekilde nasıl dairesel olarak çalıştığını görmek çok heyecan vericiydi.

Çizdiği diyagram sayesinde neden çoğu zaman insanlarla iki yönlü doğrusal bir şekilde bağlantı kurmaya çalıştığımızı nihayet anladım. Birbirimizle konuşuyoruz, tartışıyoruz, pazarlık ediyoruz vs. ve tüm bunlar yatay bir yönde oluyor.

Bununla birlikte tamamen farklı bir yöne hareket ederek büyük değişimlere ve başka bir insanla bağlantının en derinine neden olabileceğimizi gördüm ki bu hareket daireseldi. Bana göre Dr. Hew Len'in diyagramı, öncelikle sıfıra giderek –zihnin bilinç katmanının altına– algıladıklarımıza tepki göstermeyi ve onlara bağlanmayı bırakmayı gösteriyordu. Ondan sonra süperbilinç konumuna yükselmeye başlayabiliriz ve sonunda da Tanrısal Farkındalık'a ulaşabiliriz. Tanrı bizlerin net ve sevecen niyetimizi başka bir kişiye, onları bilinçlerinin arka kapısına gizlice sokarak taşıyabilir ve saf ve süzgeçten geçirilmemiş bir bağlantıya ve ilişkiye izin verebilir.

Tüm söyleyebileceğim bunun diğerlerinin olmadığı kadar çok işe yaradığıdır. Örneğin, geçen hafta bir iş toplantısındaydım ve masanın diğer tarafındaki kişi bana göre son derece haksız ve bencilce sorular soruyordu. İçimde bir gerginliğin başladığını fark ettim ve diyagramı ve dairesel yönün yararını hatırladım. Bunun üzerine savaşmaktan vazgeçtim ve her şeyi oluruna bıraktım.

Önce nefesimle bağlantıya geçtim ve sıfıra gittim. İçsel olarak, farkındalığımın yükseldiğini hissettim (tıpkı daha evvel bahsettiğim qigong metodu gibi) ve ruh halim birden değişti. Eğer içimde olanı dile getirseydim bu, "Seni seviyor ve destekliyorum. Sana karşı sert davrandığım için lütfen beni affet. Kendini güvende hissetmen için sana ve istediklerimizi elde etmemiz için ikimize nasıl yardım edebilirim?" şeklinde olurdu.

Derken inanılmaz bir şey oldu: Arkadaşım (artık o kişiyi bir düşman ya da tehdit olarak görmüyordum) değişmeye başladı, sanki içindeki çatışmayı durdurmuş gibi gittikçe daha çok açıldı ve saygılı olmaya başladı. 15 dakika içinde az önceki ikilemimizde bir sonuca bile vardık, her ikimiz için de mükemmel bir sonuca, ilk konumumda kalsaydım asla ulaşamayacağım bir sonuca.

Yaşamın gizemleri çözüldükçe her şeyin nasıl da birbiriyle bağlantılı olduğunu görmeye başlıyorsun, her şey evrensel yasalardan geliyor ve bu yasalardan biri de daireler. The Secret *adlı filmde, "evren hızı sever" dendiğini hatırlıyorum. Buna evrenin daireleri de sevdiğini eklemek isterim ☺ ☺ ve dairenin hangi yöne gitmek istediğini bildiğinde hayat kesinlikle çok daha problemsiz akıyor.*

Dolayısıyla sana tekrar teşekkür ederim, Joe. Dr. Hew Len sürekli Ho'oponopono'nun çok yardımcı olduğunu söylüyordu. Bu yöntemi diyagramda görmek benim her şeyi çok daha iyi anlamama neden oldu ve kendimi olayları oluruna bırakmak yerine zorlarken yakalamam ve her şeye sıfır konumunda karşılık vermem için harika bir araç verdi.

İçtenlikle,

Nick "Tristan" Truscott, Sensei
www.SenseiTristan.com
www.AllWaysZen.com

Mayıstaki Manifestation seminerinden beri, her gün, "Seni seviyorum, özür dilerim, beni affet, teşekkür ederim," diyorum.

Zaten çok güzel bir hayatım olduğu için kolaylıkla fark edebilecek kadar bir değişiklik olmadı.

Elbette ki Queenland'deki kızlarımı ve ailemi, Paris'teki kardeşimi ziyaret etmek için ve kocamı hayallerindeki tren seyahatine çıkarmak için bir yığın paraya sahip olmak isterdim. Ve romanlarımın tüm dünyaca tanınmasını da isterdim. Ama tüm bunlar elde ettiğim şey yanında çok küçük hediyeler olarak kalırdı.

Görünmez değişim inanılmazdı. "Özür dilerim," dediğimde o anda bilincimde olan ne varsa gerçekten de hepsinden kendimi sorumlu hissediyorum. Artık kendimi benimle aynı fikirde olmayan insanlardan ayrı göremiyorum.

Kendimi asla bu derece bağlantıda hissetmemiştim.

Irak'ta yaptıklarım için, örneğin, üzülüyorum. Telefon etmekten nefret ederim ama Irak'ta yaptıklarımı değiştirebilirim belki diye ülkenin dört bir yanına telefonlar ediyorum. Bu iyileşmeme yardımcı oluyor.

Kendimi affedilmiş hissettiğim için son derece minnettarım.

DEER CANYON YOLU'NDAKİ KARARTMA
Akşamüstü—aniden gelen sessizlik
Elektrik vızıltısının yokluğu
İnsanileştirebilir her şeyi
Capcanlı hissettim kendimi

Hiçbir yerde yok elektrik
Hiçbir evde
Yolun bir ucundan diğerine
Haber de yok onarılacak diye

Sıcak küvette yıkandık
Şarap ve peynir yedik açık havada
Sohbet ettik sessiz bir tonda
Ve yıldızları seyrettik

Arroyo Grande, Kaliforniya'daki
Deer Canyon Yolu'nda bir karartma

olağan dışı, sanki bir lüks—hiç de benzemiyor
Buffalo ya da Bağdat'taki bir karartmaya

Evelyn Cole
The Whole-Mind Writer
http://write-for-wealth.com

Dr. Hew Len ve Dr. Vitale'den Ho'oponopono'yu öğrendikten sonra işimin sürekli olarak arınmak olduğunu anladım. Arındığım ve sıfır konumuna geri döndüğüm zaman işler kendiliğinden olup bitiyor. Sürekli olarak temizleniyorum ve sürekli olarak sıfır konumuna geri dönüyorum ve Dr. Hew Len bana bunu nasıl yapacağımı öğretti.

Dr. Hew Len ve Dr. Vitale'yle bir iş arkadaşımı tanıştırdım ve ikimizin de pek çok ortak yönümüz olduğunu gördüm. Bunun üzerine aynı gece randevulaştık. Sekiz ay sonra hiç olmadığı kadar birbirimize âşıktık. İşin püf noktası aynı kafada insanlarla birlikte olmak ve affetmek ve değişmek. Ho'oponopono'yu çok daha fazla kişiye öğrettiğiniz için Dr. Hew Len'e ve Dr. Vitale'ye teşekkür ederim. Ayrıca hayatımın aşkıyla karşılaşacağım en mükemmel yer olduğunuz için de teşekkür ederim.

Chris "The Prosperity Guy" Stewart
www.TheProsperityGuy.com

Austin'e araba yolculuğu, karlı yollarda geçen aylardan sonra bir tatil gibi geldi. Houston'ı geride bırakmak, turnedeki bir eserin insanı tamamen içine alan dünyasından 24 saatlik bir kaçıştan çok daha fazla şey ifade ediyordu. Bu, kendi gerçeğimin daha Dr. Joe Vitale'nin ev sahipliği yaptığı tanıtım yemeği başlamadan yeniden düzenlendiği bir hesaplaşma gecesi olmuştu.

Dr. Hew Len'in Ho'oponopono tanıtımlarından birini en son dinlediğimden bu yana aylar geçmişti, kesin olarak söylemek gerekirse bir buçuk yıl. He ne kadar Joe Vitale'yle daha önce hiç karşılaşmamış olsam da Ihaleakala'yı arabaya atlayıp ulaşabileceğimiz bir yakınlığa getirdiği ve ben de Austin'deki seminerin bir parçası olabildiğim için ona minnet duyuyordum.

Manzaranın değiştiği ve küçük Teksas köylerinin gelip geçtiği yolda Austin'e doğru giderken diğer Ho'oponopono tanıtımlarıyla ilgili düşünceler ve unuttuğum şeyler aklıma gelmeye başlamıştı. Ihaleakala'nın konuşmasını ilk duyguğum anı ve Hawaiice açılış duasını ilk dinlediğimde hissettiğim ürpertiyi hatırladım. İlk Ho'oponopono eğitimimi aldıktan iki hafta sonra nasıl da sadece yayımcılar toplantısında bir konuşma yapıp, kartımı bırakarak yeni bir kitap anlaşması imzaladığımı hatırladım. İki gün sonra bir yayımcı aramış ve hazırlamakta oldukları bir kitap hakkında fikrimi söylememi istemişti. Ay sonunda kontratı imzalamıştım.

Austin'e yaklaştığımda altı ay önce Montreal'deki bir veterinerin kedim Maya'nın bağırsak kanserine yakalandığı haberini verişi aklıma geldi. Gidip onu klinikten alana kadar yaşayacağı şüpheliydi. Maya taburcu olduğunda veteriner ona veda edebileceğim birkaç hafta kaldığını düşünüyordu. Özel bir temizlik, değerli küçük Maya'nın hastalığını iyileştirecek herhangi bir yardım için Ihaleakala'yla temasa geçtim. Onun çok yakında gerçekleşecek olan gidişine kendimi hazırladığım için aylar sonra turnede hâlâ benimle olacağını hayal bile edememiştim.

Ihaleakala'yı Austin'de yeniden görmek su altında kaldıktan sonra yüzeye çıkmak gibi bir şeydi, şu "yeniden dünyaya gelmek" türü deneyimlerden biriydi. Bununla beraber, Budizm, Keltlere özgü ruhani gelenekler, geleneksel psikoterapi, rüya analizi (bunda gayet iyiydim), enerji çalışması ve hatta Wicca hakkında her şeyi araştırdığım 25 yıllık deneyimden sonra hayatımı değiştiren en derin uygulamaya hızlı bir girişti.

Ve işte Austin'deydim. Ondan önce uzun yıllar özenle ve sabırla üzerinde çalıştığım uygulamaları, işlemleri ve sonsuz analitik faaliyetleri -ki hepsini anlamak için çaba sarf etmiş, kendimi adamıştım- bir anda silip süpüren bir felsefe, bir gelenek olan Ho'oponopono'yla yeniden yüz yüzeydim. İtiraf etmeliyim ki bir tarafım, Ho'oponopono'yla daha önce hiç karşılaşmamış olanların arasına dalıverip onlara, "Ben bunu zaten yapıyorum," demeye çoktan hazırdı ama ben arınmaya başladım ve o saçmalık (hatıralar) dağılıp gitti.

O gece Dr. Vitale, Ihaleakala'yı tanıtmadan önce bile içimde bir şeyler tıpkı çakan bir şimşek gibi ortaya çıktı ve masadan hızla kalkıp bayanlar tuvaletine gitmeme ve gözyaşlarına boğulmama neden oldu. Austin'deki o an, gökdelenlere bakan bir odada Ho'oponopono varlığımı sardı ve ne olursa olsun artık turnelere çıkmak istemediğimi anladığım bir netliğe ulaşıverdim. Altı hafta sonra kedim Maya ve ben Los Angeles'a, Topanga Canyon'daki yeni evimize doğru yola çıkmıştık.

Yedi ay daha geçti ve geçen hafta, başka bir önemli değişimin eşiğindeyken, Ihaleakala'nın yazdığı bir cümleyi okudum: "Sıfır merkezdir." Arındım ve başka bir varoluşun eşiğinden geçtim ve bugün diyebilirim ki düşmedim.

Şubat ayında Austin'e yolculuğumda ortaya çıkan Ho'oponopono'yla ilgili değişimlerin, esinlenmelerin ve yansımaların paylaşıldığı böyle bir fırsat için teşekkür ederim.

POI

Elizabeth Kaye McCall

Metodu öğrenip uygulamadan önce yaşamımın pek çok alanında mücadele ediyordum: bana ve gelişmekte olan bir uygulamayı, başarılı olmaktan çok uzak bir uygulamayı inşa etme yeteneğime inanmayan bir koca ve daha büyük hayaller ve amaçları takip etmede yapayalnız kalmışlık duygusu.

Joe'yla geçirdiğim ve metodu öğrendiğim hafta sonu boyunca benimle benzer ilgilere ve amaçlara sahip genç bir kadınla tanıştım ve birlikte bir iş girişiminde bulunmaya karar verdik. Girişimimiz son derece başarılı oldu ve sadece iki ay içinde ağır aksak giden işim büyümeye başladı. Şimdi bir sonraki projemiz üzerine çalışıyoruz. Onunla aylar değil de yıllardır dostmuşuz gibi hissediyorum. En harika ve en önemli değişim ise işimden de önce gerçekleşti, kocamla ilişkim birkaç hafta içinde değişiverdi. İlişkimde kendimi rahatsız hissettiğim her an metodu uyguluyordum ve birden kocam e-kitaplarımı yeniden okumaya, bana sorular sormaya ve kendi deneyimlerini paylaşmaya başladı. İşte daha fazla sorumluluk alır oldu ve ilişkimize olumsuz etki eden kendisi hakkındaki duyguları değişti, kendisini sevmeye ve kendisiyle gurur duymaya başladı.

Kendimle ve önüme çıkan her şeyle ilgili sarsılmaz bir inanç ve güvene sahibim. Bunların hepsi günde birkaç dakika yaptığım basit bir uygulama sayesinde oldu.

Teşekkür ederim!

Karrie King
The Red Hot Bedroom*'un yazarı (www.redhotbedroom.com)*
Joyful Spaces*'ın yaratıcısı (www.joyfulspaces.com)*

Ho'oponopono Zamanın Gerisine Gidiyor

Ben bir hayvanseverim.
Hem de çok.

Sadece kendiminkiyle ilgilenmem ya da onun için endişelenmem, tüm hayvanları severim.

Yıllar önce bir arkadaşım beni www.theanimalrescuesite.com adındaki bir hayvan kurtarma sitesine üye yaptı.

Bu siteye girerek ve "Feed an Animal in Need" butonunu tıklayarak sığınaklardaki hayvanlara yiyecek sağlayabiliyorsun. Her bir tıklama, aç olan hayvana 0,6 kâse yiyecek demek. Bir şeyleri değiştirmek için günde bir tıklama yeterli. Son beş yıldır siteyi ziyaret ediyordum, hem de hiç aksatmadan.

Bir cumartesi sabahı, e-postalarımı temizliyor ve bu dünyada üzerime düşeni yapmakta olduğum için kendimi iyi hissediyordum: "Muhtaç hayvanları beslemek." Birden sitenin sponsorlarından birinin koyduğu bir resim dikkatimi çekti.

Gördüğüm şey parmaklıklar arasından yemek yemeye çalışan, kafese kapatılmış bir hayvandı. Öylesine hasta ve zayıf duruyordu ki güzelim postu bile çektiği acıyı gizleyemiyordu. Aslında korkunç derecede işkence görmüş gibiydi, öyle ki hayvanın türünü anlayamıyordum! Acaba bir ayı mıydı? Yoksa bir rakun mu? Anlayamıyordum. Doğrusunu isterseniz daha yakından bakmak istemedim. Korkum bana şu dünyada ne kadar çok acı olduğunu hatırlatıyordu ve benim yapabileceklerim o kadar azdı ki. Gene de kendimi daha iyi hissetmek için *olaya başka bir yönden bakmanın daha iyi olacağını biliyordum.*

Bu karşı konulmaz ihtiyacın giderilmesi gerektiğini hissettim. Hayvanın beni çağırdığını, uyanmamı ve dikkatimi vermemi istediğini duyabiliyordum. Daha yakından bakınca gördüğüm şeyin yıllarca kafesler içine tutsak edilmiş ayılar olduğunu dehşetle fark ettim.

Ayılar "sağılmaları" kolay olsun diye kendilerinden biraz büyük boyutlardaki kafeslere kapatılmışlar. Ayının karnında açılmış bir kesikten safra kesesine safranın akıtılması için bir tüp ya da çelik bir sopa takılmış. Safra buradan bir leğene akıyor. Her ayıdan günde iki kez 10 ila 20 ml kadar safra akıyor. WSPA (Dünya Hayvanları Koruma Topluluğu), sağma sırasında gözlemcilerin ayıların inlediğini, başlarını kafeslerinin parmaklıklarına şiddetle çarptıklarını ve kendi pençelerini ısırdıklarını rapor etti. Ölüm oranı yüzde 50 ile yüzde 60 arası. Birkaç yıl sonra ayı artık safra üretmemeye başladığında başka bir kafese aktarılıyor ve orada ya açlıktan ölüme terk ediliyor ya da pençeleri ve safra keseleri için öldürülüyor. Ayı pençesinin lezzetli olduğu düşünülüyor. (http://en.wikipedia.org/wiki/Bile_bear)

Mideme korkunç bir ağrı girdi ve bu cahil kaçak avcılara karşı öfkemin gittikçe kabardığını hissettim. Bana utanç ve ayıplamanın bir insanı asla değiştiremeyeceğiyle ilgili öğrendiğim her şeyi unutturdu. Ama şimdi, Dr. Joe ve Dr. Hew Len sağ olsun, uygulayabileceğim çok daha iyi bir şey var: Ho'oponopono.

"Özür dilerim. Lütfen beni affet. Seni seviyorum. Teşekkür ederim." cümlelerini söylemeye başladım. Mantraları sürekli tekrar ettikçe, ayı sahiplerinin yüreklerinin sevgi, anlayış ve şefkatle dolduğunu imgeledim. İçimdeki bilgi onlara geçtikçe kendi "ampullerinin yanma vaktinin" geldiğini ve kendi farkındalıklarına ulaştıklarını gördüm. Yükselmeye başlayan bilinç seviyeleri ve ellerine bulaşan kanlar için kendilerinden başka kimseyi suçlayamadıklarında acı içinde dizlerinin üzerlerine çöktüklerini ve Tanrı'dan ve ayılardan bu güzelim yaratıklara yaptıkları işkenceler yüzünden merhamet ve af dilediklerini hayal ettim. Sonra bütün ayıları serbest bıraktıklarını ve onlara her türlü tıbbi yardımı yapıp onları iyileştirdikten sonra özgür bıraktıklarını gördüm.

Pek çoğunuz (tıpkı benim gibi) ayıların safralarının asırlardır kullanıldığını bilmezsiniz. Bugün şaraplarda, şampuanlarda ve ilaçlarda kullanılmaktadır. Bu trajedinin gerisindeki muazzam yük sadece bugün olanları kapsamıyor, arınma çalışmam asırlar öncesine gitmemi gerektiriyor. İyileştirilmesi gereken, yüzyılların acısıdır.

Bu deneyim beni tüketti. O gün saatlerce başka hiçbir şeye odaklanmadan tekrarladım: "Özür dilerim. Lütfen beni affet. Teşekkür ederim. Seni seviyorum."

Bu küserel acının ağırlığı anlatılamaz ve yadsınamazdı. Acıdan tükenmiştim. Çok kederliydim. Sanki o ayıları yakalamış olan ve kafeslerinin anahtarını elinde taşıyan bendim.

Haftada bir defa kocam ve ben birbirimizle "randevulaşırız". O gün, beni sinemaya davet etti. Acı çekiyordum ve canım dışarı çıkmak istemiyordu. Ama ,"Hayır, teşekkür ederim. Gerçekten hiç havamda değilim, ayılar için endişeleniyorum." demenin hiç de anlamlı olmayacağını da biliyordum.

Kendimi arındırma çalışmamı kendime saklayarak onunla dışarıya çıkmayı kabul ettim. Bruce Willis'in oynadığı 16 Blocks *adlı filme gittik. Filmin o an içinde bulunduğum durumla tamamen paralel bir konusu olduğunu bilmiyordum. Filmin asıl verdiği mesaj "İnsanlar değişebilir"di.*

Tüm film boyunca Ho'oponopono uyguladım. Bir sahnede, arka planda bir otobüs olduğunu fark ettim. Otobüsün üzerindeki reklamda bir oyuncak ayının resmi vardı ve resmin altında da şu sözler yazılıydı: "Sevgi Gönderin."

Daha önce almış olduğum eğitim bunun bir "uyanık rüya" olduğunu söylerdi. Şimdi öğrendiklerim ise, "Yapmakta olduğun şeye devam et. Doğru yoldasın!" diyor. Evren bizimle böyle mi konuşuyor? Öyle düşünmek istiyorum.

Öte yandan bu bana başka bir şeyi daha hatırlatmıştı: Ayı sahiplerinin değişmek için öfkeme değil, sevgime ihtiyaçları vardı. Dünyanın sevgimize ihtiyacı var. Sevgi, insanları değiştirir ve bu yasanın istisnası yoktur. Tehlikeli, saçma ya da kötü bir duruma sevgi yollamak, gerçek bir iyileştirme ve sonsuza kadar bir değişim arıyorsak, yapabileceğimiz tek şeydir. Yapılması her zaman kolay olan bir şey değil bu ama içinde her zaman yanıtı taşır: sevgi.

Aşırı uyanıklığım sakinleşmeye başladıkça ve gün yerini geceye bıraktıkça daha evvel hissettiğim tiksinme, endişe, suçluluk, acı ve keder duyguları dinmeye başladı. Ama o gece uyuyana kadar Ho'oponopono uygulamaya devam ettim.

Kısa bir süre sonra, yürürken açık bir televizyonun önünden geçtim ve yakın zamanda gerçekleşen bir ayı kurtarma olayının haberinin verildiğini duydum. Kalbimin derinliklerinde bu mesajın benim için olduğunu biliyordum; nerede yaşarsak yaşayalım, dünyanın herhangi bir yerinde gerçekten bir değişim yaratabileceğimizin teyidi bana verilmişti. Ve evet, hatta patlamış mısır yiyip film seyrederken bile.

Uyanmamızı sağlayan ve dünyayı iyileştirme ve bir fark yaratma gücüne sahip olduğumuz bilgisini taşıyan Ho'oponopono'nun mesajını yaşamlarımıza ulaştıran Dr. Joe ve Dr. Hew Len'e ve sizden önceki herkese teşekkür ediyorum. Buradaki işimiz daha yeni başladı.
Lütfen her zaman hatırlayalım:
Kimseyi incitmeyin.
Her şeyi sevin.
Herkesi sevin.
Ho'oponopono zamanın ötesine gidip geliyor...
Suzanne Burns
www.ThankYouth.com

Kendimi Adadığım Astım Hastalığını İyileştirme Üzerine Araştırma Sona Erdi...

Esrarengiz bir akşam, 50 yıllık astım ve alerjiden sonra, bu durum aniden, mucizevi bir şekilde durdu. Tarih: 25 Şubat 2006.

O günün daha başlarında Austin'e özgü Tex-Mex'li öğle yemeğinin keyfini çıkarırken varlığımda bir canlanma hissettim. Ah, kendimi son derece garip hissettim, sanki bir şeyler oluyordu ve bir şekilde benim üzerimde çalışılıyordu. Bir sevgi dalgası her yanımı kapladı ve öğle yemeğime kaldığım yerden devam ettim.

O akşam, otelin toplantı odasındaki havada bir elektrik vardı; bir heyecanın anlatılmaz varlığı. Konuşmacı Dr. Hew Len, benim bulunduğum masada oturuyordu. Yemeğin ortalarına doğru ona yaşadığım bir astım deneyimini anlattım ve o da daha sonra bunu konuşmasının başlangıcında kullandı.

Aslına bakarsanız uzun uzun anlattığı Hawaiili ruhani huna *iyileştirme modeline ve iyileşmenin can damarı olan affetme metodolojisine ve felsefesine yabancı değildim. Dr. Hew Len bize, akşam yemeğinde olan herkesi, isimlerimizi okuyarak ve bizimle bir açıklığa ve "birliğe" ulaşarak temizlemeye çalıştığını anlattı.*

Her birimize sevgisini ayrı ayrı göstermesi, zamanın başlangıcından ve mikrobik canlı formlarından bu yana, kendisinin ve atalarının, bizim ve bizim atalarımızın, geçmişte veya şu anda bilinçli ya da bilinçsizce yaptığımız tüm yanlı davranışlar için özür dileyişi. Vay canına! Temizlenecek ne çok şey var; öyle ki o ve biz, Tanrısal Olan'la gerçek ilişkimize tekrardan geri dönebiliriz.

Ertesi gün ilk mucize gerçekleşti. Şehir dışında olduğum için hiç şahsi olarak tanışmadığım danışmanım (Joe Vitale'nin Executive Mentoring Program'ından) ve karısıyla öğle yemeğinde buluştuk. Lokantaya girmek için birkaç blok yürümem gerekiyordu ve bu zorunlu yürüyüş boyunca hiç astım spreyi kullanmama gerek kalmadığını fark ettim. Bu son derece olağan dışıydı ve ilk ipucuydu. Arabamı park ettiğim yerden lokantaya olan uzaklığın ne kadar çok olduğunu fark ettiler ve ben de onlara belki de artık astım hastalığından kurtulmuş olduğumu ve sanki öyleymişim gibi hissettiğimi söyledim.

Daha sonra akşam Dr. Hew Len'le yemek yeme şerefine eriştim ve Ho'oponopono'nun şifa gücünü ve astımlı hayatımdaki gücünü deneyimledikten sonra aynı sorunu yaşayan insanlara yardımcı olabileceğimi konuştuk. Zehirleri atmak ve çöp ev ortamından kurtulmak için her yemekten önce su içmenin öneminden de bahsetti. Öhöm!

En güzeli ise her şeyin gittikçe daha iyiye gidiyor olması. Altı ay geçti ve bronşit olmama rağmen ilaç kullanmadan iyileştim. Ne hırıldayıp durdum ne de spreye veya astım ilacına ihtiyacım oldu. O günden beri kedilerin, köpeklerin ve kuşların olduğu evlerde saatlerce kaldım ama ne hırıltıyla soludum ne de spreye ihtiyaç duydum. Akciğerlerim bir çan kadar temiz ve derin derin, sonuna kadar nefes alabiliyorum ve bu hayatımda ilk kez oluyor. Vay canına!

Dr. Hew Len, her ne kadar siz bunu bir iyileştirme ya da kendinizi bir şifacı olarak adlandırmıyorsanız da ve bunu yapanın evren ve kendi ruhum olduğunu söylüyorsanız da size teşekkür ederim ve Dr. Hew Len'i bizimle paylaştığı ve şifa veren mucizevi bir gece için Joe Vitale'ye de teşekkür ederim! Daima minnettar kalacağım.

Martha Snee

www.translimits.com

Ve bir tane daha:

Bir İrlandalı, Aloha'yı buluyor

On yıl önce Ho'oponopono uygulayarak kendi üzerimde çalışmaya başladım. Asya iyileştirme yöntemleri, savaş sanatları ve enerji çalışması üzerine yıllarca çalıştıktan sonra bu Hawaii sorun çözme yöntemini anlayabildim.

Aydınlanma olarak algılanabilecek olan arayışım açısından mengene denilebilecek bir dönemden geçtikten sonra, bir İrlandalı olarak, nihai kanıtı (yani arayışımın sonucunun kanıtını) arıyordum. Güney Boston, Massachusetts'te büyümüş biri olarak (silah seslerinin ve polis sirenlerinin şehirdeki kuş cıvıltıları gibi duyulan İrlanda işçi sınıfı semti), evrenin metafiziksel anlamını keşfetme şansı her zaman karşınıza gelmez.

Dolayısıyla ücretsiz bir konuşmaya katılma fırsatını yakalamışken şu Hawaii yaşam anlayışını araştırma şansına balıklama atladım.

Bulduğum şey son derece farklıydı. Enerjiyi kullanan ve hareket ettiren (satranç tahtasında taşları hareket ettirmek gibi) pek çok sistem var. Ama Ho'oponopono kendi içimde problem yaratan konumlar olarak kendilerini gösteren olumsuz elementlerin nasıl silineceğine (ve böylece tüm satranç taşlarının ortadan kaldırılacağına) dair gözlerimi açtı. En azından merakımı uyandırmıştı. Tüm fikirler benim için yeni olduğundan pek çok kavram kafamda aynı anda beliriyordu. Ama konuşmanın sonunda bana verilen iki bedava araca bir şans verebileceğimi ve gün boyunca onları olabildiğince kullanmaya başlayabileceğimi ve az önce bahsettiğim nihai kanıtı görebileceğimi fark ettim.

Geçmişte, bir Çin masajı yöntemi olan Tui Na'yı öğrenmiştim ve zaman içinde bakış açım tedavi anlayışım açısından değişmeye başlamıştı. Araçları kullanmadan önce Asya enerji ve meridyen geleneklerine dayanarak bir insandaki yanlış giden şeyleri anlayabiliyordum. Ama araçları kullanınca neden ve nasıl anlayışımın değiştiğini ve bunun daha önceki eğitimimle örtüşmediğini fark ettim, zira gelen müşterinin belirttiği sorunlarla hiçbir ilgisi olmayan bölgelere tedavi uyguluyordum. Böyle yaptığımda müşteri(ler) farklı konularda neredeyse anında sonuç vermeye başladı(lar). Tahmin edersiniz ki edindiğim bilgilerin üzerine gittim ve bu Hawaii yöntemini keşfettikçe çok daha büyük bir resim gözlerimin önüne serilmeye başladı. Ertesi bahar tüm bir eğitime katıldım ve yöntemi tam anlamıyla uygulamaya başladım.

Bir gün, bir psikolog olan eski bir müşterim (J diye adlandıracağım) beni aradı. Çok endişelendiği bir hastasını (ona da F diyeceğim) görmemi istedi. F'ye bipolar bozukluk teşhisi konmuştu; pek çok kereler intihara teşebbüs etmiş ve kendi güvenliği için birkaç kez göz hapsinde tutulmuştu. J'ye "Ben sana ne yaptım ki?" diye sordum. Güldü, "Ona yardım edebileceğini biliyorum. Etmelisin. Eğer etmezsen, başaramayacak," dedi. Dolayısıyla kabul ettim. Telefonun sonunda J bana F'nin bir keresinde bir masaj terapistinin saldırısına uğradığını söyledi. Kendi kendime, "Bu kadına yardım etmek için ne yapabilirim?" diye sordum.

O akşam eve gittiğimde bir süre oturdum ve ne yapabileceğimi düşündüm. Bu seviyede nasıl bir etki yapabilirdim? Biraz iç gözlem yaptıktan sonra, "Ho'oponopono! Ho'oponopono!" beynimde kırık plak gibi çalmaya başladı. Böylece daha önce hiç sahip olmadığım araçları kullanmaya başladım. Her bir toplantının öncesinde, toplantı sırasında ve toplantıdan sonra tüm gücümle çalıştım, F'ye sırrımla ilgili hiçbir şey anlatmadım. Toplantılarımız boyunca tedavi odası neşe doluydu ve hava, temizlemiş olduğum için yoğun bir huzur duygusuyla kaplıydı. Neyse, kısa keselim, F tam bir U dönüşü yaptı ve şimdi üretken bir kadın oldu, hayatı geldiği gibi yaşayabiliyor. O, eğer yüzde 100 sorumluluk alırsak olayları değiştirebileceğimizin yürüyen bir kanıtıdır.

Masaj uygulamam da değişti ve ilerledi ve artık insanlara nadiren dokunuyorum. Bugünlerde kendimi hayatın içinde yol alırken buluyorum, artık vitesi büyüttüm ve arınmanın beni götüreceği bir sonraki yeri heyecanla bekliyorum. Kolay mı oldu? Hayır ama önüme çıkan ve kim olduğumu anlamama neden olan her durumu dikkatle değerlendiriyorum.

Uzun yıllardır Foundation of I, Inc. Freedom of the Cosmos'un gönüllü çalışanı olarak bakış açım son derece basit:

Her zaman herhangi bir biçime girmiş sorunlar olacaktır, ister aile sorunları olsun ister stres, fikirler ya da savaş ve başlangıçta bu gerçeği kabul etmek zordu. Şimdi (suçlulukla dolu bir yanıtı da peşine takarak) "Neden ben?" diye sormak yerine (suçluluk duymadan) "Ben sorumluyum" diyorum ve sadece araçları kullanıyorum, geri kalanı da Tanrı'ya teslim ediyorum.

Bu zor, zor bir iş. Zor mu dedim? Ama bir yumuşaklığın meydana geldiğine ve bunu bütünüyle kavrayamayacağımıza çünkü tıpkı kendimizinki gibi aynı anda başka gerçeklerin de var olduğuna inancım var. Sadece "yapmak" yerine nasıl, neden ya da ne zaman diyerek zaman harcamamalıyız.

Böyle yaparak kendi yolumuzun dışına çıkarız. Suçlamak, tepki göstermek, figan etmek, inlemek vs. için kendimizin dışına adım atar atmaz elimizdeki olayı olduğu gibi görme şansını -yani içimizdeki sorundan kurtulma şansını- yitiririz. Suçlarsak bağlantıyı keseriz (tıpkı kablolu TV faturasını ödememek gibi, zap! HBO yok!).

Almamız gereken karar ne tamamen kendini üstün görmektir ne de bastırılmış ama sadece en değerli armağana -kendine- karşı hiçbir yargıda bulunmadan yola devam etmektir.

Eğer arınma konusunda hata yaparsam kalkıp kendimi temizlerim ve yeni bir tanesine başlarım. Nihai kanıtı görmek için bir şans daha.

Teşekkür ederim.

Brian Om Collins.

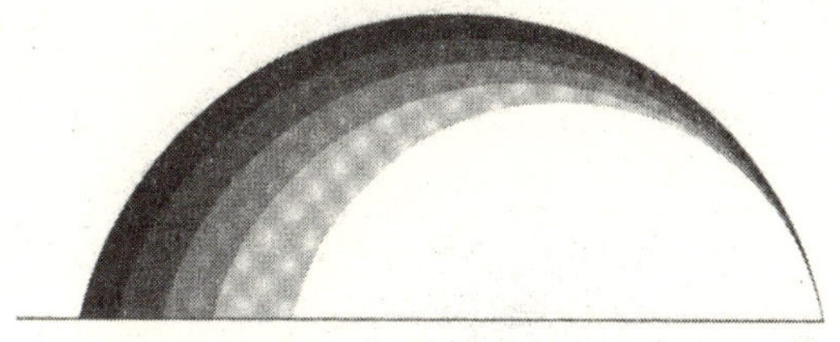

Sonuçlar Daha Hızlı Nasıl Alınır?

Tanrı'nın bunu duymaya ihtiyacı var diye ona, "Lütfen beni affet," demezsiniz; bunu söylersiniz çünkü sizin *bunu duymaya ihtiyacınız vardır.*

—Dr. Ihaleakala Hew Len

Bir önceki bölümde okumuş olduğunuz tüm kanıtlara rağmen hâlâ şüphelerim vardı. Dr. Hew Len'e arınmanın sonuçlarını her zaman anında göremediğimi söyledim. "Eğer arınmanın ve başkalarını arındırmanın sonuçlarını görebilseydin şaşkınlıktan küçük dilini yutardın. Ve daha fazla arınma yapardın. Dünyanın hatalarını kendi ruhunda taşıyorsun, ben de öyle," dedi ve ekledi, "Shakespeare gerçekten müthiş söylemiş: 'Zavallı ruhum, günahkâr dünyamın merkezi, / [Esir al] tüm bu zorba güçleri ki seninkiler.' [Sone 146]."

Anlamsızca kovalanır, ele geçirilince de
Anlamsızca horlanır, oltaya takılmış yemdir,
Sanki özel hazırlanmış, yutanı çıldırtsın diye.
(Sone 129)

Shakespeare hatıralar sorununu şöyle ifade eder:

Sessizce, tatlı düşüncelere daldığımda zaman zaman
Geçmiş günlerin anılarını bir bir çağırdığımda yanıma
Arayıp bulamadığım ne çok şey varmış görürüm de o an

Eski acılarla, yeniden yanarım zamanın aldıklarına
....
Sindire sindire bir acıdan ötekine geçerken
Geçmişte kaldı dediğim kederlerle kederlenirim
Sanki hiç yakılmamış gibi, kaçıncı ağıdı yakarken
Sanki hiç ödenmemiş gibi nice buruk hesaplar öderim
(Sone 30)

Morrnah, Tanrı'nın bir armağanı olan hayatın amacını şöyle açıklar:

Temizle, sil, sil ve kendi Shangrila'nı bul. Nerede? Kendi içinde.

Shakespeare ve Morrnah varoluşun gizemini yorumlayan mesajcılardır.

Bir insanın olabileceği kadar açık fikirliydim, en azından Joe Vitale ya da Ao Akua adlı kişi kadar. Ama hâlâ Dr. Hew Len'in bana anlatmaya çalıştığı şeyin esasını anlamıyordum. Ama vazgeçmedim. Kitaplarımda yazdığım bir cümleyi hatırladım: Kafa karışıklığı netlik için harika bir konumdur.

Öyleyse ben, "harika bir konumdaydım".

Dr. Hew Len'e kendilerini hasta hissettiklerinden ve gördükleri kişilere yardım edemediklerini hissettiklerinden yakınan birçok terapist geliyor. Anlayabiliyorum. www.miraclescoaching.com adresinde bir mucizeler koçluğu programı başlatmıştım ve koçlarımın başkalarını iyileştirmenin yolunun kendilerini iyileştirmekten geçtiğini anlamalarını istemiştim, diğerleri aslında zaten kusursuzdular. Dr. Hew Len bir e-postada bunu şöyle açıklamıştı:

Geçtiğimiz hafta sonu Calabasas, Kaliforniya'da gerçekleşen Ho'oponopono'yla Self I-Dentity seminerinde bir öğrenci birdenbire yüksek sesle ağlamaya başladı, o sırada ben şunları söylüyordum:

"Tanrım. Hastalarımı iyileştirirken neden mideme bir ağrı girdiğini artık biliyorum. Onların acılarını bilerek kendime alıyordum. Ve ben buna mecbur değilim. Acıları temizleyip yok edebilirim."

Öğrenci "şifacıların" anlamadığı bir şeyi anlamıştı. Anlamadıkları, hastanın kusursuz olduğuydu. Sorun hasta değildir. Sorun şifacı da değildir. Sorun, Shakespeare'in "eski acılarla yeniden yanarım zamanın aldıklarına" diyerek anlattığı şeydir.

Sorun "şifacının" hastayla ortaklaşa paylaştığı, bilinçaltında, Unihipili, tekrar eden yanlış hatıralardır.

Ho'oponopono'yla Self I-Dentity, herkesin kolaylıkla *kendisine uygulayabileceği* bir pişmanlık, affetme ve dönüşümle sorunları çözme yöntemidir. Unihipili'deki yanlış hatıraları sıfıra, hiçliğe çevirmek için Tanrısal Olan'dan istekte bulunma sürecidir.

Dolayısıyla bu sizinle ilgilidir. Unihipili'nizdeki yanlış hatıralar, sorunları tekrar tekrar oynatmaktadır, konu ister kilo olsun ister oğlunuz ister başka herhangi bir şey. Bilinçli zihin, idrak, herhangi bir ipucundan yoksundur. Neler olduğu hakkında hiçbir fikri yoktur.

Böyle bir durumdayken Ho'oponopono, Unihipili'de tekrar eden hatıraların sıfıra dönüşmesi için içteki her şeyi bilen Tanrı'dan yardım ister.

Şunu söylemekte yarar var: Beklentilerin ve niyetlerin Tanrısal Olan'a hiçbir etkisi yoktur. Tanrısallık her şeyi kendi yoluyla ve zamanlamasıyla yapacaktır.

Tüm bunları hâlâ anlamıyor olsam da "Seni seviyorum" demenin gücünü kavramıştım. Son derece zararsız görünüyordu. Sürekli olarak, "Seni seviyorum" demekten ne zarar gelebilirdi ki? Hiç. Aslında sıfır.

Dr. Hew Len'in bir keresinde açıkladığı gibi, "Tanrısal bolluğun içsel akışını başlatmak *öncelikle* hatıraları iptal etmeyi gerektirir. Hatıralar engeller/kısıtlamalar bilinçaltında var olduğu sürece Tanrısal Olan'ın bizlere *günlük ekmeğimizi* vermesini engeller."

Tüm bu "Seni seviyorum" temizlenme ve silme yönteminin dünyayla paylaşılması gerektiğini hissetmeye başlamıştım. Burada bir ürün olduğunu görebilecek kadar girişimci olduğumdan metodun özel bir kaydını yapmak konusunda iş ortaklarımdan biri olan Pat O'Bryan'la konuştum. Hemen kabul etti. O müziği yazarken ben de dört cümleyi kaydettim, web sitesinin kopyasını da yazdım. (www.milagroresearchinstitute.com/iloveyou.htm'de bulabilirsiniz.)

O web sitesi ve kayıt, Pat ve benim en çok satanlar listemize girdi. Ama satışlardan daha fazla memnun olduğum şey, basit bir temizlenme yönteminin gücünün insanlarda uyanmasını sağlamakta olmamızdı. Binlerce insanın "Seni seviyorum" dediğini hayal edin!

Mark Ryan da –akıl hastası suçluların iyileşmesine yardım eden esrarengiz terapisti bana ilk anlatan arkadaşım– Dr. Hew Len'in görüşlerine dayalı bir ürünü ortaya çıkarmada bana katıldı.

Mark ve ben, bilinçaltıyla algılanabilen bir DVD geliştirdik. Amaç kolay ve çabasız değişim yapabilmekti. Tüm yapmanız gereken DVD'yi herhangi bir DVD oynatıcıya koyup arkanıza yaslanmak ve programı izlemek. Tüm duyduğunuz şey ya Mark'ın ya da benim anlattığım hikâyeler ve orijinal bir müzik. Bilinçli olarak gördüğünüz ise adalar, bulutlar gibi çok güzel manzaralar. Bilinçli olarak görmediğiniz ise ekranda anlık çakan ve bilinçaltıyla algılanabilen mesajlardır. Bu mesajlar bilinçaltınıza yollanan telgraf mesajları gibidir. Sevgiyi hissedebilmeniz, içinizdeki tüm öfkeden kurtulmanız için yardımcı olan kelimeleri anlık olarak gösterir. Tüm DVD, kişinin affetmesi ve tekrar sevmesine yardımcı olmak üzere tasarlanmıştır.

(Bkz. www.subliminalmanifestation.com)

Bu ürün insanların içlerindeki olumsuz tıkanıklıklardan arınmasına yardımcı olmak üzere tasarlanmıştır. Arındıkça var olmanın sıfır konumunun mutluluğu daha çok deneyimlenmektedir.

Arınmaya devam ettikçe yeni fikirler edindiğimi görüyordum. Buna "İlham Veren Pazarlama" demeye başladım. Eskiden var olan fikirleri ya da ürünleri birleştirerek yeni bir ürün yaratmaya çalışırdım. Şimdiyse sadece fikirlerin bana gelmesine izin vererek bunu çok daha etkili ve çok daha az stresli buluyorum. Bu noktada tüm yapmam gereken, onları harekete geçirmek. Pat'le "Seni Seviyorum" kaydı fikrini de işte böyle elde ettik. Mark'la bilinçaltına etki eden DVD'yi böyle hazırladık. Fikirler zihnimde ortaya çıktı ve ben de onları harekete geçirdim.

Durup da bunun ardındaki saklı anlamı düşünürseniz dehşete düşersiniz. Söylemek istediğim, her şeyden çok daha önemli olan, sadece arınmaya devam etmektir. Temizlendikçe fikirler size gelecektir. Ve bunlardan bazıları sizi çok çok zengin edebilir.

Dr. Hew Len, hiç durmadan temizlenmenin pek çok yolunu göstermektedir. Bunlardan bir tanesi de bir gün aniden esinlendiği bir semboldür:

Sembolü kartvizitine koymuş ve ondan çıkartmalar ve yaka iğneleri yapmıştır (Bkz. www.businessbyyou.com). "*Ceeport* kelimesinin anlamı," diyor, "Temizle, Sil, Sil (Clean, Erase, Erase), Liman'a (Port) –sıfır konumuna– geri dönerken."

Daha hızlı sonuçlar elde etmek için arınmanın tek yol olduğuna artık inandığımdan *iki* yaka iğnesi takıyorum. Sembolün çıkartmasını da arabamdan bilgisayarıma, cüzdanımdan jimnastik aletlerime kadar her yere yapıştırdım. Garip göründüğümü düşünmeseler alnıma bile bir tane yapıştırırım. Tabii istersem onu dövme yaptırıp sürekli hale getirebilirim.

Bir gün, elinizdeki kitabı konuşmak üzere Dr. Hew Len beni ziyarete geldiğinde ona yeni kartvizitimi gösterdim. Bir arkadaşım en son aldığım araba olan Atlanta dışında elle monte edilmiş lüks bir spor araba olan 2005 Panoz Esperante GTLM'nin önünde bir fotoğrafımı çekmişti. Fotoğrafta öz güven içinde göründüğümü ve muhtemelen de bollukla ışıldadığımı biliyordum ama resmin ne kadar güçlü olduğu hakkında hiçbir fikrim yoktu (Kartvizitimdeki Francine ve benim fotoğrafımıza bakın).

Fotoğrafa birkaç dakika baktıktan sonra, "Bu bir arınma aracı," dedi Dr. Hew Len. "Kartvizitini nesnelere, insanlara ya da kendi üzerine doğru sallayarak hatıraları ve olumsuzluğu temizleyebilirsin."

Haklı olsun ya da olmasın, kartvizitimle ilgili kendimi kesinlikle iyi hissettiğimden emindim ve onu başkalarına vermek için can atıyordum. Hemen kartı çevremdeki olumsuzluğu temizlemesi için bedenimin etrafından dolaştırdım. Dr. Hew Len gülümsedi ve bir kahkaha attı.

Dr. Hew Len, Panoz arabamın şirket logosunun da –yin yang döngüsünün üzerinde orijinal bir taç ve üzerinde üç yapraklı yonca– bir arınma aracı olduğunu söyledi. Parlak kırmızı, beyaz ve mavi renklere ve üzerindeki yeşil yoncaya uzun uzun baktı ve onun da temizlenmek için çok güçlü bir sembol olduğunu söyledi. Panoz'umu çok sevdiğimden ve onu sık sık kullandığımdan onun beni arındırdığını düşünmek gülümsememe neden oldu.

Ve kartvizitimle ilgili en güzel şey, tam önünde Panoz tacıyla birlikte arabamın bir resmini taşıyor olmasıydı. Dolayısıyla kartvizitim iki misli arındıran bir araç haline gelmişti.

Eminim ki bu tür bir konuşma insanların Dr. Hew Len'in çatlak biri olduğunu düşünmesine neden olmuştur. Ama ister onun bir çılgın olduğunu düşünün ister düşünmeyin, benim ve başkalarının tıpkı benim kartvizitim ya da onun Ceeport tasarımı gibi "çılgın" temizleme araçlarından elde ettiği sonuçlar gerçektir. Eğer aşırı şüpheci biriyseniz onları burada sıralamak sizde fazla bir değişiklik yapmayacaktır. Bununla birlikte, satış oranlarını yükseltmek için Ceeport tasarımını ofislerine yapıştırmış olan insanların hikâyelerini dinlemek muhtemelen aptalca ya da en fazla batıl inanç gibi görünmektedir. Belki de bu, hastaya ilaç diye verilen etkisiz bir madde etkisidir: İşe yarıyor çünkü işe yaradığına inanıyorsun. Eğer öyleyse yapmaya devam edin derim.

Örneğin bir sonraki bölümde adı geçen satışçı Marvin, müşterilere lüks arabalar satma rekorları kırıyor. Bana Ceeport çıkartmasını "her yere" yapıştırdığını söyledi.

"Onları masamın altına, tavana, bilgisayarıma, kahve fincanıma, arabaların altına, galeriye, bekleme odasına ve daha birçok yere yapıştırdım," dedi. "Bu çıkartmaları almam için bana indirim de yapılmıyor. Yüzlerce alıyorum ve her yerde kullanıyorum."

Belki işe yarayan temizlenme aracı onun inancıdır.

Ya da belki aracın kendisi tüm işi yapıyordur.

Kim bunu gerçekten bilebilir?

Bir tıp doktoru bir keresinde bana şöyle demişti: "Bütün ilaçlar, ilacın işe yarayacağına dair inancı içerir." Eğer benim kartvizitim böyle bir inanç içeriyorsa pek çoklarından çok daha az pahalı bir araç demektir.

Ben diyorum ki eğer işe yarıyorsa yapın.

Arının. Arının. Arının.

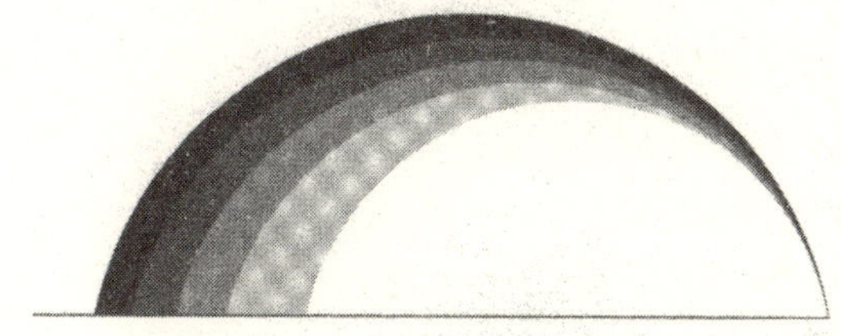

Daha Çok Bolluk Nasıl Elde Edilir?

Ben "Ben"im.

Owau no ka "I."

Dr. Hew Len'in bir sonraki semineri ilkinden farklıydı. Verilen mesaj hâlâ programların ya da hatıraların temizlenmesi ve silinmesiyken yaklaşımı bu sefer çok daha rahat ve doğaçlamaydı. İşe bir beyzbol topunu eline alıp oyunun amacının ne olduğunu sorarak başladı.

"Bir hedef sayıyı tutturmak," dedi biri.

"Kazanmak," dedi bir başkası.

"Gözünü toptan ayırmamak," dedim.

Koyu Hawaii şivesiyle, "Kesinlikle!" diye yanıtladı Dr. Hew Len. "Kazanmak ya da hedef sayıyı tutturmak için gözünüzü asla toptan ayırmamalısınız. Peki hayatınızın beyzbolu nedir?"

Herkes sessizdi.

"Nefes alıp vermen," dedi biri.

"Şu an," dedi bir diğeri.

Dr. Hew Len yanıtı bulamadığımızı görebiliyordu, o nedenle bir yanıt önerdi: "Beyzbol Tanrısallıktır," dedi. "Sıfıra geri dönmeye odaklanmalısınız. Hatıralar yok. Programlar yok. Sıfır."

Arınma, arınma, arınma.

Burada yapmanız gereken tek şey arınmak ya da arınmamak. İstediğiniz her şeyi seçebilirsiniz ama onu elde edip edemeyeceğinizi seçemezsiniz. Tanrısal Olan'ın sizin için doğru olanı yapacağına güvenirsiniz. Tanrısal Olan'dan daha iyisini bilebilir misiniz? Zor. Bırakın.

Arın. Arın. Arın.

"Benim arzum Tanrı'nın arzusuyla aynı çizgide olmaktır," dedim Dr. Hew Len'e.

"Aferin, Joseph."

Arzular sınırlamalardır. İlk sıradan bir park yeri istemeyi seçersin. Bunu arzu edersin. Ama Tanrısal Olan sana 1 kilometre uzakta bir park yeri verir. Neden? Çünkü daha fazla yürümeye ihtiyacın vardır. Bırakın.

Arının. Arının. Arının.

Dr. Hew Len'le iki gün daha geçirdim. Odada on üç kişi vardı. Şimdi bütün dikkatimiz sorunların nasıl oluştuğu üzerineydi.

"Her zaman sorunlarınız olur," diye açıkladı. Bu ifadeye karşıyım ama gene de yazdım. Arının. Arının. Arının.

"Sorunlar tekrar eden hatıralardır," dedi. "Hatıralar programlardır. Sadece size ait değillerdir. Paylaşılmışlardır. Hatıraları silmenin yolu Tanrısal Olan'a sevgi yollamaktır. Tanrısal Olan duyar ve yanıt verir ama bunu herkes için en doğru şekilde ve en doğru zamanda yapar. Seçen sizsiniz ama karar veren siz değilsiniz. Tanrısal Olan karar verir.

Anlamadım. Arının. Arının. Arının.

Filipinler'den mutlu, geniş bir gülümsemesi olan Marvin ayağa kalktı ve yılda 150 milyon dolarlık lüks araba sattığını ama bunu kimseye hiçbir şey satmamaya çalışarak yaptığını anlattı. Tüm yaptığı arınmaktı.

"Tüm yaptığım bütün gün 'Seni seviyorum' demek," diye açıkladı şiveli İngilizcesiyle. "İnsanları dinlerken temizleniyorum. Tüm yaptığım arınmak arınmak, arınmak. Her zaman arınmak."

"Hiç mi bir şeye niyet etmiyorsun?" diye sordum kuşkuyla.

Araba satmak, işi olduğuna göre en azından buna niyet ettiğini sanıyordum.

"Asla," diye yanıtladı. "Hiç beklentim yok. Sadece iş yerinde kendimi gösteriyorum ve arınıyorum."

Arınmak, arınmak, arınmak.

İki gün boyunca sizin ve benim gibi insanların arınma üzerine hikâyelerini dinledim. Ama hiçbirini kabul etmek kolay değildi. Sadece arın ve "Seni seviyorum" de ve dünya değişsin? Daha fazla araba sat? Daha fazla para kazan? Ha?

"Tümünden tamamen siz sorumlusunuz," dedi Dr. Hew Len. "Her şey sizin içinizde. Hepsi. İstisnasız. Ondan arınmalısınız, aksi halde arınılmaz."

Terörizmden arınmak?

Arının. Arının. Arının.

Ekonomiden arınmak?

Arının. Arının. Arının.

(Boşluğu tamamlayın) arınmak?

Arının. Arının. Arının.

"Eğer bu sizin deneyiminizse arınmak da size bağlıdır," dedi Dr. Hew Len.

Arada onun ve hayvanların nasıl olduğunu sormak için evi aradığımda Nerissa bütün günü bana bir sürpriz hazırlamakla geçirdiğini söyleyerek beni şaşırttı. Uzun bir yapılacaklar listesi vardı. Benim için bir şey yapılması inanılır gibi değildi.

"Ne?" diye sordum.

"Büyük bir sürpriz."

"Söyle."

"Bir milyon yıl geçse tahmin edemezsin," dedi.

Ne söylediğini size anlatmadan önce biraz geriye gitmeme izin verin. Nerissa, önünde yapması gereken pek çok projesi olduğundan stresliydi. Devam edemiyordu. Benim için bir video ve bir müşterisi için de bir başka video üzerine çalışıyordu. Tanıtımını yapmak istediği bir bilgisayar programı yazmıştı. Ben yokken bakması gereken bir ev ve hayvanlar vardı. Bırakın bir sürü projesi üzerine çalışmayı, gününü planlamaya bile zar zor zaman buluyordu. Dolayısıyla bana şunu söylediğinde şaşkınlığımı tahmin edin:

"Gardırobunu söküp yeniden yaptım."

Arının. Arının. Arının.

Afallamıştım. Gardırobumu temizlemek onun yapılacaklar listesinde yoktu, hatta benimkinde bile yoktu.

"Bütün giysilerini çıkardım, rafları söktüm, yeni raflar yaptım, giysilerini tekrar astım, yığılıp kalmış olan giysilerini askılara astım ve yerdeki giysilerini tekrar düzenledim."

Bu benim için sanki bana örneğin beş milyon dolarlık bir çek vermiş gibi şoke edici bir durumdu.

İnanılmazdı.

"Bunu yapmana ne neden oldu?" diye sordum.

"Bir süredir yapmak istiyordum," diye yanıtladı.

Yapmak istemişti? Belki doğrudur. Ama zamanı yoktu ki. Damdan düşer gibi olmuştu.

Dr. Hew Len, hatıraları temizlediğiniz zaman esinlenmelerin kendini gösterdiğini söyler. Görünüşe göre Nerissa'ya gardırobumu temizlemek esinlenmişti. Bu, içsel temizlenmenin dışsal sonuçlar doğurduğunun bir mecazı ve kanıtıdır.

Dışsal sonuçların neler olacağını siz planlayamazsınız.

Tekrar ediyorum, seçimi yapabilirsiniz ama karar veremezsiniz.

Daha sonra, Dr. Hew Len'in otel odasında o ve ben, bir öğretmen ve öğrencisi gibi oturuyorduk. Tek fark, bana sanki öğretmenmişim gibi davranmasıydı.

"Joseph, sen Tanrı'nın özgün 10'undan bir tanesisin."

"Öyle miyim?"

Gururum okşanmıştı ama ne dediği hakkında hiçbir fikrim olmadığını itiraf ediyorum.

"Buraya insanların içindeki Tanrı'nın uyanmasına yardımcı olmak için geldin," diye açıkladı. "Yazıların hipnotik. Bu senin yeteneğin. Ama daha fazlası var."

"Daha fazlası mı?"

Arının. Arının. Arının.

"Sen iş için J adamısın," dedi. "Bunun ne olduğunu biliyor musun?"

Hiçbir fikrim yoktu ve bunu ona söyledim.

"Sen ticaretin İsa'sısın," dedi, "değişim için gereken adam."

O konuşurken ben de bu konuşmayı kendime saklamanın daha iyi olacağını düşünüyordum. Kimse buna inanmayacaktı. Ben inanmıyordum.

Arının. Arının. Arının.

"Morrnah'yla beraberken," dedi, bugün öğrettiği Ho'oponopono'nun güncelleşmiş şeklini ona öğreten kahunayla geçirdiği yılları düşünerek, "ilk beş sene onun bir çılgın olduğunu düşündüm. Ama bir gün bu düşünce kaybolup gitti."

Dr. Hew Len'in tarzı dolaylı, şiirsel ve düşseldi. Bizler beynimizin herhangi bir tarafına dayanırken o, beyninin hem sağ hem de sol tarafını aynı anda kullanıyor gibiydi. Bana ticaretin kurtarıcısı olduğumu söylemekten Morrnah'yı anlatmaya geçmişti. Donup kalmıştım. Daha fazlasını istiyordum.

"Başının etrafında bir çelenk var, Joseph," dedi benim görmediğim ya da hissetmediğim bir şeyi görerek. "Kartallara benzeyen para simgelerinden yapılmış."

Bir nedenle taktığım bir yüzüğü ona gösterme dürtüsü hissettim. Bu 2500 yıllık, Eski Roma'dan kalma altın bir yüzüktü. Elini uzattı ve ben de yüzüğü avucuna koydum.

"Yüzükteki kelime Latince," diye açıkladım. "*Fidem* inanç demek."

Dr. Hew Len yüzüğü tutarken konuşmuyordu. İmgeleri ya da ifadeleri alıyor gibiydi. O, yüzüğe bakarken ben de sessizce bekledim.

"Eski yaşamlarından birinde sen büyük bir hatiptin," dedi. "Ama linç edilerek öldürüldün. Bu yüzük sendeki bu hatırayı iyileştiriyor."

Bu ilginçti. Sık sık geçmişte efsane bir hatip olduğumla ilgili birden geliveren düşüncelerim olurdu ve bugün, bir konuşma sonrası öldürüldüğüm için kalabalık önünde konuşmaktan korkuyordum. Bunun geçmiş bir yaşam değil de egonun yarattığı bir hatıra olduğunu düşünürdüm. Bir şekilde Dr. Hew Len yüzüğümü tutarak o hatırayı öğrenivermişti.

"Onu çok seyrek takarım," diye itiraf ettim.

"Tak," dedi. "Her zaman."

Yüzüğe uzun uzun baktı.

"Bu inanılmaz," dedi. "Bu yüzük 'Kendini tanı'nın değerini bilen bir şifacı tarafından kullanılmış."

Çok etkilenmiştim. Dr. Hew Len gerçeğin fırtınasının içinde sakin bir denizin aurasına sahipti. Dünya girdap gibi dönerken o durgundu. Kalbinden gelen ve oradan söylenen her şeyi kabul ederek konuşuyordu. Uzun uzun bana baktı ve sonra bakışlarını ayaklarıma çevirdi.

"Joseph, aman Tanrım, ben senin müridin olmalıyım," dedi, bende ne gördüyse gerçekten ona göre hareket ederek. "Sen Tanrı gibisin."

Arının. Arının. Arının.

Hafta sonu eğitimimiz boyunca bana ve diğer herkese, "Bizler burada sadece arınmak için bulunuyoruz," diye hatırlattı. "Her zaman arının, durmadan burada olma amacımızı bize Tanrı'nın esinleyebilmesi için bütün hatıralardan arınmalıyız."

Arının. Arının. Arının.

Eğitim süresince kitaplarımdan birini temizlediğimi fark ettim. En iyi satanlar listesinde bir numaraya çıkan *Çekim Yasası Sırrı*'nı sevmek için zaman harcadım. Ama bir diğer kitabım olan ve onun kadar çok satmayan *There's a Customer Born Every Minute*'i sevmek için çok zaman harcamadım. Bunu omuriliğim boyunca çıkan yoğun bir enerji sonucu fark ettim. Diğer kitabım kadar başarılı olmamasının nedeni buydu.

İlk eğitime katıldığımda bir kurşun kalemin ucundaki silgiyi temizlemeye yardımcı olmak için kullanabileceğimi öğrenmiştim. Maddeye silgiyle vurabilirdim. Bu kadar. Bu, hatıraları temizlemede kullanılan simgesel bir uygulamaydı. O sıralar yeni çıkmış olan kitabım *Life's Missing Instruction Manual*'ın bir kopyasını aldım ve üzerine bir kurşun kalem koydum. Aylar boyunca her gün onun üzerine vurdum. Ne zaman onun önünden geçsek durup kurşun kalemi elime aldım ve ucundaki silgiyle kitaba vurdum. İsterseniz bunun delice olduğunu söyleyin. Ama bu, kitabı çevreleyen hatıraların temizlenmesinde bana yardımcı olan psikolojik bir dürtüydü. Kitap birden en çok satanlar arasına girdi ve dört gün boyunca ilk sırada kaldı. Büyük şirketler binlercesini satın aldı. Wal-Mart onu stokladı. *Woman's Day* dergisi onun hakkında uzun bir makale yazdı.

Ama *There is a Customer Born Every Day*'le ilgili hiçbir arınma yapmamıştım. Kitap piyasaya çıktı. En çok satanlar listesine girmeye yaklaştı ama ilk 10'a giremedi. Kitaba ilginin artması için bir reklam kampanyası bile organize ettim. Dikkat çekti de ama satışları fazla etkilemedi. Dr. Hew Len'e bunu anlattım.

"Aklındaki kitabı, içinde merve olan bir bardak suya batır," diye yanıtladı. "Bunun delice olduğunu biliyorum. Ama bugünün tarihini at, kitabı suya batır ve neler olacağını gör."

Beni Oprah'yı sorarak da şaşırttı.

"Onun şovuna gitmek istiyor musun?"

Bir gün bunun olmasını çok istediğimi kekeledim. O sıralar

daha *Larry King Live Show'a* çıkmamıştım, dolayısıyla Oprah'nın şovu bana büyük bir sıçrama gibi geliyordu.

"Arınmak zorundasın, böylece tıkanıp kalmazsın," diye öğütledi.

Arının. Arının. Arının.

"İki yazar şova gitti ve tıkanıp kaldı," diye açıkladı.

"Ben bunu istemiyorum," dedim.

"Oprah'nın şovuna gittiğinde buna neden o olacak, sen değil."

"Bu çok büyük bir şey gibi," diye yorum yaptım.

"İnsanların senin için bir şeyler yaptığı fikrinden vazgeçmelisin. Onlar kendileri için bir şeyler yaparlar. Tüm yapman gereken arınmak."

Arının. Arının. Arının.

Bu yolculukta Dr. Hew Len'den ayrılmadan önce ona tekrar bir psikolog olarak akıl hastası suçlularla geçirdiği yılları sordum.

"Bir konuda net olmanı istiyorum," dedi. "Kolay değildi ve ben bunu tek başıma yapmadım."

Daha fazlasını öğrenmeyi isteyerek oradan ayrıldım. Çok daha fazlasını.

Arının. Arının. Arının.

Anlaşılan Ho'oponopono yapan herkesin anlatacak hipnotik bir hikâyesi var. Örneğin:

Sevgili Dr. Hew Len,

Bir süre önce Philadelphia'da bir Ho'oponopono toplantısına katıldım. Size, bana yuvama giden yolu hatırlattığınız için tüm kalbimle en derin teşekkürlerimi sunmak istiyorum. Tanrı'ya, size ve bu eğitim işinizde size yardımcı olan tüm çocuklara sonsuza dek şükran duyacağım.

Aşağıda seminerden elde ettiğim sonuçların bir belgesini

bulacaksınız. Bu, Ho'oponopono'nun gücünü merak edenler için bir paylaşımdır. Eğer paylaşmak yardımcı olacaksa lütfen yapın. Eğer öyle düşünmezseniz gözden çıkarın, herkese karşı duyduğum şükran duygularım yeterli olsun.

Hepinize en derin teşekkürlerimi yolluyorum.

Tanrı hepinize huzur, bilgelik, sağlık ve arınacak ve yuvaya dönecek kadar uzun bir yaşam versin.

Çok çok sevgiler,

Dana Hayne

Philadelphia Ho'oponopono Toplantısının Belgesi

Dr. Hew Len seminere bir konuşma ve çizimlerle başladı. Ho'oponopono'nun kozmolojisini gözler önüne serdi. Bize, "Siz kimsiniz? Bunu biliyor musunuz?" diye sordu. Hep birlikte tüm huzurun içinden yayıldığı hakiki benliklerimizin inanılmaz, sonsuz, sınırsız, bütün, toplam, boş, sıfır gerçeğini keşfettik. O bunu "Yuva" diye adlandırdı. Daha sonra onunla birlikte "Sorun nedir?"in doğasını keşfettik. "Hiç fark ettiniz mi?" diye sordu. "Nerede bir sorun varsa siz de oradasınız. Bu size bir şey ifade ediyor mu?" Yaşlı Sokrates gibi bizi öğretici soru ve cevaplarla yöntemin içinde tuttu. Dr. Hew Len'in arınma ve dönüşüm için bu saklı hatıraları ve yargıları ustalıkla ortaya çıkardığını pek de fark etmemiştim.

Oltaya gelerek elimi kaldırdım, sorular sordum ve yorumlar yaptım. Bununla birlikte, günler geçtikçe bana, ne zaman Dr. Hew Len'e bir soru sorsam beni eleştiriyormuş gibi gelmeye başladı. Kendimi "hakarete uğramış" hissettim. Her yanıt içimi yaktı ve kendimi herkesin önünde utanç içinde ve aşağılanmış hissettim.

Pazar sabahı, Dr. Hew Len'e öylesine kızgındım ki oradan ayrılmak istedim. Onu kibirli, kontrolcü ve hükmedici biri olarak yargılıyordum. Endişe ve öfke içinde ağlamaya hazır oturuyordum.

O kadar kızgındım ki gitmek istedim. Serbest bırakılıp bırakılmayacağımdan emin değildim, kalktım ve tuvalete gittim, toplantı odasının ortasında ağlamaya başlayacağımdam korkuyordum. Amonyakla dolu tuvaletlerden birine oturdum ve kızgınlığımın yerini alan öfkemi hissettim. Ah, öylesine öldürücü bir öfkeydi ki bu. Bir parçam bu öfkeden kurtulmak istemiyordu. Ama başka bir şey de bana sürekli "Affet beni. Affet beni. Ve seni seviyorum" diyerek teşvik ediyordu.

Bunu öfkeme karşı tekrar tekrar söylemeye devam ettim. Ve birden bunun hiç de yeni bir duygu olmadığını fark ettim, bilincimin geri planında –ne zaman kocam beni aşağılasa ya da ne zaman (ve her zaman) avukat annem doğru davranmam konusunda ısrarcı olsa– aynı öfkenin içten içe yanan bir ateş gibi sızdığını ve kendini gizlediğini hissettim. Ve ah, annem, kötüyü iyiymiş gibi göstererek söyleyen masum bir çocuğun kalbini allak bullak eden insanlardan biriydi.

Ve anladım. "Dank etti." Aha! İşte bu! Bu eski bir hatıraydı, bakışlarımla yolladığım sinyal, diğerlerinin kalplerine soktuğum mesaj. Bu, kalbimde taşıdığım ve "şu anımı" uyuşturduğum ve onunla başkalarını –Dr. Hew Len, annem, kocam, Bush, Saddam Hüseyin, suçladığım ve kılıçtan geçirdiğim kim varsa– öldürdüğüm bir hatıranın kılıcıydı. Dr. Hew Len'in bahsettiği işte buydu, tekrar tekrar oynamaya devam eden bir bant kaydı.

Gitmedim. Konferans odasına geri döndüm ve günün geri kalanını derin bir sakinliği deneyimleyerek geçirdim. Sessizce kafamın içinde "Özür dilerim. Lütfen beni affet. Teşekkür ederim. Seni seviyorum" deyip durdum. Dr. Hew Len soruları yanıtlarken onun için o eski duyguları değil, sadece sevgi hissettim. Hiç değişmemişti. Değişen benim içimdeki bir şeylerdi.

Odaya döndükten bir süre sonra Dr. Hew Len, Ho'oponopono'ya başlamasıyla ilgili kendi deneyimlerinden birini bizlerle paylaştı. Kurstan bir kez değil, tam üç kez kaçmıştı, her seferinde de eğitmenin "deli" olduğunu düşünmüştü ve her seferinde ödediği seminer ücretini geri alamamıştı. Ne düşünmüş olduğumu biliyor muydu? Bir ara, onun deli olduğunu düşündüğüm için semineri az kalsın terk etmek üzere olduğumu biliyor muydu?

Bir sonraki mola sırasında ihtiyatla Dr. Hew Len'e yaklaştım. Son derece sevecen bir şekilde eski, sık sık tekrar eden erkek hâkimiyeti hatırasının yeniden canlandığını açıkladı. Bunun pek çok insanın hatırası olduğunu ve iyileşmesi için son derece katı bir inat ve sabır gerektiğini söyledi. Seminerde başıma gelenin ne kadar derin bir iyileşme olduğunu anlamaya başlamam ancak eve geri döndükten sonra oldu.

Hafta sonu boyunca Dr. Hew Len değişim için gereken araçları, entelektüalizme karşı gelen araçları vermişti. Sonuçlarını beklemeksizin, itaatkâr ama aynı zamanda kuşku içinde elime aldığım kurşun kalemimle, zihnimden "Çiy Damlası" diye tekrar ederek sorunlarımı temsil eden üç kelimeyi –"bilgisayar", "oğul" ve "koca"– yazdığım bir kâğıt parçasına vurdum. Eve gelene kadar bu kelimelerin gücünden haberim bile yoktu.

Eve geldiğimde kocam ve oğlum beni karşıladı. İkisi de sırıtarak, "Bil bakalım sen dışarıdayken ne aldık?" diye sordular. "Yeni bir bilgisayar?" diye tahminde bulundum. Teknisyenlerin eve gelip saatlerce uğraştıkları iğrenç bir bilgisayarımız vardı. Daha da önemlisi, geçtiğimiz son birkaç haftadır eski bilgisayarımız yüzünden aile faciaları yaşadık. Bilgisayarlar umurumda değildi. Ben sadece uyum istiyordum.

Hem eşim hem de oğlum evet dediği zaman şaşırdım, yeni bir bilgisayar almışlardı. Bir önceki gece, altı ay daha bekleyip 64 bitlik işlem birimine sahip yeni bir tane almaya karar vermişlerdi. "Tahmin et ne marka?" diye sordular. Dell, Hewlett-Packard, Sony, Gateway, Compac vs. sıraladım. Aklınıza gelen tüm bilgisayar markalarını saydım. Her seferinde "Hayır. Hayır. Hayır," dediler. "Vazgeçiyorum!" diye bağırdım.

Şimdi, 30 yıllık kocam çok sağlam fikirleri olan bir adamdır. Son derece güçlü istekleri var, öyle ki neye odaklansa ve neyin farkına varsa inanılmaz bir kararlılığa sahip olur. Öte yandan, farkında olmadığında kararlılığı inatçılığa dönüşür ve kimse onu kararından döndüremez. Sağlam bir PC yandaşıdır ve hiçbir şey ama hiçbir şey onun fikrini değiştiremez. Dolayısıyla, bana "Apple!" diye bağırdıklarında yere yapışacaktım neredeyse. Ben aslında gerçekten de bir Apple bilgisayar istiyordum ama bu bizim evde, koşer yenen bir evde domuz etinin yasak olması kadar yasaktı!

Bu bazılarına saçma gelebilir. Ama ben 30 yıldır evliyim. Ve 30 yıldır evliliğim pek çok iniş çıkışlar yaşadı, her ikimiz de birlik ve eşitlik üzerine ortak bir amaca ulaşmak için uğraştık. Bu sadece savaşta olanların fark edeceği "silahları bırakmak" anlamına gelen, görünüşte önemsiz bir bilgisayar seçimiydi. Demek istediğim, eğer bana Çin'in Tibet'i özgürlüğüne kavuşturduğunu söyleseydiniz bundan daha fazla şaşırmazdım.

Aklıma kurşun kalemimi alıp zihnimden "Çiy damlası," diyerek "koca", "bilgisayar" ve "oğul" kelimelerine vuruşum geldi. 30 yıllık çatışma böylesine hızlı ve zahmetsizce sona erebilir mi? "Özür dilerim", "Beni affet", "Teşekkür ederim" ve "Seni seviyorum" demek otorite figürlerimle –anne, telefon şirketi ve koca– hayatım boyunca devam eden dışsal çatışmalarımı değiştirebilir mi? Tüm bildiğim, seminer biteli iki hafta olduğu. Dr. Hew Len'in bana öğrettiklerini elimden geldiği kadar adanmış bir şekilde her gün uyguluyorum. Oğlumun uzun süredir devam eden hastalığı sona erdi ve kocamla eskiden içime atıp kendime sakladığım şeyler hakkında konuşmaya başladık. Ah ve dün gece bana, "Biliyorsun, tatlım, eğer istersen şu küçük dizüstü bilgisayarlardan birini kendin için satın alabilirsin," dedi.

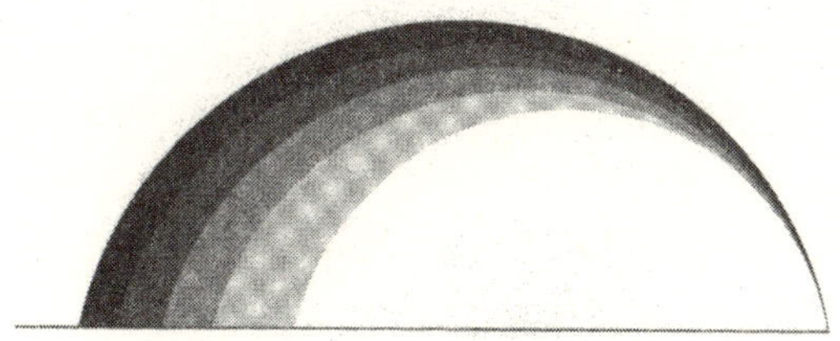

Kuşkucu Zihinler Bilmek İster

Yaşamın amacı her an sevmeyi yeniden sağlamaktır. Bu amacı gerçekleştirmek için kişinin kendisinin yaşamının şu anki halinden yüzde yüz kendisinin sorumlu olduğunu bilmesi gerekir. Yaşamını anbean yaratanın kendi düşünceleri olduğunu görmesi gerekir. Sorun insanlar, yerler ve durumlar değildir, daha ziyade onlar hakkındaki düşüncelerdir. Kişinin "Dışarıda bir yerde" diye bir şeyin olmadığını anlaması gerekir.

—Dr. Ihaleakala Hew Len

Kitapta daha evvel de söylediğim gibi, "Dünyanın En Olağanüstü Terapisti" adlı bir makale yazmış ve bloğumda yayınlamıştım. Kendi web sitem www.mrfire.com'a da eklemiştim. Yazım, David Riklan'ın *101 Great Ways to Improve Your Life* adlı bir kitabında da yer aldı. Bu makale, yazdıklarım içinde en fazla yayılarak dağıtılan ve konuşulan makale oldu. İnsanlar onu haber gruplarına, arkadaşlarına, kişisel ve genel e-posta listelerine vs. yolladılar. Görünüşe göre içindeki mesaj herkes için esin kaynağı olmuştu. İşte, yayıncım John Wiley & Sons'ın da dikkatini çekmiş olan o makaleydi ve bu kitabı sizin için yazmamda önayak oldular.

Ama makaleyi herkes sevmedi. Birkaç kişi herhangi birinin, hatta bu kişi bir psikolog olsa dahi, bir hastanedeki akıl hastası suçluları iyileştirebileceğine inanamıyordu. Biri, Dr. Hew Len'e yazarak bunu kanıtlamasını istedi. Bu kişi Dr. Hew Len'in akıl hastanesindeki deneyimleriyle ilgili olguları bilmek istiyordu. Gerçeği söylemek gerekirse ben de öyle. Dr. Hew Len detaylı bir şekilde şöyle cevap verdi:

> Hikâye, çoğu hikâye gibi, açıklama gerektirmektedir.
>
> Gerçektir ki:

1. Hawaii Devlet Sağlık Dairesi'ne bağlı bir psikiyatri servisi olan Hawaii Devlet Hastanesi'nde ücretli psikolog olarak birkaç yıl görev yaptım.
2. 1984-1987 yılları arasında toplam üç yıl, haftada 20 saat, insanlara ve mülklere karşı cinayet, tecavüz, uyuşturucu ve saldırı gibi suçlar işlemiş erkek hastaları barındıran yüksek güvenliğe sahip bir birimde psikolog olarak çalıştım.
3. 1984 yılında, yüksek güvenlikli birime psikolog olarak girdiğimde tüm hücre odaları şiddet gösteren hastalarla doluydu.
4. Birimde her zaman, diğerlerine şiddet uygulamasını engellemek için el ve ayak bileklerine metal kelepçeler bağlanmış birkaç hasta mutlaka olurdu.
5. Hastalardan hastalara ve hastalardan personele şiddet olağan bir tavır halini almıştı.
6. Hastaların bakım ve rehabilitasyonlarıyla içtenlikle ilgilenilmiyordu.
7. Birim içinde iyileştirmeye yönelik çalışmalar yapılmıyordu.
8. Birim dışında gerçekleşen herhangi bir faaliyet, eğlence ya da iş yoktu.
9. Ailelerin birimi ziyaretleri son derece nadirdi.
10. Hastaların, psikologlarının izni olmadan birimin dışına çıkmaları yasaktı ve izin alındığında da mutlaka el ve ayakları kelepçeleniyordu.
11. Tipik bir hastanın birimde kalışı yıllar sürüyordu ve gider, yıllık yaklaşık 30 bin Amerikan dolarını buluyordu.
12. Personelin mazeret iznine çıkma oranı son derece yüksekti.
13. Birimin fiziki ortamı kasvetli ve oldukça sağlıksızdı.
14. Birim personeli aslında çok harika ve yardımsever insanlardan oluşuyordu.

15. Tarif ettiğim yer muhtemelen ülkenin diğer pek çok yerinde de rastlanabilecek bir psikiyatri birimidir.

1987 yılında birim ve servisten ayrıldığımda:

1. Hücre odaları artık kullanılmıyordu.
2. El ve ayak kelepçeleri artık kullanılmıyordu.
3. Şiddet olayları son derece nadirdi, genellikle yeni hastalardan kaynaklanıyordu.
4. Hastalar, birimden ve servisten ayrılmadan önceki yasal hizmetler, kaldıkları ve çalıştıkları yerlerin ayarlanması dâhil kendi bakımlarından sorumluydular.
5. Koşu ve tenis gibi birim dışı eğlence faaliyetleri devam ediyordu ve bunlar için psikologdan onay alınması ya da el ve ayaklara kelepçe takılması gerekmiyordu.
6. Araba yıkama gibi birim dışı iş faaliyetleri başlamıştı ve bunlar için psikologdan onay ya da el ve ayaklara kelepçe takılması gerekmiyordu.
7. Birimdeki çalışmalar kurabiye pişirmek ve ayakkabı boyamaktan ibaretti.
8. Aileler birimi ziyaret ediyorlardı.
9. Personelin sağlık sebebiyle işe gelmemesi sorunu ortadan kalkmıştı.
10. Ortam boya ve tamiratla son derece düzelmişti çünkü insanlar önemsiyordu.
11. Birim personeli, hastalara kendilerinden yüzde 100 sorumlu olmaları konusunda çok daha fazla destek oluyordu.
12. Hastaların birime kaydolmaları ile birimden ayrılmaları arasında geçen süre yıllardan aylara düşmüştü.
13. Hem hastalar hem de personel için yaşam kalitesi inanılmaz yükselmişti. İnsanlar birbirleriyle bir aileymişçesine ilgileniyorlardı.

Bir psikolog olarak ben ne yaptım? Birime *her gelişimde*, birimin *içindeyken* ve birimden *her ayrıldığımda* bilinçli ya da bilinçsiz olarak deneyimlediğim, içimde olan neyse on Ho'oponopono'nun pişmanlık, affetme ve dönüşüm yöntemiyle Self I-Dentity uyguladım.

Birimde hastalara herhangi bir terapi uygulamadım ya da danışmanlık yapmadım.

Hastalar üzerine yapılan hiçbir personel toplantısına katılmadım.

Psikolog olarak içimde bana sorun olan her şeyi arındırmaktan kendimi yüzde 100 sorumlu olarak gördüm.

Ben, BEN'in yarattığı bir şeyim, herkes ve her şey gibi kusursuzum. Kusurlu olan, tepki veren, yargı, kızgınlık, öfke olarak tekrar eden hatıralardır ve Tanrı bilir, ruhun taşıdığı diğer pisliklerdir.

Ben'inHuzuru.

Dr. Ihaleakala Hew Len, Emekli Yönetim Kurulu Başkanı

The Foundation of I, Inc. Freedom of the Cosmos

www.hooponopono.org

Her ne kadar Ho'oponopono'yu hâlâ öğreniyor olsam da bazen yönteme açık olduklarını hissettiğim kişilere onu öğretiyordum da. Tabii ki onların açık olmaları onların değil, benim bir yansımamdı. Ne kadar netleşirsem etrafımdakiler de o kadar netleşiyordu. Ama bu kabul edilmesi zor bir gerçekti. Dış dünyanın değişmesini istemek iç dünyanın değişmesini istemekten çok daha kolaydır.

Maui'de bir emlakçı, evlere bakmak için bize civarı gezdiriyordu. Yol boyunca iyileştirme, ruhaniyet, *The Secret* filmi ve kişisel gelişim üzerine uzun uzun sohbet ettik. Her şey çok ilginçti ama gezimizin bir bölümünde aydınlatıcı bir şey oldu.

Emlakçı benim yeni meşhur olmuş, Dr. Hew Len ve bir koğuş dolusu akıl hastası suçluyu iyileştirdiği Ho'oponopono Hawaii iyileştirme yöntemi üzerine yazdığım yazıyı okumuştu.

Herkes gibi emlakçı da makaleyi ilham verici bulmuştu.

Herkes gibi tam olarak anlamamıştı.

Muhteşem Maui Adası'nın etrafında ilerlerken emlakçının satamadığı bir evle ilgili şikâyetini dinliyordum. Satıcı ve alıcı bu konu hakkında sürekli tartışıyorlar ve bu da çok fazla öfke ve kızgınlığa neden oluyordu. Satış, atışıp durmalarına takılıp kalmıştı ve bu sorun yakın zamanda çözülecekmiş gibi görünmüyordu. Emlakçının, tavırlardan dolayı hayal kırıklığına uğradığı belliydi.

Bir süre dinledikten sonra konuşmam gerektiğini hissettim.

"Dr. Hew Len'in Ho'oponopono'yu kullanarak bu sorunu nasıl çözebileceğini bilmek ister misiniz?" diye sordum.

"Evet!" diye bağırdı emlakçı, meraklandığı açıktı. "Kesinlikle bilmek isterim. Anlatın bana."

"İyi bir çözüm olmalı," dedi Nerissa.

"Eh, ben Dr. Hew Len değilim," diye başladım, "ama onunla beraber bir kitap yazıyorum ve onun tarafından eğitildim. Dolayısıyla bu durumu nasıl ele alabileceğini bildiğimi düşünüyorum."

"Anlatın lütfen!"

"Dr. Hew Len'in yaptığı şey, dışarıda gördüğü deneyimi *kendi* içinde neyin paylaştığını görmek için kendi içine bakmaktır," diye başladım. "O, akıl hastanesinde çalıştığı zaman hastaların çizelgelerine bakmış. Davranışları karşısında ya tiksinti duymuş ya da başka bir şey, o kişiyle hiç ilgilenmemiş; *kendi* deneyimlediği duygularla ilgilenmiş. Kendi içinde olanları arındırmış, hastalar da arınmaya ve iyileşmeye başlamışlar."

"Bunu sevdim," dedi emlakçı.

"Çoğu insanın sorumluluğun ne demek olduğu hakkında hiçbir fikri yoktur," diye devam ettim. "Sürekli suçlarlar. Büyüdükçe ve farkındalıkları arttıkça söyledikleri ve yaptıkları her şeyden sorumlu oldukları üzerine düşünmeye başlarlar. Bunun ötesinde, daha fazla farkında olmaya başladıkça, *herkesin* söylediklerinden ya da yaptıklarından da sorumlu olduklarını idrak etmeye başlarlar çünkü o insanlar onların deneyimleri içinde yer almaktadırlar. Eğer kendi gerçeğinizi yaratırsanız o zaman gördüğünüz her şeyi de yaratmış olursunuz, beğenmediğiniz tarafları bile."

Emlakçı başını sallayarak gülümsüyordu.

Konuşmaya devam ettim.

"Bu durumda alıcının ya da satıcının ne yaptığının bir önemi yoktur," dedim. "*Sizin* ne yaptığınız önemlidir. Dr. Hew Len'in yaptığı sadece, 'Seni seviyorum', 'Özür dilerim', 'Lütfen beni affet' ve 'Teşekkür ederim' cümlelerini tekrar etmektir. Bunu insanlara değil, Tanrı'ya söylemektedir. Amaç, paylaşılan enerjiyi berraklaştırmaktır."

"Ben bunu yapıyorum," dedi emlakçı.

"Ama bunu bir şey elde etmek için yapmazsın," diye devam ettim. "Yaparsın çünkü paylaşılan enerjiyi böyle berraklaştırırsın ki bir daha kimse asla böyle bir şey deneyimlemesin. Bu bir arınmadır ve bunu yapmayı asla bırakmazsın."

Durdum.

Emlakçı anlamış görünüyordu. Gözlerini açmıştı ve gülüşü kocamandı.

"Eğer idrakına varırsanız," diye devam ettim, " o zaman arınmak ve iyileşmek size kalır. Şu alıcı satıcı sorununu *bana* anlattığınıza göre, o zaman ben de ondan arınmalıyım. Bu durum artık benim yaşam deneyimimin bir parçası oldu. Eğer kendi deneyimimin yaratıcısı bensem, o zaman bu benim de sorumlu olduğum bir şey demektir."

Maui'de başka evler bakarken anlattıklarımın iyice anlaşılması için her şeyi oluruna bıraktım.

Birkaç gün sonra emlakçıdan bir e-posta aldım. Dr. Hew Len'in uygulamasına devam ettiğini yazıyordu.

İşte bu şekilde çalışıyor.

Her şey sevgiyle ilgili.

Devam eden bir şey.

Ve siz tamamen sorumlusunuz.

Bir gün, Wimberley, Teksas'taki Unity Church'ü yöneten Mindy Hurt'le bir seminer veriyordum. Seminerin adı, "Paranın Sırrı"ydı. İlerleyen saatlerde herkese Ho'oponopono arınma yöntemini öğrettim. Derken, bir bey gelip bana, "Benim 'Özür dilerim' ve 'Lütfen beni affet' demekle sorunum var," dedi.

"Neden?" diye sordum.

Daha evvel böyle bir şey hiç duymamıştım. Merak etmiştim.

"Benim af dileğime ihtiyacı olan sevecen bir Tanrı ya da Tanrısal varlık düşünemiyorum," dedi. "Tanrı'nın beni herhangi bir şey için affetmek zorunda olduğunu düşünmüyorum."

Bunun üzerine düşündüm ve vermem gereken yanıtı buldum:

"Bu ifadeleri Tanrı tarafından affedilmek için söylemiyorsunuz, onları kendinizi arındırmak için söylüyorsunuz. Onları Tanrısal Olan'a söylüyorsunuz ama onlar *sizi arındırmak* için varlar."

Başka bir deyişle, Tanrı zaten sizlere sevgisini akıtıyor. Bu asla durmamıştır. Sıfır sınırın olduğu sıfır konumunda onun için yapabileceğimiz en yakın tanımlama, saf sevgi konumudur. O oradadır. Ama siz orada değilsiniz. Dolayısıyla "Seni seviyorum, özür dilerim, lütfen beni affet ve teşekkür ederim" diyerek saf sevgi konumunda olmanızı engelleyen *kendi içinizdeki* sorunları temizlersiniz.

Tekrar ediyorum, Tanrı'nın sizin Ho'oponopono yapmanıza ihtiyacı yoktur ama sizin buna ihtiyacınız vardır.

Geçenlerde çok sevdiğim bir arkadaşımdan kalbimi burkan bir e-posta aldım. Soruyordu:

"Kitabını okumuş, *The Secret* filmini seyretmiş, her gün senin bloğunu okuyan, elinden geleni yapan ama hâlâ kırgın, mutsuz ve yenik olan birine ne söylersin? Sürekli sorun üzerine sorun yaşıyorum. Asla bitmiyor. Ne dersin buna?"

Acısını hissettim. Nihayetinde bir zamanlar ben de evsizdim. On yıl boyunca fakirlik içinde mücadele ettim. "Bir gecede" gelen başarım muhtemelen yirmi yılda oluştu. Bataklıkta sıkışıp kalmanın nasıl bir duygu olduğunu bilirim.

Böyle birine ne söylersiniz?

Eskiden olsa çözümler sunardım. Claude Bristol'ün *The Magic of Believing*'ini okumasını, *The Secret* filmini yedi kez seyretmesini, nasıl bir hayat istediğine dair bir senaryo yazmasını, her gün meditasyon yapmasını, kendine zarar veren şeyler üzerine çalışmasını isterdim.

Ama bu, değişim için yüzeysel bir yaklaşımdır. Öğrendim ki –ve Dr. Hew Len doğrulayacaktır– böyle bir yaklaşım nadiren işe yarıyor.

Peki, geriye ne kaldı?

Köşeye sıkışmış ya da acı çeken birine siz, ben ya da herhangi biri nasıl yardım edebilir?

Ho'oponopono'ya göre tek yol kendimi arındırmak. Benden önce gelenler –bana yazan kişi dâhil– benimle aynı programı paylaşıyor. Ona tıpkı zihnin bir virüsü gibi yakalanmışlar. Suçlu olan onlar değil. Kendilerini tuzağa düşmüş ya da köşeye sıkışmış hissediyorlar. Onlara bir ip atabilirim ama çoğu zaman onlar bu ipi kullanmayacaklardır ya da kendilerini asmak için kullanacaklardır.

Öyleyse ne yapmalıyım?

Yapabileceğim tek şey *kendimi* arındırmak. Kendimi arındırdıkça onlar da arınırlar. Paylaştığımız programlar arındıkça o programlar tüm insanlığın üzerinden silinirler. Bugünlerde tüm yaptığım işte bu. Bu Dr. Hew Len'in uzun zaman önceki ilk telefon konuşmamızda bana yaptığını söylediği ilk şeydi: "Tüm yaptığım arınmak, arınmak, arınmak."

Tüm yaptığım, "Seni seviyorum", "Özür dilerim", "Lütfen beni affet" ve "Teşekkür ederim" demek. Gerisi Tanrı'ya kalmış. Bunun kalpsizce olduğunu düşünmüyorum, aksine yapabileceğim en kalpten şey bu. Ve şu anda bu satırları yazarken bile yaptığım budur.

Son olarak şunu dikkate alın:

Bana yazı yazan kişinin hikâyesi artık sizin deneyiminizin de bir parçası olduğuna göre iyileşmek size de bağlı aynı zamanda.

Nihayetinde eğer kendi gerçeğinizi yaratıyorsanız o zaman bu konumu da yaratmışsınız demektir, o da şimdi sizin gerçeğinizin bir parçası. Bunu iyileştirmek için "Seni seviyorum" ifadesini kullanmanızı öneririm.

Kendinizi iyileştirirken bana yazmış olan kişi ve o programı paylaşan herkes daha iyi olacaktır.

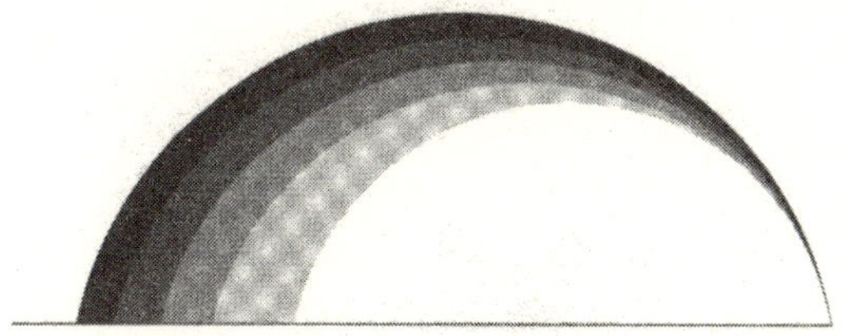

Seçim Bir Sınırlamadır

Kişisel karbonumuzu bilen Tanrı'dan şu anda olmamızı engelleyen bütün düşüncelerimizi ve hatıralarımızı iyileştirmesi için yardım isteyebiliriz.

—Morrnah Simeona

Ekim 2006'da Dr. Hew Len benimle birkaç gün geçirmek üzere Austin, Teksas'a geldi. Onu havaalanından aldığımda hemen hayat, Tanrı, programları arındırma ve daha pek çok şey hakkında konuşmaya başladık. Bana bu günlerde neler yaptığımı sordu. Ona ne kadar heyecanlı olduğumu anlattım.

"Bir filmdeki bir karakterin söylediği bir söz var: 'Bazı insanlar uyanıktır ve sabit bir hayretlik konumunda yaşarlar.' Ben bu konuma oldukça yakınım," dedim. "Mucizelerim var ve hayattan büyük neşe duyuyorum."

"Daha fazla anlat," diye üsteledi.

Hayran olduğum yeni arabamı anlattım. Lüks bir 2005 Panoz Esperante GTLM.

Spor araba. Bu arabalar Panoz ailesi tarafından yapılıyordu. Her bir parçası elle birleştiriliyor, onu yapan kişi tarafından imzalanıyordu ve her birine bir isim veriliyordu. Benimkinin adı Francine'di. Arabaya gösterilen sevgiyi ve ona canlı bir insanmış gibi muamele edilmiş olmasını Dr. Hew Len'in takdir edeceğini biliyordum. Ona göre her şey canlıydı.

The Secret adlı filmde oynamam sonucu *Larry King Show*'a çıkışımı anlattım. Larry King'in nasıl biri olduğunu bilmek istedi. King dobra, dost canlısı, akıllı bir insandı. Ondan hoşlanmıştım.

Dr. Hew Len'e, *Çekim Yasası Sırrı* ve *Hayatın Kayıp Kullanım Kılavuzu* gibi kitaplarımın başarısını anlattım. Birkaç dakika sonra, ne kadar enerji dolu olduğumu görebiliyordu.

"İlk kez Ho'oponopono eğitimi aldığın zamanla şimdiki zaman arasında ne fark görüyorsun?"

Bir an düşündüm ve, "Her şeyi kontrol etmeyi bıraktım. Akışına bırakıyorum. Tüm yaptığım arınmak, silmek ve sıfıra ulaşmayı arzulamak," dedim.

Hissetmiş olduğu şeyin benim için doğru olan olduğunu bilerek omzuma vurdu ve gülümsedi.

Arabama doğru yürümeye başladık. Birkaç metre sonra durdu ve bana baktı.

"Adımlarında bir canlılık var," dedi mutlulukla. "Yaylanarak yürüyorsun."

"Seni gördüğüm için mutluyum da ondan," dedim.

Yemeğe gitti ve ona *There's a Customer Born Every Minute* adlı kitabımın iyi satmamasından duyduğum hayal kırıklığından bahsettim.

"Joseph, onu sevmelisin."

Kitabımın satılmasını istiyordum, sevginin bununla ne ilgisi olduğunu anlamamıştım.

"Joseph, eğer üç çocuğun olsa ve bunlardan biri derslerinde geri kalıyor olsa ona bundan dolayı hayal kırıklığı yaşadığını söyler miydin?"

"Hayır," dedim. Ve birden bu düşünce beni afallattı. Kitabım benim çocuğumdu ve ona diğer çocuklarım kadar iyi olmadığını söylüyordum. Bunu öylesine derinden hissettim ki lokantanın ortasında neredeyse ağlamaya başlayacaktım.

"Anladın, Joseph," dedi Dr. Hew Len. "Bütün çocuklarını sevmelisin."

"Çocuğumu" hayat okulunda başarılı bir performans gösterememesi yüzünden kendimden uzaklaştırdığım için kendimi son derece kötü hissetmeye başlamıştım. Aklımdan Tanrı'ya, yüreğimde kitabımı hissederek, "Seni seviyorum", "Özür dilerim", "Lütfen beni affet" ve "Teşekkür ederim" demeye başladım. Bir süre sonra, eve gelip de kitabımı gördüğümde onu elime aldım ve sarılarak kalbimin üzerine koydum, onu sevdim ve onu olduğu haliyle takdir etmediğim için ondan af diledim.

Daha sonra, Dr. Hew Len'i evimin olduğu Wimberley, Teksas bölgesinde arabayla dolaştırırken bana içimde yaramaz bir cüce gördüğünü söyledi.

"Bir ne?"

"Yaramaz bir cüce," diye tekrarladı.

Benim görmediğim şeyleri görmesine alışmıştım. O buna psişik bir yetenek değil, her an daha fazla açılmak diyordu.

"Cücenin kocaman gözleri ve kocaman kulakları var. İçeride kalmak ve insanların olduğu yerlere gitmemek istiyor."

"Bu evde kalıp bilgisayarımda çalışmak ve insanların içine karışmamak isteyen bir yönüm var benim."

"Öte yandan spotları seven bir yönün daha var."

"Benliğimin üçte ikisi Larry King ve Oprah'nın programlarında olmak ve dikkat çekmek istiyor," diye itiraf ettim, "ama diğer yanımsa içeride kalıp inzivaya çekilmek istiyor."

"Cücen aklını başında tutuyor," diye açıkladı Dr. Hew Len. "Yıldız olmaktan başka bir şey istemeyen insanlar sonunda kendilerini deli ederler. Bir mağarada yaşamaktan başka bir şey istemeyen insanlar yeteneklerini gizlemiş olurlar. Sen dengedesin."

O gün daha sonra sevgili Nerissa'ya cücemden bahsettim.

"Sahnede olmayı sevdiğini hangi yanın söylüyor?" diye sordu.

"Bilmiyorum."

Bir an derin derin düşündü ve, "Sanırım onun adı Cin," dedi.

"Cin?"

"Evet, Cin. Tam ona göre."

Güldüm ve onayladım. Ertesi gün Dr. Hew Len'e Nerissa'nın benim dışa dönük tarafıma Cin adını verdiğini söylediğimde bir kahkaha attı, çok beğenmişti.

"Cin ışığı sever," dedi.

Dr. Hew Len'in bana gelmesinden bir gün sonra onunla buluşmak için yola çıktım. Onu yuvarlak bir masaya oturmuş, söylediklerini pürdikkat dinleyen iki Meksikalı emekli kadınla konuşurken buldum. Bir kahve aldım ve onunla aramda bir sandalye boş bırakarak kadınların tam karşısına oturdum.

"Bu hanımlara ne yaptığını anlat," dedi.

"Eskiden ister kendiminki olsun ister bir başkasınınki, sorunları hep çözmeye çalışırdım. Bugün onları akışlarına bırakıyorum ama onlara neden olan hatıralardan arınıyorum. Bunu yaparken sorunlar da çözülüyor ve ben de bundan gayet memnunum."

"Joseph, onlara bir örnek verebilir misin?"

"Kız kardeşim beni hüsrana uğratıyor," diye itiraf ettim. "Resmî bir kuruluştan yardım alarak yaşıyordu, evine zorla girilmişti, kimliği çalınmıştı vs. Mutlu biri değil ve bu beni üzüyor. Ona yardım etmeye çalıştım; para, kitaplar, filmler ve hatta filmleri izlesin diye bir DVD oynatıcı bile yolladım. Değişmek için hiçbir çaba sarf etmedi. Ama şimdi, onu değiştirmeye çalışmıyorum."

"Ne yapıyorsun?" diye sordu hanımlardan biri.

"*Kendi* üzerimde çalışıyorum," dedim. "Artık onun yaşadığı hayatın onun yaptığı bir şey olmadığını biliyorum. Bu oynanmakta olan bir program ya da hatıra ve o bu programa sahip. Sanki bir virüs kapmış gibi. Kesinlikle kendi hatası değil. Ve ben bunu anladığım için onun acısını hissediyorum, yani aynı programı paylaşıyorum. Arınmam gerekiyor. Temizledikçe program ondan da silinecek."

"Arınmak için ne yapıyorsun?"

"Tüm yaptığım tekrar tekrar 'Seni seviyorum', 'Özür dilerim', 'Lütfen beni affet' ve 'Teşekkür ederim' demek."

Dr. Hew Len, "Seni seviyorum" cümlesinde her şeyi değiştiren üç element olduğunu açıkladı. Bunların minnettarlık, hürmet ve dönüşüm olduğunu söyledi. Neler olduğunu düşündüğümü anlatarak devam ettim.

"Söylediğim cümleler kâinatın kilidini açan sihirli kelimeler gibidir. Bir şiir gibi yayılan cümleleri söylediğimde kendimi Tanrı'nın beni arındırmasına ve şu anda burada olmamı engelleyen bütün programları silmesine açıyorum."

Dr. Hew Len, Ho'oponopono arınma yöntemini tanımlama şeklimi beğendiğini söyledi.

"Birinin virüse yakalandığını söylemek çok doğru bir tanım," dedi. "Bu, dünyada olan bir program ve bizler ona yakalanıyoruz. Biri kaptığında ve sen de bunu fark ettiğinde sana da geçmiş oluyor. Olay yüzde 100 sorumluluk almaktır. Kendini arındırdığında herkesten o programı arındırmış oluyorsun." Biraz ara verdi ve ekledi: "Ama bir sürü program var. Bunlar sıfırın üzerindeki yabani otlar gibiler. Sıfır sınırına varmak için hayal edebileceğinizden çok daha fazla arınmamız gereken şey var."

Hanımlar anlamış görünüyorlardı ki bu beni şaşırttı. İnsanın aklını karıştıran kavramlardan bahsediyorduk ama onlar aradaki bağlantıyı görebiliyor gibiydiler. Onların, tıpkı bir diyapazonun etrafında hissettiği her bir nota için bir ses vermesi gibi, Dr. Hew Len'in titreşimine ayarlanmış olup olmadıklarını merak ettim.

Dr. Hew Len'le yürüyüşe çıktık. Serin bir sabahtı ve tozlu, çakıllı bir yolda yürüyorduk. Yol boyunca bir geyik de etrafımızda gezindi. Bir süre sonra bize bakıp havlayan bir grup köpekle karşılaştık ama konuşmaya ve yürümeye devam ettik. Birden Dr. Hew Len ellerini sanki onları kutsuyormuşçasına onlara doğru kaldırdı ve, "Sizi seviyoruz," dedi.

Köpekler havlamayı kestiler.

"Hepimiz sevilmek isteriz," dedi. "Sen, ben ve hatta köpekler."

Diğerlerinin arkasında duran küçük bir köpek kesik kesik havladı. Onun, "Tam isabet!" ya da belki "Teşekkür ederim," dediğini düşünmeden edemedim.

Ve hatta belki de, "Ben de seni seviyorum."

Sohbetlerimiz her zaman uyandırıcıydı. Bir keresinde Dr. Hew Len, hayattaki tek seçimin arınmak ve arınmamak olduğunu söyleyerek beni şaşkına çevirdi.

"Ya hatıradan ya da esinlemeden gelirsin," diye açıkladı. "Hepsi bu."

"İnsanlara hep ya esinlemeden gelmeyi ya da gelmemeyi seçmeleri gerektiğini anlattım," diye yanıt verdim. "Bu özgür bir seçimdir. Tanrı bir mesaj yollar ve sen de ya buna göre hareket edersin ya da etmezsin. Hareket edersen her şey yolundadır. Etmezsen sorunların olabilir."

"Seçimin arınmak ya da arınmamaktır," dedi. "Eğer netsen o zaman esin geldiğinde sadece harekete geçersin. Onun hakkında düşünmezsin. Onun hakkında düşünmeye başlarsan o zaman esini bir şeyle kıyaslıyorsun demektir ve kıyasladığın şey bir hatıradır. Hatırandan arın ve seçim yapmak zorunda kalma. Sadece esin olsun ve düşünmeden o esin üzerine harekete geç. Bu kadar."

Vay canına! Bu görüş beni tam anlamıyla sarsmıştı. Özgür irade seçimi hakkında yazdıklarım ve söylediklerim hakkında kendimi kötü hissettim çünkü şimdi öğreniyordum ki özgür irade senin hâlâ hatıraya takılıp kalman demekti. Sıfır konumundayken ve sıfır sınırlar varken orada senin için olanı yapmaktan başka hiçbir şey yapmazsın. Bu kadar.

"Bu tıpkı büyük bir senfonide olmak gibidir," diye açıkladı Dr. Hew Len. "Her birimizin çalacak bir aleti var. Benim de bir tane var. Okuyucuların da birer tane var. Hiçbiri aynı değil. Konserin başlaması ve herkesin bundan zevk alması için herkesin başkasına değil, kendisine ait bölümü çalması gerekir. Aletlerimizi elimize almazsak ya da başkasının daha güzel bir aleti var diye düşünürsek sorun yaşarız. İşte bu, hatıradır."

Sahne görevlilerinin, tanıtımcıların ve temizlik görevlilerinin olduğu bir konser gözümün önüne geldi. Herkesin bir rolü vardı.

Kendi başarı yöntemlerinde ilerleyemeyen farklı insanlar üzerinde benim de etkim olmuştu. *Baba* filminde ve *Las Vegas* dizisinde oynamış olan ünlü aktör James Caan'la birkaç kez karşılaşmıştık. Sizin ve benim için olduğu kadar onun için de yıldız oluşu hâlâ bir gizemdir. Parlak bir aktör ve hatta bir efsanedir. Ama tüm yaptığı kendisi olmaktır. Kâinatın senaryosunda kendi üzerine düşen rolü oynamaktadır.

Aynısı benim için de söylenebilir. Benimle karşılaşan bazı insanlar sanki bir tür guruymuşum gibi davranırlar. Eğer beni *The Secret* filminde gördülerse ya da herhangi bir kitabımı okudularsa, özellikle de *Çekim Yasası Sırrı*'nı, Tanrı'nın acil hattına bağlı olduğumu düşünürler. Gerçek şu ki ben sadece yaşam konserinde kendi aletimi çalıyorum.

Siz kendi rolünüzü ve ben de kendi rolümü oynadığımızda sonuçları iyi olur. Sorunlar siz, ben gibi ya da ben, siz gibi olmaya çalıştığımızda başlar.

"Tüm bu rolleri kim dağıtıyor?" diye sordum Dr. Hew Len'e.

"Tanrısal Olan," dedi. "Sıfır."

"Ne zaman dağıtıldı?"

"Sen ve ben ve hatta tek bir amip bile sahneye çıkmadan önce."

"Yani bunun anlamı hiç özgür irade yoktur mu? Bizler kendi rollerimize mi saplanıp kalmışız?"

"Tam bir özgür iradeye sahipsin," dedi. "Nefes almak gibi yaratırsın ama sıfırdan yaşamak için bütün hatıraları bırakmalısın."

Bütün bunları tam olarak anlamadığımı itiraf etmeliyim. Anladığım bölüm, yapmam gerekenin kendi aletimi çalmak olduğuydu. Eğer ben kendiminkini çalarsam o zaman hayat yapbozunda yerini bulmuş bir parça olmuş olurum. Ama eğer kendimi tahtadaki başka bir yere oturtmaya çalışırsam yapamayacağım ve tüm resim bozulacak.

"Bilinçli zihnin her şeyi anlamaya çalışacak," diye açıkladı Dr. Hew Len. "Ama bilinçli zihnin sürekli olarak 15 milyon byte'lık bir bilgi akımı varken sadece 15 byte'lık bir bilginin idrakinde olur. Bilinçli zihninin gerçekten neler olup bittiğine dair hiçbir fikri yoktur."

Bu çok da rahatlatıcı bir durum değildi.

En azından benim bilinçli zihnim için.

Daha önce de söylediğim gibi, bir gün, "Paranın Sırrı" adında bir seminer verdim. Herkese "net" oldukları zaman para sahibi olacaklarını söyledim. Eğer kırgınlarsa net değiller demektir. Dr. Hew Len'e bunu anlattım ve o da onayladı.

"Hatıralar parayı uzaklaştırabilir," dedi. "Para konusunda netsen, ona sahip olursun. Evren sana parayı eğer sen onu kabul edersen verir. Onu senden uzak tutan ya da onu görmeni engelleyen, tekrar eden hatıralardır."

"Nasıl net olunur?"

"Seni seviyorum demeye devam ederek."

"Bunu paraya mı söylüyorsun?"

"Parayı sevebilirsin ama bunu sadece Tanrı'ya söylemek daha iyidir. Sıfırda olduğunda sıfır sınırın vardır ve o zaman para bile sana gelebilir. Ama eğer bir hatıradaysan onu engellersin. Parayla ilgili bir sürü hatıra vardır. Onlardan arındıkça herkesten de arınmış olursun."

Bir kafeye gittik ve kahve sipariş ettik. Oturduğumuzda dükkân boştu ama yavaş yavaş insanlar içeri girmeye başladı ve kafe kalabalık ve gürültülü bir yer oldu. Etraftaki enerji yükseldi.

"Fark ettin mi?" diye sordu.

"Etraf vızır vızır," dedim. "İnsanlar daha mutlu görünüyor."

"Biz içeri girdik ve daha temiz olan kendimizi getirdik ve burası da bunu hissetti," dedi.

Avrupa'da lokantalara gitmekten bahsetti. Az olan işleri o içeri girdikten sonra çoğalmaya başlıyordu. Aynı şeyin gerçekleşip gerçekleşmediğini görmek için aynı şeyi farklı lokantalarda denemiş. Olmuş. Bunun üzerine bir lokanta sahibine gitmiş ve ona, "Eğer biz buraya gelirsek ve sizin işiniz artarsa bize bedava yemek verir misiniz?" diye sormuş. Lokantanın sahibi kabul etmiş. Dr. Hew Len sadece orada olmakla sık sık bedava yemek yiyormuş.

Parayı özgürce harcadığını fark etmiştim. Küçük bir dükkâna gittik. Arkadaşları için birkaç renkli cam eşyası satın aldı. Sonra da 20 dolar çıkarıp "Bu da sizin için!" diyerek uzattı. Tezgâhtar şaşkın şakın baktı. Dr. Hew Len, "Bu sadece para!" diye ekledi.

Daha sonra bir lokantada garsona yüklü miktarda bahşiş verdim. Ağzı bir karış açık, bana baktı. "Bunu kabul edemem," dedi. "Evet, edebilirsin," diye karşı çıktım.

Bana büyük miktarda para kazandıracağını bildiğim bir ürünle ilgili bir fikrim vardı. Dr. Hew Len buna değindi. "Evren seni cömertliğinden dolayı ödüllendirmiş. Verdiğin kadar geri verir. Sana o esini vermiş. Eğer sen vermemiş olsaydın o da sana vermezdi."

Ah, işte paranın gerçek sırrı buydu.

"Biz Amerikalılar paramızın üzerinde yazanı unuturuz: Tanrı'ya İnanıyoruz," dedi Dr. Hew Len. "Onu basıyoruz ama ona inanmıyoruz."

Bir keresinde Dr. Hew Len, bir fizikçi ve bir beslenme uzmanıyla birlikte kurduğum besin şirketini sordu. Şirketi Cardio Secret dediğimiz kolestrolü düşüren doğal bir formülü pazarlamak için kurmuştuk (Bkz. www.CardioSecret.com). Dr. Hew Len bir süre önce hem ürünün ismi hem de şirketin ismi hakkında danışmanlık yapmıştı. Şirketin ne noktada olduğunu merak ediyordu.

"Şu anda beklemede," dedim. "Web sitemizi ve paketlememizi gözden geçirmesi için bir Yiyecek ve İlaç Danışmanlığı (FDA) yetkilisi tuttum. Bu ürün üzerine çalışmanın bir sonucu olarak adını Fit-A-Rita koyduğum, çok daha heyecan verici bir ürün aklıma geldi."

Fit-A-Rita'nın doğal bir Margarita karışımı olduğunu anlatmaya başladım (Bkz. www.fitarita.com). Bu fikir aklıma arkadaşlarla içki içerken gelmişti. O sırada başka bir vücut geliştirme yarışmasındaydım, dolayısıyla margarita içmek nadiren yaptığım özel bir şeydi. Bir tane içerken, "İhtiyacım olan, vücut geliştirenler için Margarita," dedim. Bunu der demez iyi bir fikir olduğunu anlamıştım.

"Çok iyi, Joseph," dedi Dr. Hew Len. "İlk ürüne ve işlerin senin istediğin şekilde gitmesini istemeye bağımlı değildin, böylece Tanrı sana yeni bir para kazanma fikri verdi. Çok fazla insan tek bir fikre saplanıp kalır ve o fikri beklentilerine uyması için zorlar ama aslında yaptıkları şey, elde etmek istedikleri bolluğun önünü tıkamaktır. Çok iyi, Joseph, çok iyi."

Tabii ki haklıydı. Tanrı'dan gelen fikirlere açık olduğum sürece gelmeye devam edeceklerdi. Fit-A-Rita ürününün yanı sıra, "temizleme altlıkları" ile ilgili de bir fikrim var. Bunlar yemek yemeden önce yiyeceklerinizi üzerine koyup temizlediğiniz altlıklardı. (Bkz. www.clearingmats.com). Ama orada durmadım. Dr. Hew Len de bir fikir edindi.

"Oturup bakarken temizleyen bir web sitesi hiç görmedim," dedi bana. "Kitabımız için aynı böyle bir web sitesi yapalım. İnsanlar oraya girdiğinde siteye koyduklarımızla temizlensinler."

Biz de aynen bunu yaptık. Bunu www.zerolimits.info'da görebilirsiniz.

İhtiyaçlarınızı serbest bırakıp her şeyin size gelmesine izin verdiğiniz zaman size gelecek fikirlerin ve paranın sayısı ölçülemez. Anahtar, her zamanki gibi, sadece arınmaya, arınmaya, arınmaya devam etmektir.

İnsanların iyileşmesine yardımcı olabilecek belli yöntemleri irdelemek amacıyla, "Hastalarını gördükleri zaman terapistler ne yapmalı?" diye sordum.

"Sadece onları sevmek," diye yanıtladı Dr. Hew Len.

"Peki ama ya kişi sana bir travma halinde gelirse ve bunu aşamıyorsa?" diye sordum. Dr. Hew Len'i köşeye sıkıştırıp kullanabileceğim bir yöntem vermesini istiyordum hâlâ.

"Herkes sevilmek ister," dedi. "Senin istediğin de bu değil mi? O kişiyi sevdiğin sürece ne dediğinin ya da ne yaptığının hiçbir önemi yoktur."

"Yani ben bir Jung'cu veya bir Freud'cu ya da bir Reich'çı yahut herhangi başka biri olabilirim?"

"Fark etmez," diye üsteledi. "Önemli olan o insanı senin bir parçan olduğu için sevmendir ve senin onları sevmen onların hayatlarını harekete geçiren programı silmeye ve temizlemeye ve netleştirmeye yardım edecektir."

Ne demek istediğini anlayabildiğim halde yanıtından tatmin olmuyordum.

"Peki ya kişi belgelenmiş bir deliyse?"

"Şizofren teşhisi konmuş bir kadın gelmişti bana," diye başladı. "Ondan bana hikâyesini anlatmasını istedim. Şunu anlamalısın ki o ya da herhangi birinin anlattıkları gerçek sorunlar değildir. Hikâyeleri olayların bilinçli yorumlarıdır. Gerçekten olup bitenler idraklerinin dışındadır. Ama hikâyeyi dinlemek başlangıç noktasıdır."

"Ne dedi?"

"Bana hikâyesini anlattı ve ben de dinledim. İçimden Tanrı'ya, arınılması gereken ne varsa arındırılacağına güvenerek 'Seni seviyorum' dedim sürekli olarak. Bir ara bana şu tireyle ayrılmış olan isimlerden biri olan tam ismini söyledi."

"Vitale-Oden ya da buna benzer bir şey gibi mi?"

"Kesinlikle. Bunun sorunun bir parçası olduğunu biliyordum. Birinin bölünmüş bir ismi olması, bölünmüş bir kişilik yaratır. Doğduğu zamanki ismine sahip olmasına ihtiyacı vardı."

"Ondan ismini kanuni olarak değiştirmesini mi istedin?"

"Bu kadarını yapması gerekmedi," diye açıkladı. "İsminin tek bir kelime olduğunu kendisine söyleyerek rahatlamaya ve kendini yeniden bir bütün olarak hissetmeye başladı."

"Ama onda fark yaratan isim değişikliği miydi yoksa senin 'Seni seviyorum' demen miydi?"

"Kim bilir?"

"Ama ben bilmek istiyorum," dedim. "www.miraclescoaching.com'da bir Mucizeler Koçluğu programına başladım. İnsanlara gerçekten yardımcı olmaları için koçlarımın doğru şeyi söylemelerini ve yapmalarını istiyorum."

Terapistlerin insanlara yardımcı olmak veya insanları kurtarmak için burada olduklarına inandıklarını anlatmaya başladı. Ama aslında onların işi kendilerini hastalarında gördükleri programdan arındırmaktır. Tüm o hatıralar terapistten silinince hastadan da silineceklerdir.

"Birlikte olduğunuz kişiyi sevmeye devam ettiğiniz sürece senin ya da koçlarının ne söylediğinizin ya da yaptığınızın hiçbir önemi yoktur," diye açıkladı yeniden. "Unutma, gördüğün kişi senin aynandır. Ne deneyimliyorlarsa senin tarafından paylaşılmaktadır. Paylaşılan programı temizle, böylece her ikiniz de iyileşirsiniz."

"Ama nasıl?"

"Seni seviyorum," dedi.

Ben burada bir tema hissetmeye başlıyorum.

Çocuk kitaplarını ve çizgi romanları okumak için yeterince büyümüş olduğumda dünyanın nasıl döndüğünü anlamaya çalışırdım. "Superman" ve "The Flash"ı anlamak oldukça kolaydı. Bugünse kendi zihinsel yolculuklarımın yanı sıra bilim, din, psikoloji ve felsefeyle uğraşmak zorundaydım.

Tam bir şey bulduğumu düşündüğümde bir başka kitap karşıma çıkıyor ve dünya görüşümü karıştırıyordu. Başıma bir ağrı girdiğinde bu sefer Balsekar'ın *Consciousness Speaks* adlı kitabını okuyordum.

Kitap okuyarak kafası karışan bir adam olarak mesajı toparlamam gerekirse, yaptığımız hiçbir şey özgür iradeden gelmez, derim. Her şey bizim aracılığımızla kışkırtıldı. Bilinçli oyuncular olduğumuzu düşünürüz. Yanılıyoruz. Konuşan egolarımız. Bir yerde, içimizdeki enerji iplerimizi çekerken, Tanrı'nın kuklaları gibiyiz.

Şimdi şunu hayal edin:

Ben, istediğiniz her şeyi elde etmenin, yapmanın ya da olmanın beş basamaklı sürecini anlatan bir kitap olan *Çekim Yasası Sırrı*'nı yazan adamım. Bolluktan arabalara, eşlere, sağlığa, işe vs. her şeyi kendinize çekmek için ben ve başkaları bu yöntemi kullandık. Bu, niyetinizi ortaya koymak ve sonra da yolunuza çıkan ya da içinize doğan şeylere göre hareket etmek üzerinedir. Kısacası, siz kuklacısınız ve dünya da sizin kuklanız.

Peki, ben bu birbiriyle böylesine çatışan felsefeyi kafamda, aklımı kaçırmadan nasıl uyuşturacağım?

Sanırım şöyle oluyor:

Birincisi, inancın yönlendirdiği bir dünyada yaşıyoruz. Neye inanırsan o oluyor. Bu her şekilde günü geçirmenizi sağlar. Deneyimlerinizi size anlamlı gelen algılamalarla sınırlar. Ve dünya görüşünüzle/inanç sisteminizle uyuşmayan herhangi bir şey yolunuza çıktığında onu mantığınıza göre açıklamanın bir yolunu bulursunuz ve uyuşmasına zorlarsınız. Ya da bir antidepresan alırsınız.

İkincisi, filozofları, doğru söyleyip söylemediklerini merak etmeden duramıyorum: Bizler kuklayız ya da kuklacılarız. Ama bu sadece kendi yolumuzun dışına çıktığımızda olur. Bizi fazla içmeye, fazla yemeye, coşmaya, çalmaya, yalan söylemeye ve hatta dünyanın nasıl döndüğünü merak etmeye aşırı zaman harcamaya yönlendiren zihinlerimizdir. Zihinlerimiz olayların doğal akışını bozar. Zihinlerimiz mahkûm edilir ve onlar bu düşünceye dayanamazlar, dolayısıyla hayatta kalmalarına yardımcı olacak, kendilerini iyi hissettiren bağımlılıklar yaparlar. Aslında (*bu* her ne ise) zihniniz, anın mutluluğunu deneyimlemenin önündeki bir engeldir.

Eğer bu böyle ise tüm temizleme teknikleri *–Çekim Yasası Sırrı*'nda 3. adım olarak bahsettiğim– sizin Tanrısal planla aranızdaki engeli kaldırmanıza yardımcı olmaktadır.

Örneğin, Duygusal Özgürlük Tekniği (DÖT) benzeri bir yöntem kullandığınız zaman –sorunlarınızın akıp gitmesini sağlamak sizi hayata yaklaştırır– sizi üzen şeyleri çözüyorsunuz.

Peki ama sonra ne oluyor?

Sonra olumlu bir hareket yapıyorsunuz.

Tamam da siz zaten olumlu bir hareket yapmayacak mıydınız?

Bir şeye başlamak için bir sorunun olması gerektiğini bu nedenle bilmiyor muydunuz?

Başka bir deyişle, harekete geçme dürtüsü size Tanrı tarafından gönderilir ve aradaki engel sizin onunla ilgili endişelerinizdir. Engeli kaldırın ve tekrar Tanrı'yla bir olun, yani tekrar kukla ve kuklacı olun.

Bugün en azından bana anlamlı geleni size özetlememe izin verin:

Bu dünyaya içinizde bir yetenekle geliyorsunuz. Bunu o anda bilebilirsiniz ya da bilemezsiniz. Şu anda bile bilmiyor olabilirsiniz. Bir an gelir ve onu içinizde hissedersiniz. Bu noktada zihniniz onu yargılayacaktır. Eğer zihniniz onu kötü olarak yargılarsa onu idare etmek, saklamak, halletmek, silmek ya da kabullenmek için terapi yöntemlerine ya da ilaçlara veya bağımlılıklara başvurursunuz. Ama bu yeteneğinizi kullanmanızı engelleyen paraziti ortadan kaldırdığınız zaman onu kullanarak hareket edersiniz. Yani Tanrı'nın bir kuklası ama yaşamınızın bir kuklacısı olursunuz.

Seçiminiz akışa kendinizi bırakmak ya da bırakmamaktır.

İşte *bu* özgür iradedir. Bazıları bunu "özgür iradesizlik" olarak adlandırıyor çünkü asıl kararınız güdünüze göre hareket etmek ya da etmemektir.

There is a Customer Born in Every Minute adlı kitabımda bahsettiğim büyük şovmen ve pazarlamacı P. T. Barnum bile bunu biliyordu. Harekete geçti. Büyük ölçekli işler yaptı. Ama her zaman daha yüce bir düzene boyun eğdi. Mezar taşında şöyle yazmaktadır: "Benim değil, senin arzun yerine getirilsin."

Zihninin engellemediği fikirleriyle harekete geçti ve sonuçların kâinatın daha büyük bir resminin parçaları olduğuna güvenerek oldukları gibi kalmalarına izin verdi. Harekete geçerken serbest bırakabiliyordu.

Ve bu da *Çekim Yasası Sırrı* adlı kitabımdaki beşinci adımdır.

Bu gece anlamam gereken bir dünya var (sanırım).

Yarından emin değilim.

Çizgi romanları yeniden özlemeye başladım.

Dr. Hew Len yürüyüşlerimizin birinde bana, "Herkesin bir yeteneği vardır," dedi.

"Peki ya Tiger Woods?" diye sordum. Yanıtını biliyordum ama daha derin bir soruya beni götürecekti.

"Tanrısal oyunda kendi rolünü oynuyor."

"Peki ya başkalarına nasıl golf oynanacağını öğretmeye başladığında?"

"Asla başarılı olamayacak," dedi Dr. Hew Len. "Onun rolü golf oynamak, golf öğretmek değil. O başka birinin rolü. Her birimizin kendi oyunu var."

"Bir kapıcının bile mi?"

"Evet! İşlerini çok seven kapıcılar ve çöpçüler var," dedi. "Sen böyle düşünmüyorsun çünkü onların rollerini oynadığını hayal ediyorsun. Ama onlar da senin rolünü oynayamazlar."

Birden eski bir kişisel gelişim kursundan bir satır hatırladım: "Eğer Tanrı sana ne yapman gerektiğini söylemişse onu yap ve mutlu ol. Sonuçta yaptığın şey, Tanrı'nın, senin yapmanı istediği şeydir."

Olay, rolünüze direnmek değildir. Michelle Malone gibi bir besteci ya da James Caan gibi bir aktör veya Frank Zane gibi bir vücut geliştiricisi yahut Jack London gibi bir yazar olmayı çok isterdim. Beste yapmada, aktörlükte, antrenman yapmada veya romanlar yazmada cidden iyi bile olabilirim. Ama *benim* rolüm *esin vermektir*. İnsanları uyandırmak ya da daha doğrusu *kendimi* uyandırmak için kitaplar yazıyorum.

Kendimi uyandırırken sizi de uyandırıyorum.

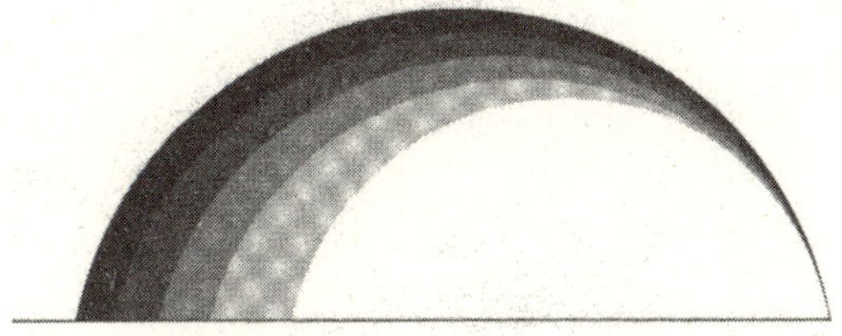

Sigaralar, Hamburgerler ve Tanrı'yı Öldürmek

Arınma, ruhunuzdaki ipoteğin düşmesini sağlar.

—Dr. Ihaleakala Hew Len

Bir gün, Dr. Hew Len bir şeyler yemek istedi. Pazartesi akşamıydı. Herkesin hafta sonları turistleri eğlendirmekle meşgul olduğu ve bu nedenle de dinlenmek için sık sık pazartesileri kapalı oldukları küçük şehrimdeydik. Düşünebildiğim sadece tek bir yer vardı: bir hamburger lokantası olan Burger Barn. Dr. Hew Len'in sağlıksız yiyecek istemediğini anladığım için adını bile söylemeyi istemedim. Ayrıca değişen yaşam tarzımla ve yeni yemek alışkanlığımla bir fast food lokantasının yanına bile yaklaşmaya cesaret edemezdim. Ama gene de Dr. Hew Len'e oradan bahsettim.

"Bir burger harika olur!" dedi, heyecanlandığı belliydi.

"Emin misin?" diye sordum.

"Ah, evet! İyi bir burgere bayılırım."

Lokantaya gidip park ettik. İçeri girip oturduk. Menüde sağlıklı yiyecek açısından fazla bir seçenek yoktu.

"Ben beyaz ekmek arasına çift köfte ve çift peynir alacağım," diye sipariş verdi Dr. Hew Len.

Afallamıştım. Bana göre bu kalp krizine neden olabilecek bir yiyecekti. Et mi? Peynir mi? Ve beyaz ekmek? İnanamıyordum. Üstelik aynısını sipariş ettiğime de inanamıyordum. Eğer bu bir şaman için yeterince iyiyse benim için de yeterince iyidir diye hesaplamıştım.

"Peynir, et ve beyaz ekmekten endişelenmiyor musun?" diye sordum.

"Yoo," dedi. "Her sabah kahvaltıda biberli sosis yerim. Bunlara bayılıyorum."

"Sahi mi?"

"Tehlikeli olan yiyecekler değildir," diye açıkladı. "Yiyecek için düşündüklerindir."

Bu yorumu daha önce de duymuştum ama asla inanmamıştım. Belki de ben yanılıyordum.

Açıklamaya devam etti. "Herhangi bir şey yemeden önce zihnimde yiyeceğe 'Seni seviyorum! Seni seviyorum! Seni yerken kendimi hasta hissedecek, hasta edecek herhangi bir konuma gelirsem bunun nedeni sen değilsin! Ben bile değilim! Bu benim sorumlu olmak istediğim bir şeyin başlamasıdır!' der, sonra devam ederim ve yemeğimin tadını çıkarırım çünkü artık temizdir."

Bir kez daha olaylara bakışı beni irkitmiş ve uyandırmıştı. Sağlıklı gıdalar ve tehlikeli yiyecekler konusunda o kadar çok kitap okumuştum ve bu beni öylesine paranoyak yapmıştı ki basit bir hamburgerden zevk alamaz olmuştum. Bunun üzerine temizlenmeye karar verdim. Yemek geldiğinde afiyetle yedik.

"Bu yediğim en güzel hamburger," dedi. O kadar etkilenmişti ki gidip aşçıyı görmek istedi ve ona teşekkür etti. Aşçı insanların kızartma burgerlerini takdir etmelerine alışık değildi. Söyleyecek kelime bulamadı.

Ben de bulamadım.

Dr. Hew Len'e evimi ve spor salonumu gezdirirken çok heyecanlandım. Spor salonumda puro bulundururum. Sabah spor yapıp akşam puro içmek biraz ironik görünebilir ama işte, benim hayatım böyle. Ama Dr. Hew Len'in benim puro içmem konusunda bir şeyler söylemesinden endişeleniyordum.

Ona değişik spor aletlerini, duvarlardaki ünlü vücutçuların resimlerini ve katıldığım form müsabakalarında kazandığım sertifikaları gösterdim. Puroların olduğu yerden dikkatini başka şeylere çekmeye çalışıyordum. Ama o bunu fark etti.

"Bu nedir?" diye sordu.

"Puro," dedim iç çekerek.

"Çalışırken mi içiyorsun?"

"Hayır, hayır ama akşamları içerim," diye açıkladım. "Bu benim meditasyon zamanım. Koltuğuma otururum, puro içer ve hayata karşı minnet duyarım."

Bir an sessiz kaldı. Bana sigara içmenin neden zararlı olduğuna dair gösterilen tüm istatistikleri bir bir saymasını bekliyordum. Nihayet konuştu.

"Bunun çok güzel bir şey olduğunu düşünüyorum."

"Öyle mi?" diye sordum.

"Bence sen Panoz arabanla bir puro içmelisin."

"Nasıl yani? Francine'in önünde elimde bir puroyla mı bir fotoğraf çektireyim?"

"Belki, ama ben daha çok onu parlatırken ya da tozunu alırken puro içmeni kastetmiştim."

"Puro içtiğim için benimle alay edeceğini düşünmüştüm," dedim sonunda. "Bloğumu okuyan biri puro içtiğimi okumuştu ve bana bedenimi zehirlediğimi ve kendime zarar verdiğimi yazmıştı."

"Sanırım o kişi Kızılderililerin barış çubuğunu elden ele geçirme geleneğini hiç duymamış," dedi. "Ya da pek çok kabilede sigara içmenin bir geçiş ayini ve ilişki kurmanın, paylaşmanın ve bir aile olmanın bir yolu olduğunu."

Bir kez daha Dr. Hew Len için aslolanın her şeyi sevmek olduğunu öğreniyordum. Bir şeyi sevdiğinizde o şey değişir. Sigara içmek kötü olduğunu düşündüğünüzde kötüdür; hamburger yemek kötü olduğunu düşündüğünüzde kötüdür. Tıpkı eski Hawaii geleneklerinde olduğu gibi, her şey düşünceyle başlar ve en yüce iyileştirici sevgidir.

Nihayet onu ve sıfır sınır konumuna ulaşmanın ne kadar önemli olduğunu anlamaya başlıyordum. Ama herkes benim gibi hissetmiyordu.

Bir gece bir teleseminere katıldım ve herkese Dr. Hew Len'le yaşadığım deneyimi anlattım, çoğu burada size bahsettiklerimdi. Beni dikkatle dinlediler. Sorular sordular. Anlattıklarımı anlıyor görünüyorlardı. Ama ilginçtir, konuşmanın sonunda kendi normal düşünme şekillerini açıklıyorlardı. Hepsi yaşamlarımızın sorumluluğunu yüzde 100 almamız gerektiğinde hemfirkirken tekrar diğerleri hakkında konuşuyorlardı. Hepsi Dr. Hew Len'in bana öğrettiği arınma yönteminin çok güçlü olduğunda hemfikirken tekrar eski alışkanlıklarına dönüyorlardı.

Bir kişi, "Ben 'özür dilerim' demek istemiyorum çünkü 'ben' kelimesinin ardından ne söylesem ona dönüşürüm," dedi.

Söylediklerinin sadece bir inanç olduğunu bildiğimden ona "Eh, bunu temizleyebiliriz," demek istedim. Ama onun yerine sadece, "Dr. Hew Len, sizin için ne işe yarıyorsa onu yapın, der," dedim.

Başlangıçta bunu ürkütücü bulduğumu kabul etmeliyim. Ama sonra fark ettim ki bundan arınmalıydım. Nihayetinde, deneyimlediklerimin sorumluluğunu yüzde 100 üzerime alıyorsam *onları* deneyimliyorum demektir. Ama eğer arınmanın tek aracı, "Seni seviyorum" ise o zaman başkalarında gördüklerim kadar başkalarının *benim içimde* gördüklerini de arındırmam gerekiyor.

Bu belki de Ho'oponopono'nun en zor anlaşılan bölümüdür. Dışarıda hiçbir şey yok. Her şey sizin içinizde. Ne deneyimliyorsanız kendi içinizde deneyimliyorsunuz.

Bir kişi bu konu hakkında bana soru sorarak karşı çıktı, "Peki, benim hiç sevmediğim başkana oy veren 50 milyon kişiden ne haber? Onların davranışlarının benimle ilgisi olmadığı çok açık!"

"Bu 50 milyon kişiyi nerede deneyimliyorum?" diye sordum.

"Ne demek onları nerede deneyimliyorsunuz?" diye karşı çıktı. "Onları okudum, televizyonda gördüm ve onun için oy kullandıkları bir gerçek."

"Peki ama tüm bu bilgileri nerede deneyimliyorsunuz?"

"Aklımda, haber olarak."

"Kendi içinizde, değil mi?"

"Bilgiyi kendi içimde işlemden geçiriyorum, evet ama *onlar* benim dışımda. İçimde 50 milyon kişi yok."

"Aslında var," dedim. "Onları içinizde deneyimliyorsunuz, dolayısıyla kendi içinize bakmadığınız sürece onlar var olmazlar."

"Ama dışarı bakabiliyorum ve onları görüyorum."

"Onları kendi içinizde görüyorsunuz," diye ısrar ettim. "İşleme koyduğunuz her şey kendi içinizde. Eğer işleme koymazsanız var olmazlar."

"Yani bu sanki eğer bir ormanda bir ağaç düşerse ve orada kimse yoksa gürültü olur gibi bir şey mi?"

"Kesinlikle."

"Bu çılgınca."

"Kesinlikle," dedim. "Ama eve giden yol bu."

Onu daha fazla sınamak istedim. "Bir sonraki düşüncenizin ne olacağını söyler misiniz?" diye sordum.

Bir an sessizleşti. Ağzından bir yanıt çıksın istedi ama bunu yapamadığını fark etti.

"Kimse bir sonraki düşüncesini önceden bilemez," diye açıkladım. "Sizde meydana geldiği zaman onu dile getirebilirsiniz ama düşüncenin kendisi sizin bilinçaltınızdan gelir. Onun üzerinde hiçbir kontrolünüz yoktur. Elinizdeki tek seçenek düşünce meydana geldiğinde ona göre hareket edip etmemektir."

"Anlamadım."

"Düşünce geldiği zaman yapabileceğiniz sayısız şey olur ama düşünce bilinçaltınızdan üretilmiştir," diye açıkladım. "Daha iyi düşünceler elde etmek için, bilinçaltınızı temizlemek için başka bir şey yapmalısınız."

"Örneğin?"

"Eh, sadece bununla ilgili bir kitap yazıyorum," diye yanıtladım şu anda okumakta olduğunuz kitabı kastederek.

"Peki ama bunun dışarıdaki 50 milyon kişiyle ne ilgisi var?"

"Onlar sizin kendi düşüncelerinizden daha fazla dışarıda değiller," dedim. "Her şey sizin içinizdedir. Tüm yapabileceğiniz zihninizdeki program depolarını toplayıp atmak için içinizi temizlemektir. Temizledikçe, ortaya çıkan düşünceler daha olumlu ve üretken ve hatta sevecen olmaya başlar."

"Ben hâlâ tüm bunların deli saçması olduğunu düşünüyorum."

"Bunun üzerine temizleneceğim" diye yanıtladım.

Muhtemelen hiçbir şey anlamadı. Ama eğer ben sıfır sınıra ulaşacaksam onun bunu anlamamasının tüm sorumluluğunu üstlenmem gerekiyor. Onun hatırası benim hatıram. Onun programı benim programım. Bunu bana ifade etmiş olması kesinlikle benim onunla bunu paylaştığım anlamına geliyor. Dolayısıyla bundan temizlenmeliyim, böylece o da temizlenmiş olacak. Bunu buraya yazarken düşüncelerimde, kelimelerin, yazışımın, bilgisayarın, görünenin gerisinde "Seni seviyorum" diyorum. Çalışırken, yazarken, okurken, oynarken, konuşurken ya da düşünürken, "Seni seviyorum" demem benim kendimle sıfır arasında her şeyi aralıksız arındırma, silme ve netleştirme girişimimdir.

Sevgiyi hissedebiliyor musunuz?

Bir sabah, Dr. Hew Len benim için, içinde dört yapraklı yonca olan bir logo gördüğünü söyledi. "Dördüncü yaprak altından bir dil gibi," dedi. Aklında ya da havada gördüklerini tarif etmek için birkaç dakika harcadı. Bu izlenimi nereden aldığına emin değildim. O da değildi.

"Logoyu senin için taslak halinde çizecek bir sanatçı bulmalısın," dedi.

Daha sonra şehirde bir yürüyüşe çıktık. Öğle yemeğimizi yedik ve sonra da birkaç dükkâna uğradık. İlk dükkân renkli cam sanatı üzerineydi. İkimiz de etkilenmiştik. Dükkân sahibinin el işine hayranlığımızı ifade ederken bize, "Eğer bir logo ya da bir taslağa ihtiyacınız olursa sizin için çizebiliriz," dedi.

Dr. Hew Len'le gülümsedik ve birbirimize baktık. Sıfırdan gelmek, gerçekleşen eş zamanlı olaylar demekti.

Kitabın bu bölümünü yazarken başka bir film görüşmesi için ara vermek zorunda kaldım. Bu da *The Secret*'a benziyor ama düşüncelerinizle iyileşmeye odaklı. Görüşmeye düşüncelerin düşüncesizlik kadar önemli olmadığını söyleyerek başladım. Sizin kendinizi değil de Tanrı'nın sizi iyileştirmesine izin verdiğiniz var olmanın sıfır sınırı konumunu açıklamaya çalıştım. Tüm bunları neden anlattığımdan emin değildim. Bir parçam aklımın başımda olup olmadığını sorguluyordu. Ama ben akışa bırakmıştım kendimi.

Çekim bittikten sonra, her şeyi gözlemleyen kadın, sıfır konumuna girerek insanları iyileştirdiğini ağzından kaçırdı. Hasta hayvanların yanında, düşüncenin olmadığı var olmanın sıfır sınırı konumuna girerek hayvanları iyileştiren bir doktor olduğu çıktı ortaya. Kataraktı olan köpeklerin resimlerini, sonra da iyileştirildikten sonraki resimlerini gösterdi.

Bir kez daha Tanrı, benim değil Tanrı'nın tüm güce sahip olduğunu gösteriyordu. Ben sadece arınabilirim ve böylece onu duyabilir ve ona itaat edebilirim.

Dün gece kitapları en çok satanlar listesinde olan ve aynı zamanda da bir kişisel gelişim gurusu olan bir yazarla bir buçuk saat telefonda görüştüm. Yıllardır onun hayranıyım. Bütün kitaplarına bayılırım. Mesajlarının peşinde koşanlardanım. O da benim çalışmamı beğendiği için nihayet bağlantıya geçtik ve konuştuk. Ama konuştuğumuz konu beni afallattı.

Bu kişisel gelişim uzmanı kendisinin son birkaç yılının insanı dehşete düşüren hikâyesini anlattı. Sevdiği biri tarafından haksız yere kurban edilmiş ve acı çektirilmişti. Onu dinlerken, hayatın sorumluluğunu almak üzerine mesajlar verirken nasıl olup da kendisinden bir kurban olarak bahsedebildiğini merak ettim.

Anlamaya başlamıştım ki hemen hemen hiç kimsenin –hatta bizlere nasıl yaşanacağını öğretmeye çalışan kişisel gelişim uzmanlarının bile (ben dâhil)– ne yaptığı konusunda hiçbir fikri yok. Hâlâ yapboz oyununun bir parçasını kaybetmiş durumdalar. Öyle bir noktaya geliyorlar ki geçmişte kendilerinde işe yaramış bir şeyin gelecekte de her zaman ve herkes için işe yarayacağını düşünmeye başlıyorlar. Ama hayat böyle bir şey değil. Hepimiz farklıyız ve yaşam sürekli değişir. Sadece onu çözmeniz gerektiğini düşündüğünüzde yeni bir anahtar elde etmiş olursunuz ve hayatınız tekrar kontrolden çıkmış gibi görünür.

Dr. Hew Len'in çalışması bizlere Tanrı'yı duymamızı engelleyen bütün düşünceleri ve deneyimleri sürekli temizlerken teslim etmeyi ve Tanrı'ya güvenmeyi öğretir. Bu devamlı çalışma sayesinde programların yabani otlarını temizleyebiliriz ve böylece hayatı kolaylıkla ve şükranla çok daha iyi idare edebiliriz.

Kişisel gelişim yazarının kederle dolu yolculuğunu anlatışını dinlerken, sürekli olarak içimden Tanrı'ya, "Seni seviyorum" dedim. Konuşması bittiğinde çok daha hafiflemiş ve mutlu görünüyordu.

Dr. Hew Len'le zaman geçirmeyi çok seviyordum. Sorularıma asla itiraz etmiyordu. Bir gün ona arınmak için gelişmiş bir yöntem olup olmadığını sordum. Nihayetinde yirmi beş yıldan fazladır Ho'oponopono yapıyordu. Eminim ki hatıraları temizlemek için "Seni seviyorum"un yanı sıra başka yöntemler de keşfetmiş ya da öğrenmişti.

"Bugünlerde arınmak için ne yapıyorsun?" diye sordum.

Kendi kendine güldü ve, "Tanrı'yı öldürüyorum," dedi.

Donakaldım.

"Tanrı'yı öldürmek mi?" diye tekrarladım, ne anlama geldiğini merak ederek.

"Esinlemenin bile sıfır konumunda bir adım uzakta olduğunu biliyorum," diye açıkladı. "Evde olmam için Tanrı'yı öldürmem gerektiği bana söylendi."

"Evet ama Tanrı'yı nasıl öldürüyorsun?"

"Arınmaya devam ederek," dedi.

Sürekli, sürekli, sürekli bütün yaraları iyileştiren tek bir nakarata sürekli geri dönülüyordu: "Seni seviyorum, özür dilerim, lütfen beni affet, teşekkür ederim."

2006'nın sonunda Varşova, Polonya'dayken seyircilerime sıfır sınırını ve sıfır konumunu anlatmaya karar verdim. Oraya iki gün boyunca hipnotik pazarlama ve kitabım *Çekim Yasası Sırrı* üzerine konuşmaya gelmiştim. İnsanları açık fikirli, sevecen ve öğrenmeye hevesli bulmuştum. Bunun üzerine onlara burada sizlerle paylaştığım şeyleri öğrettim: hayatınızdaki her şeyden sorumlu olduğunuzu ve her şeyi iyileştirmenin yolunun basit bir "Seni seviyorum" olduğunu.

Her ne kadar seyircilerin sunumum için bir çevirmene ihtiyaçları olduysa da her kelimemi özümsüyor gibiydiler. Ama bir kişi bana ilginç bir soru sordu:

"Burada, Polonya'da insanlar bütün günlerini Tanrı'ya dua etmekle ve kiliseye gitmekle geçirirler ama gene de bir savaş geçirdik, şehrimiz Hitler tarafından bombalandı, yıllarca askerî rejimin kanunlarıyla yaşadık ve acı çektik. O dualar işe yaramadı, bunun Hawaii yönteminden farkı nedir?"

Keşke Dr. Hew Len burada olup bana yardım etseydi, diye düşünerek doğru yanıtı bulmak için durdum. O anda yanıtı verdim:

"İnsanlar söylediklerinden çok hissettiklerini elde ederler. Dua eden pek çok kişi duyulduğuna ya da yardım edileceğine inanmaz. Pek çok insan umutsuzluk konumundayken dua eder, yani ne hissediyorlarsa onu kendilerine çekerler: daha fazla umutsuzluk."

Soru soran kişi yanıtımı anlamış ve kabul etmiş görünüyordu. Başını salladı. ABD'ye döndüğümde Dr. Hew Len'e yazdım ve onun nasıl yanıt vereceğini sordum. Bana aşağıdaki e-postayı yolladı:

> Ao Akua:
>
> Bana sorduğun soruyla ilgili olarak deneyimlemekte olduğum, içimde gerçekleşen her ne ise onu arındırma fırsatını bana verdiğin için teşekkür ederim.
>
> İki sene önce Valencia, İspanya'da verdiğim semi-

nere bir Amerikalı katılmıştı. Bir mola sırasında bana "Torunum kanser hastasıydı," demişti. "Onun için dua ettim, ölmemesini istedim ama o gene de öldü. Bu nasıl olur?"

"Yanlış kişi için dua etmişsiniz," demiştim. "Keşke kendiniz için, torununuzun hastalığı olarak içinizde deneyimlemekte olduğunuz her ne ise onun için af dileyerek dua etseydiniz."

İnsanlar kendilerini deneyimlerinin kaynağı olarak görmüyorlar. Dualar nadiren gerçekten istenen şey üzerinedir.

Ben'in Huzuru.

Ihaleakala

Son derece açık bir kalple yazdığı yanıta bayılmıştım. Sürekli tekrar ettiği, gene hiçbir şeyin bizim dışımızda olmadığıydı. Çoğu insan dua ettiğinde sanki hiç güçleri ya da sorumlulukları yokmuş gibi hareket ediyor. Ama Ho'oponopono'da tamamen sorumlusunuz. "Dua", içinizde olup da dış şartlara neden olan her ne ise onun için özür dilemek içindir. Dua Tanrı'yla yeniden bağlantıya geçmedir. Geriye ise sizi iyileştirmesi için Tanrı'ya güvenmek kalır. Siz iyileşince dışarısı da iyileşir. Her şey, istisnasız, sizin içinizdedir.

Larry Dossey bunu *Healing Words* adlı kitabında çok güzel söylemiş: "Tüm bu zaman içinde mutlak olanla bir köprü kurmaya yarayan duanın asla başarısız olmadığını hatırlamalıyız. Her zaman –bu idrak içinde kaldığımız sürece– yüzde 100 işe yarar."

Dr. Hew Len'le çalışmamda bir tek şey beni rahatsız ediyordu.

Büyümeye ve anlayış geliştirmeye devam ettikçe daha önceki tüm kitaplarımın yanlış olduğunu ve insanları yanlış yönlendirdiğimi düşünüp endişelenmeye başlamıştım. *Çekim Yasası Sırrı*'nda örneğin, arzunun gücünü övmüştüm. Şimdi, o kitabı yazdıktan yıllar sonra, arzunun bir aptal oyunu, bir ego oyuncağı olduğunu ve gerçek gücün kaynağının esinlenme olduğunu biliyordum. Hayatı kontrol etmenin değil, kabul etmenin mutluluğun yüce sırrı olduğunu da artık biliyordum. Çok fazla insan, ben dâhil, dünyayı ustalıkla idare etmek için imgeleme ve teyit etme yöntemini kullanıyordu. Şimdi biliyordum ki buna gerek yok. En iyi gelen her şeyi sürekli arındırırken kendini akışa bırakmak.

Neville Goddard'ın hissetmiş olduğu gibi hissetmeye başlamıştım kendimi. Neville benim en çok sevdiğim mistik yazarlardan biridir. İlk kitapları "duyguyu harekete" geçirerek kendi gerçeğini yaratmak üzerineydi. O buna *The Law and The Promise* gibi kitaplarında "yasa" diyordu. "Yasa" dünyayı duygularınızla etkileme yeteneğiniz üzerineydi. "Vaat" ise Tanrı'nın sizin için istediğine teslim olmakla ilgiliydi.

Neville kariyerine, "uyanmış hayal gücü" dediği şeyle istediğinizi nasıl elde edeceğinizi insanlara öğreterek başladı. Bu kısa cümle Neville'in ünlü sözü "Hayal etmek gerçeği yaratır"ın kısa bir tanımıdır. İlk kitabının adı benim daha sonra güncellediğim *At Your Command*'dir. Bu kitapta dünyanın aslında "sizin emrinizde" olduğunu anlatmıştır. Tanrı'ya ne istediğinizi söyleyin, o size yollanacaktır. Ama Neville, daha sonraki yıllarında, 1959'dan sonra, daha büyük bir güç uyandırmıştır: Bırakmak ve Tanrı'nın sizin *aracılığınızla* yönetmesine izin vermek.

Olay şu ki onun ilk kitaplarını tıpkı bir araba üreticisinin kusurlu bir arabayı hatırlayabilmesi gibi hatırlayamıyordum. Onların Neville'i hayal kırıklığına uğratıp uğratmadığı hakkında hiçbir fikrim yoktu. Tahminde bulunamıyordum. Bunu dünyaya teslim ettim çünkü o "yasanın" insanlara hayatın darbelerini atlatmak için yardımcı olacağını hissetmişti. Ama ben kitaplarımı hatırlamak istedim. Onların insanları yanlış yönlendirdiğini hissettim. Dr. Hew Len'e kendimi sanki dünyaya zarar veriyormuşum gibi hissettiğimi söyledim.

"Senin kitapların basamaklara benziyor," diye açıkladı Dr. Hew Len. "İnsanlar yol boyunca farklı basamaklardadır. Kitapların onlara bulundukları yerden konuşuyor. O kitabı büyümek için kullandıkları zaman bir sonraki kitap için hazır oluyorlar. Hiçbir kitabı hatırlamak zorunda değilsin. Onların hepsi kusursuz."

Kitaplarım, Neville, Dr. Hew Len ve geçmişteki, şu andaki ve gelecekteki okuyucularımı düşündüğüm zaman tüm söyleyebileceğim, "Özür dilerim, lütfen beni affedin, teşekkür ederim, sizi seviyorum" idi.

Arının. Arının. Arının.

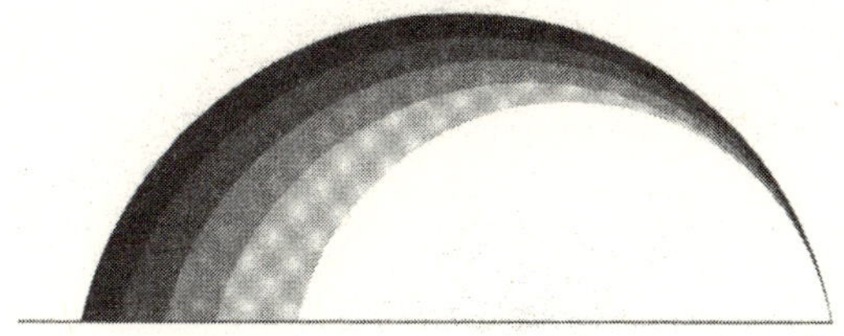

Hikâyenin Ardındaki Gerçek

Bu sizin hatanız değil ama siz sorumlusunuz.

—Dr. Joe Vitale

Dr. Hew Len'le daha işim bitmemişti. Hâlâ akıl hastanesindeki çalışması hakkında tüm hikâyeyi bilmiyordum.

"Hastaları hiç mi görmedin?" diye tekrar sordum bir gün. "*Asla mı*?"

"Onları koridorda görmüştüm ama asla ofisimde bir hasta olarak değil," dedi. "Bir keresinde onlardan birini gördüm ve bana 'Seni öldürebilirim, biliyorsun,' dedi. Ben de ona 'Bahse girerim iyi bir iş de yapabilirsin,' diye karşılık verdim."

Dr. Hew Len konuşmaya devam etti, "Eyalet Hastanesi'nde akıl hastası suçlularla çalışmaya başladığım zaman, her gün hastalar arasında üç ya da dört büyük saldırı olurdu. O zamanlar yaklaşık otuz hasta vardı. İnsanlar prangaya vuruluyorlar, hücreye konuyorlar ya da tecrit ediliyorlardı. Doktorlar ve hemşireler saldırıya uğramaktan korktukları için koridorlarda sırtlarını duvara dayayarak yürüyorlardı. Birkaç aylık arınmadan sonra gittikçe iyiye doğru giden tam bir değişiklik olduğunu gördüm: Artık prangalar yoktu, hücreler yoktu ve insanların dışarı çıkıp istedikleri işte çalışmalarına ve spor yapmalarına izin veriliyordu."

Ama değişimi başlatmak için tam olarak ne yapmıştı?

"İçimden benim dışımda meydana gelen sorunların tüm sorumluluğunu üstlendim," dedi. "Kendi zehirli düşüncelerimi temizlemem ve onların yerine sevgiyi koymam gerekiyordu. Hastalarda yanlış olan bir şey yoktu. Hatalar benim içimdeydi."

Dr. Hew Len'in söylediğine göre hastalar ve hatta koğuş sevgi hissetmemişti. Dolayısıyla o her şeyi sevmişti.

"Koğuşlara baktım ve boyanmaları gerektiğini gördüm," dedi bana. "Ama boyalardan hiçbiri yapışmıyordu. Hemen dökülüyorlardı. Bunun üzerine duvarlara onları sevdiğimi söyledim sadece. Derken bir gün biri duvarları boyamaya karar verdi ve bu sefer boya tuttu."

Doğrusunu söylemek gerekirse biraz garip gelmişti ama onun bu tür konuşmalarına alışıyordum. En sonunda beni en çok rahatsız eden soruyu sordum.

"*Bütün* hastalar serbest bırakıldılar mı?"

"İki tanesi asla serbest bırakılmadı," dedi. "Her ikisi de başka bir yere nakledildi. Bunun dışında bütün koğuş iyileştirildi."

Sonra öyle bir şey söyledi ki yaptığı şeyin gücünü tam olarak anlayıverdim.

"O yıllar boyunca bunun nasıl bir şey olduğunu bilmek istiyorsan, Omaka-O-Kala Hamaguchi'ye yaz. Ben oradayken o da sosyal görevli olarak orada çalışmıştı."

Yazdım. Bana aşağıdakileri yazdı:

Sevgili Joe,

Bu fırsat için sana teşekkür ederim.

Bu mektubu Dr. Hew Len'le aynı birimde çalışmış bir sosyal görevli olan Emory Lance Oliveira'nın iş birliğiyle yazmakta olduğumu bilmeni istiyorum.

Kendimi Hawaii'deki eyalet akıl hastanesinde yeni açılmış olan adli birime sosyal görevli olarak atanmış buldum. Bu birime Closed Intensive Security Unit (CISU) deniyordu. Sık sık cinayet, tecavüz, saldırı, hırsızlık, cinsel taciz ve bunların bir birleşimi gibi korkunç suçlar işlemiş tutuklu hastalar barındırılıyor ve ciddi bir akıl hastalığına sahip olup olmadıkları teşhis ediliyordu.

Bazı tutuklu hastalar delilik (NGRI) nedeniyle suçlu bulunmamışlardı ve orada olmaya mahkûm edilmişlerdi; bazıları son derece psikoz halindeydi ve tedavi gerektiriyordu ve bazıları da dava açmak üzere sağlıklarının uygun olup olmadığına karar vermek için (örneğin kendilerine yöneltilen suçlamaları anlama ve savunmalarına katılma yetenekleri) sorgulamak ve değerlendirmek amacıyla getirilmişti. Bazıları şizofrendi, bazıları çift karakterli ve bazıları da geri zekâlıydı; öte yandan diğerlerine de psikopat ya da sosyopat teşhisi konulmuştu. Kendilerinin de hastalıklardan birine ya da hepsine sahip olduklarını mahkemeye inandırmak isteyenler de vardı.

Hepsi yedi gün yirmi dört saat birimde kilit altında tutuluyordu ve sadece tıbbi ya da mahkeme emirleri uyarınca el ve ayak bileklerine kelepçe takılarak yanlarında refakatçiyle dışarı çıkabiliyorlardı. Günlerinin büyük bölümü kilit altındaki kalın duvarları olan penceresiz bir hücre odasında geçiyordu. Çoğuna aşırı dozda ilaç veriliyordu. Faaliyetler çok ve seyrek yapılıyordu.

"Vakalar" eklenen olaylardı: personele saldıran hastalar, başka hastalara saldıran hastalar, kendilerine saldıran hastalar, kaçmaya çalışan hastalar. Personel "vakaları" da bir sorundu. Hastaları kullanan personel; uyuşturucular, mazaret izinleri ve çalışanların tazminat sorunları personel kavgası; psikolog, psikiyatrist ve idari pozisyonda olanların sık sık değişmesi; tesisat ve elektrik sorunları vs. Gergin, istikrarsız, iç karartıcı ve vahşi bir yerdi. Bitkiler bile büyümüyorlardı.

Ve hatta yeni düzenlenmiş parmaklıklı bir eğlence yerine sahip çok daha güvenli bir yere taşınıldığında bile kimse gerçekten bir şeylerin değişebileceğini ummadı.

Dolayısıyla "başka bir psikolog daha" geldiğinde bir şeyleri düzeltmeye çalışacağı, sanat programları uygulamaya kalkışacağı ve sonra da neredeyse gelmesinden hemen sonra geri gideceği tahmin edilmişti, ho hum.

Ama bu seferki Dr. Hew Len'di, yeterince dost canlısı olmasının yanında hiçbir şey yapmayacakmış gibi görünüyordu. Değerlendirmeler yapmadı, teşhisler koymadı, terapi uygulamadı ve hastaları hiçbir psikolojik teste tabi tutmadı. Çoğu zaman geç gelirdi ve vakalarla ilgili konferanslara katılmaz, tutulması zorunlu olan kayıtları tutmazdı. Bunun yerine yüzde 100 sorumluluğu kendi üzerine almak, sadece kendine bakmak ve içindeki olumsuz ve istenmeyen enerjilerin ortadan kalkmasına izin vermekle ilgili "garip" bir yöntem olan Self I-Dentity Ho'oponopono (SIH) uygulardı, ho hum.

Hepsinden daha garibi, bu psikoloğun sürekli rahat ve hatta kendinden neşe duyuyor gibi görünmesiydi! Çok gülüyordu, hastalarla ve personelle şakalaşıyordu ve yaptığı işten son derece memnun, zevk alıyor gibi görünüyordu. Sonunda herkes onu sever ve varlığından neşe duyar oldu, hatta fazla çalışmıyor gibi görünüyor olsa bile.

Ve işler değişmeye başladı. Hücre odaları boşalmaya, hastalar kendi ihtiyaçlarından ve işlerinden sorumlu olmaya başlamışlardı; kendileri için planlanmış ve uygulanan programlara ve projelere de katılmaya başlamışlardı. İlaç alma seviyeleri de düşüyordu ve hastalara tutuksuz dışarı çıkma izni verilmeye başlanmıştı.

Birim canlanmıştı; daha sakin, daha hafif, daha güvenli, daha aktif, neşeli ve üretken olmuştu. Bitkiler büyüyorlardı, tesisat sorunu neredeyse kalmamıştı; birimdeki şiddet vakaları çok nadir oluyordu ve personel çok daha uyumlu, gevşemiş ve şevkli görünüyordu. Mazeret izinleri ve personel azlığı yerine şimdi de personel fazlalığı ve kazanç sağlamayan pozisyonlar endişe verici olmuştu.

Özellikle unutulmayacak iki belirgin durum beni etkiledi.

Hastanede ve hastane dışında pek çok kişiyi ciddi şekilde yaralamış ve sık sık hastanelik olan bir şiddet geçmişine sahip, ciddi derecede saplantılı ve paranoyak bir hasta vardı. Bu sefer cinayete teşebbüs ettiği için CISU'ya gönderilmişti. Özellikle benim tüylerimi ürpertiyordu. Ne zaman yakınıma gelse sırtımdan aşağı soğuk terler boşanıyordu.

Dr. Hew Len'in gelişinden bir ya da iki yıl sonraydı, kelepçesiz bir şekilde bana doğru yaklaştığını fark etmiştim ve birden tüylerimin ürpermediğini şaşkınlıkla duyumsadım. Sanki onu sadece fark etmiştim, yargılamadan, hatta omzumun hemen yanından geçip giderken bile. Bu benim her zamanki kaçmaya hazır tepkim değildi. Aslında onun sakin göründüğünü gözlemlemiştim. O sıralarda artık o birimde çalışmıyordum ama neler olduğunu anlamak zorundaydım. Hücre ve prangadan bir süre önce kurtulduğunu duydum ve bunun tek açıklaması bazı personelin Dr. Hew Len'in onlarla paylaştığı uygulamayı yapıyor olmasıydı.

Diğer olay ben televizyonda haberleri seyrederken gerçekleşti. İşten uzaklaşmak ve gevşemek için bir günlüğüne izin almıştım. Haberlerde üç ya da dört yaşında bir kıza tecavüz edip öldüren bir CISU hastasının mahkemesi gösteriliyordu. Hasta kendisine yapılan suçlamaları reddettiği için hastaneye yatırılmıştı. Orada birkaç psikiyatrist ve psikolog tarafından incelenmiş ve değerlendirilmiş, bir teşhis konulmuş ve muhtemelen deli olduğu (NGRI) gerekçesiyle suçsuz bulunmuştu. Hapishaneye gitmek zorunda kalmamıştı ve şartlı tahliye olasılığıyla Eyalet Hastanesi'nin daha az kısıtlayıcı düzenine yollanmıştı.

Dr. Hew Len sonunda bu hastayla SIH yöntemini öğretmesini istediği ve söylenene göre sanki eski bir donanma subayı gibi, metodu inatla ve devamlı olarak uyguladığı için bir etkileşime girmişti. O ana kadar ilerleme kaydetmiş görünüyordu ve ifadesini vermesi için mahkeme tarihi belirlendi.

Oysa hastaların ve avukatların çoğu NGRI için ifade vermeye karar vermişlerdi ve muhtemelen de hep o yönde karar vereceklerdi ama bu hasta öyle yapmadı. Mahkemeye çıkacağı günden bir gün önce avukatının işine son verdi. Ertesi gün öğleden sonra yargıcın karşısına geçti ve pişmanlıkla ve alçak gönüllülükle itiraf etti: "Ben sorumluyum ve özür dilerim." Kimse bunu beklemiyordu. Yargıcın ne olduğunu anlaması için birkaç saniye geçmesi gerekti.

Dr. Hew Len ve bu adamla bir ya da iki kere tenis oynadım ve adam en nazik ve en düşünceli hasta olmasına karşın onu yargılıyordum. Bununla birlikte, o an, onun için sadece şefkat ve sevgi hissettim ve tüm mahkeme salonunda da büyük bir değişimin gerçekleştiğini algıladım. Yargıç ve dava vekillerinin sesleri şimdi nazik çıkıyordu ve etrafındaki herkes ona sevecen bir gülümsemeyle bakıyorlardı. İnanılmaz bir andı.

Dr. Hew Len bize bir öğleden sonra, tenis oyunu bittiğinde şu Ho'oponopono'yu öğrenmek isteyip istemediğimizi sordu. Yerimden hızla sıçradım ve tenis oyununun başlayıp bitmesini sabırsızlıkla bekledim. Şimdi, neredeyse yirmi yıl geçti ve Hawaii Eyalet Hastanesi'nde Tanrı'nın Dr. Hew Len aracılığıyla çalıştığını öğrendiğimden beri hâlâ saygıyla ürperiyorum. Dr. Hew Len'e ve kendisiyle birlikte getirdiği "garip" yönteme sonsuza dek minnettar kalacağım.

Bu arada, eğer merak ediyorsanız, hasta suçlu bulundu. Yargıç, cezasını çekmek için karısına ve çocuğuna yakın olabileceği, yaşadığı eyaletteki federal bir hapishaneye gitme isteğini onaylayarak bir yerde onu ödüllendirmiş oldu.

Ayrıca, yirmi yıl geçmesine rağmen, bu sabah birimin eski sekreteri beni aradı ve Dr. Hew Len'in artık çoğu emekli olmuş olan eski personelle müsait olduğu herhangi bir gün bir araya gelmek isteyip istemeyeceğini sordu. Birkaç hafta sonra onlarla buluşacağız. Bunun bize ne getireceğini kim bilebilir? Başka hikâyeler için antenlerimi açık tutacağım.

Huzur,

O.H.

Ve işte bu. Dr. Hew Len gerçekten de hastanede bir mucize gerçekleştirmiş. Sevgi ve affedicilik üzerine çalışarak umutsuz ve pek çok açıdan toplum tarafından dışlanmış gözüyle bakılan insanları değiştirmişti.

Bu sevginin gücüdür.

Tabii ki daha fazlasını bilmek istiyordum.

Bu kitabın ilk taslağını bitirdiğimde gözden geçirmesi için Dr. Hew Len'e yolladım. Doğruluğunun onun tarafından da onaylanmasını istemiştim. Ayrıca akıl hastanesindeki yıllarıyla ilgili olarak hikâyede boşluklar varsa doldurmasını da istemiştim. Taslak eline geçtikten yaklaşık bir hafta kadar sonra bana aşağıdaki e-postayı yolladı:

Ao Akua:

Bu sadece senin ve benim için gizli bir nottur. *Zero Limit*'in taslağını okurken bana geldi. Taslakla ilgili başka yorumlarım da var ama onu sana daha sonraki e-postalarımda yazacağım.

"İşin bitti," dedi Morrnah belli belirsiz bir şekilde.

"Neyle ilgili işim bitti?" diye yanıtladım.

"Hawaii Eyalet Hastanesi'yle işin bitti."

1987 yılının temmuz ayında, her ne kadar onun görüşünün kesinliğini sezmiş olsam da, "Onlara ayrılışımı iki hafta önceden haber vermem gerekiyor," dedim. Tabii ki vermedim. Asla böyle bir şey yapmam söylenmedi. Ve hastanede kimse de bundan bahsetmedi.

Hastaneye bir daha asla gitmedim, hatta benim için düzenlenen veda partime bile katılmadım. Arkadaşlarım bensiz parti yaptılar. Veda hediyeleri Foundation of I'a yollandı.

Hawaii Eyalet Hastanesi'nin adli birimindeki günlerimi çok sevmiştim. Koğuştakileri çok sevmiştim. Bir psikologdan ailenin bir üyesi konumuna ne zaman geçtiğimi bilmiyorum.

Personel, hastalar, kanunlar, yönetmelikler, komiteler ve koğuştaki görünen ve görünmeyen güçlerle üç yıl boyunca, haftada yirmi saat iç içe yaşadım.

Hücre odaları, metal prangalar, ilaç tedavileri ve diğer kontrol şekilleri işletmenin olağan ve kabul edilebilir tarzları olduğu dönemde ben oradaydım.

Hücre odalarının ve metal prangaların buhar olup uçtuğu zaman da ben oradaydım. Ne zamandı? Kimse bilmiyor.

Fiziksel ve sözlü şiddet de neredeyse tamamen yok olup gitmişti.

İlaç tedavisinin azaltılması da kendi başına oldu.

Kim bilir ne zaman hastalar eğlence ve iş faaliyetleri için kelepçesiz ve tıbbi onaya gerek kalmaksızın birimden ayrıldılar.

Hücredeki deliliğin dönüşüm geçirmesi ve huzurlu olma isteği bilinçli bir çaba gerektirmeden basitçe gerçekleşiverdi.

Sürekli "eleman yetersizliği" çeken hücrenin "aşırı eleman" konumuna geçmesi kendiliğinden oluverdi.

Dolayısıyla benim hücredeki yakın ve aktif bir aile üyesi olduğumu netleştirmek istiyorum. Bir seyirci değildim.

Evet, hiçbir terapi uygulamadım. Psikolojik testler yapmadım. Hiçbir personel toplantısına katılmadım. Hastalar üzerine yapılan vaka toplantılarına katılmadım. Ama öte yandan hücre çalışmalarına içtenlikle katıldım.

İlk hücre içi çalışma projesi –satış için kurabiye pişirmek– gerçekleştiğinde ben oradaydım. İlk hücre dışı faaliyet –araba yıkama– gerçekleştiğinde ben oradaydım. İlk hücre dışı eğlence programı başladığında ben oradaydım.

Bir psikoloğun olağan vazifelerini yerine getirmedim; bunun nedeni onları yararsız bulmam değildir. Sadece bilmediğim nedenlerden ötürü yapmadım, o kadar.

Öte yandan, hücreye gittim ve kurabiye pişirme işine, hücre dışında koşulara ve tenis oyunlarına katıldım.

Ama her şeyden çok, üç yıl boyunca hücreyi her ziyaretimden önce, sonra ve ziyaretim sırasında arınmamı yaptım. Her sabah ve her akşam hücreyle birlikte içimde olup biten ne varsa ve hücreyle ilgili aklıma ne geliyorsa temizledim.

Teşekkür ederim.

Seni seviyorum.

Ben'in Huzuru,

Ihaleakala

Bu son açıklamaya bayılmıştım. Dr. Hew Len'in ne kadar alçak gönüllü olduğunu gözler önüne sererken, aynı zamanda da hastanede çalışırken neler yapıp neler yapmadığını da açıklıyordu.

Ona cevap yazdım ve onun izniyle bu e-postayı da kitaba ekleyip sizlerle paylaşıp paylaşamayacağımı sordum. Bana geriye tek bir kelime yolladı, ondan yazmasını beklediğim kelimeyi: "Evet."

Bu inanılmaz adamdan öğrenebildiklerim daha bitmedi. Birlikte seminerler düzenlemeye ve tabii ki bu kitabı birlikte yazmaya karar verdik. Ama en azından şu anda, bir hücre dolusu akıl hastası suçlunun iyileşmesine nasıl yardımcı olduğuna dair tüm hikâyeyi biliyorum. Bunu da diğer her şeyi yaptığı gibi yapmıştı: kendi üzerinde çalışarak. Ve kendi üzerinde çalışma şekli iki basit kelimeden oluşuyor: "Seni seviyorum."

Sizin ve benim de yapabileceğimiz işte bu yöntemdir, tabii. Eğer Dr. Hew Len'in birkaç küçük adımla öğrettiği, günümüze uyarlanmış Ho'oponopono'yla Self I-Dentity metodunu özetlemem gerekirse şuna benzerdi:

1. Sürekli arın.
2. Yoluna fikirler ve fırsatlar çıktığında harekete geç.
3. Sürekli arın.

Bu kadar. Belki de daha önce hiç elde edilmemiş bir başarı için en kısa yoldur bu. Belki de en az direncin olduğu ve sıfır konumuna en doğrudan giden yoldur bu. Ve her şey tek bir büyülü sözle başlıyor ve bitiyor: "Seni seviyorum."

İşte *sıfır sınır* bölgesine girmenin yolu *budur.*

Ve evet, *sizi seviyorum.*

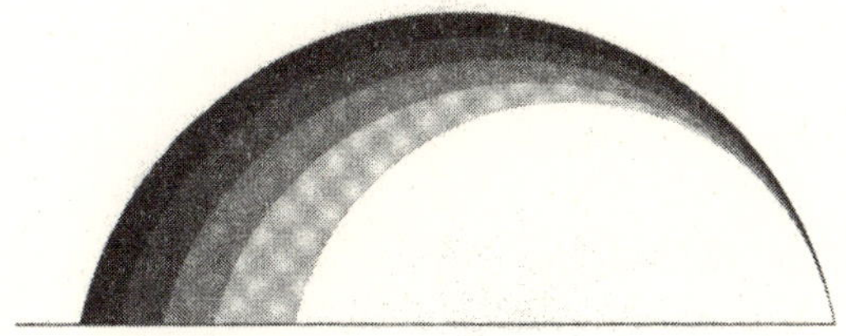

Son Söz

Uyanışın Üç Evresi

Benim bu dünyadaki görevim iki tanedir.
İlk işim öncelikle düzeltmektir. İkinci işim ise uyumakta olanları uyandırmaktır. Hemen herkes uyuyor!
Onları uyandırabilmemin tek yolu kendi üzerimde çalışmaktır.
—Dr. Ihaleakala Hew Len

Geçen gün bir muhabir bana, "Bir yıl sonra bugün kendinizi nerede görüyorsunuz?" diye sordu.

Eskiden olsa ona, neye ulaşmayı umut ediyorsam onları dürüstçe saymaya başlardım. Planlarımdan, hedeflerimden ve isteklerimden bahsederdim. Yazmak istediğim kitapları ya da olmak, yapmak, yaratmak veya satın almak istediğim şeyleri anlatırdım. Ama Dr. Hew Len'le yapmış olduğum tüm bu çalışmalar sayesinde artık gelecek için hedefler ya da niyetler koymuyor, planlar yapmıyorum. Ona içinde bulunduğum anın gerçeğiyle yanıt verdim:

"Nerede olacaksam olayım, orası şu anda hayal edebileceğimden çok daha güzel olacak."

O yanıtta sizin fark edebileceğinizden çok daha fazla derinlik vardı. İçimdeki esinlenmeden gelmişti. Verdiğim yanıt aynı anda beni de şaşırttı. Aklımın o sıralarda nerede olduğunu da görebilmemi sağladı: Şu an bir sonrakine nazaran çok daha fazla ilgilendiriyordu beni. Şu ana dikkatimi vererek gelecekteki tüm anlar gözüme çok güzel görünmeye başlamıştı. Bir keresinde Dr. Hew Len'e dediğim gibi, "Bugünlerde niyetim, Tanrı'nın niyetine saygı göstermek."

Birkaç dakika önce muhabirin sorusunu ve benim esinlenme almış yanıtımı bir arkadaşıma söyledim. Çok beğendi. Birkaç aydır benimle birlikte Ho'oponopono yapıyor, dolayısıyla nihai gerçeği anlıyordu: Egonuzu ve egonuzun isteklerini terk ettiğiniz zaman, size yol gösterecek çok daha iyi bir şeye izin vermiş olursunuz: Tanrı'ya.

Bu yeni ben ve yeni anlayışım tamamen benim canlandırmamın bir parçasıdır. Elbette ki her şey bir gecede olmadı. Ama, "Seni seviyorum"u ve diğer ifadeleri söyleyerek bazılarının uyanış ve hatta aydınlanma dediği çok daha derin bir farkındalığa ulaştım. Bu uyanışın en az üç evresi olduğunu anladım ve bunlar yaşamın ruhani yolculuğunun neredeyse bir haritası gibiler:

1. *Siz bir kurbansınız.* Hemen hemen hepimiz güçsüz olduğumuz duygusuyla dünyaya geliriz. Çoğumuz da bu duyguyu taşımaya devam ederiz. Dünyanın bizim dışımızda döndüğünü düşünürüz: hükûmet, komşular, toplum, kötü insanlar... Hiçbir etkimizin olmadığını hissederiz. Bizler dünyanın geri kalanının amacının bir etkisiyizdir. Yakınırız, şikâyet ederiz, protesto ederiz ve bizden sorumlu olanlarla mücadele etmek için gruplar oluştururuz. Hayat genelde, bazı istisnalar hariç, berbattır.
2. *İdareyi ele alıyorsunuz.* Bir an gelir, *The Secret* gibi, insanın hayatını değiştiren bir film seyredersiniz ya da *Çekim Yasası Sırrı* ya da *The Magic of Believing* gibi bir kitap okursunuz ve kendi gücünüzün farkına varırsınız. Amaç edinmenin gücünü fark edersiniz. İstediğiniz şeyi gözünüzde canlandırmak, harekete geçmek ve ona ulaşmak için gereken güce sahip olduğunuzu görürsünüz. Mucizelerle karşılaşmaya başlarsınız. Bazen çok iyi sonuçlar edinirsiniz. Hayat, genel olarak gayet güzel görünmeye başlar.
3. *Uyanıyorsunuz.* İkinci evreyi geçtikten sonra amaçlarınızın kısıtlamalarınız olduğunu fark etmeye başlarsınız. Yeni bulduğunuz güçle hâlâ her şeyi kontrol edemediğinizi görmeye başlarsınız. Daha yüce bir güce teslim olduğunuz zaman muzicelerin gerçekleştiğini fark etmeye başlarsınız. Serbest bırakmaya ve güvenmeye başlarsınız. Anbean Tanrı'yla olan bağlantınızın farkındalığını deneyimlemeye başlarsınız. İlham size geldiğinde onu fark etmeyi ve ona göre hareket etmeyi öğrenirsiniz.

Seçim yapabileceğinizi ama yaşamınızı kontrol edemeyeceğinizi anlarsınız. Yapabileceğiniz en harika şeyin her anı kabul etmek olduğunu fark edersiniz. Bu evrede mucizeler olur ve her seferinde sizi şaşkına çevirir. Genelde sürekli bir şaşkınlık, hayret ve şükran duygusu yaşarsınız.

Üçüncü evreye girmiş olabilirsiniz ya da belki şu anda girdiniz. Buraya kadar benimle geldiğinize göre kendi uyanışımla ilgili daha fazlasını anlatmama izin verin. Kısa süre sonra deneyimleyeceğiniz şeyler için sizi hazırlamaya ya da şu anda deneyimlemekte olduklarınızı anlamanıza yardımcı olabilir.

Dr. Hew Len'in seminerine ilk kez katıldığımda Tanrısal Olan'ı bir an için görmüştüm. Zihnimin gevezeliğini durdurduğumda seminerin daha ilk günleriydi. Her şeyi kabul etmiştim. Anlayışımın çok ötesinde bir huzur vardı. Sevgi, mantramdı. Beynimde sürekli çalıp duran şarkıydı.

Ama o anlık görüş orada kalmadı.

Ne zaman Dr. Hew Len'le birlikte olsam o huzuru hissettim. Bunun bir diyapazon etkisi olduğundan eminim. Onun titreşimi benimkini etkiliyordu. Beni huzurla uyumlu hale getiriyordu.

İkinci seminer sırasında bazılarının psişik çakmalar dediği şeyler deneyimlemeye başladım. Auraları gördüm. İnsanların etrafında melekler gördüm. İmgeler gördüm. Nerissa'nın omzunun etrafında görünmez kediler gördüğümü hâlâ hatırlıyorum. Ona bunu söylediğimde gülümsemişti. İmge ister gerçek olsun ister olmasın, ruh halini kesinlikle değiştirmişti. Işık saçıyordu.

Dr. Hew Len çoğu zaman insanların başlarının üzerinde o an hangi kişiyi bir seminere çağırması gerektiğini söyleyen soru işaretleri dolaştığını görürdü. Görünmez semboller ya da varlıklar gördüğü zaman, "Çılgınca göründüğünü biliyorum. Psikiyatristler böyle şeyler söyleyenleri bir odaya kilitlerler," diye eklerdi.

Haklıydı tabii ama bir uyanış gerçekleştiği zaman geriye bakmazsınız. İlk Beyond Manifestation Semineri'nde bazı insanların enerji alanlarını okudum. Huşu içindeydiler. Bu bir açılış olduğu için pek de fazla bir hediye olduğunu söyleyemem. Beynimin daha önce kullanılmayan bir bölümü açılmış ve aydınlanmıştı. Şimdi, eğer izin verirsem görüyorum. Dr. Hew Len'e, "Sanki her şey benimle konuşuyor. Her şey canlı gibi," dediğimde biliyormuşçasına gülümserdi.

İkinci Beyond Manifestation Semineri'mde, bir başka satori deneyimi yaşadım. Satori anlık bir aydınlanmadır, Tanrısal Olan'ın tadına bakmaktır. Sanki bir pencere açılır ve bir an yaşamın kaynağıyla birleşirsiniz. Bu tıpkı başka bir gezegendeki bir çiçeği tarif etmek kadar anlatması zor bir şeydir. Ama yok olabileceğimi ve sıfır sınırını deneyebileceğimi görmek beni tamamen değiştirdi. Bu deneyim benim için bir mihenk taşıydı. Onu tekrar çağırabiliyorum ve ona dönebiliyorum. Bir boyutta bu harika bir şey, tıpkı mutluluğa geri dönüş bileti gibi. Ama bir başka boyutta, sadece bir başka hatıra gibi beni o anı yaşamaktan alıkoyuyor. Tüm yaptığım arınmaya devam etmek.

Bazen bir toplantıdayken gevşiyorum ve gözlerimi bulanıklaştırıyorum, böylece içinde bulunduğum durumun ardındaki gerçeği görebiliyorum. Bu sanki zamanı durdurmak ya da en azından yavaşlatmak gibi bir şey. O zaman algıladığım şey yaşamın temelini oluşturan doku oluyor. Bu biraz da altındaki şaheseri bulmak için resmin üzerindeki boyayı kazımaya benziyor. Buna isterseniz psişik görü deyin, isterseniz X-ray görü ya da Tanrısal görü. Ben ise ona "Joe Vitale (ve hatta 'Ao Akua') sıfır konumunda yok olur ya da gözleri onu algılar," derim. Bu sıfır sınırdır. Orada karışıklık yoktur. Tam bir netliktir.

O konumda yaşamıyorum. Hâlâ gerçek denen şeye geri dönüyorum. Hâlâ zorluklarım var. Larry King bana kötü bir günüm olup olmadığını sorduğunda ona evet demiştim. Hâlâ da öyle. Dr. Hew Len her zaman sorunlarımız olacağını söyler. Ama Ho'oponopono bir sorun çözme metodudur. Tanrı'ya, "Seni seviyorum" dediğim ve arındığım sürece sıfır sınırın olduğu yere geri dönüyorum.

Sıfırdan gelen sinyal, eğer kelimelere dökmek gerekirse, "sevgi"dir. Dolayısıyla durmadan "Seni seviyorum" demek onunla aynı titreşimde olmamıza yardımcı olur. Onu tekrarlamak kendi uyanışımızın önündeki hatıraları, programları, inançları ve sınırlamaları nötralize etmemize yardımcı olur. Temizlenmeye devam ettikçe saf esinlenmeyle aynı titreşimi yakalamaya da devam ettim. O esinlenmeyle hareket ettikçe de hayal ettiğimden çok daha güzel mucizeler olmaya başladı. Tek yapmam gereken buna devam etmekti.

Bazı insanlar zihinlerinde duydukları seslerin tonuna dikkat ederek esinlenmenin sesini anladıklarını düşünürler. Bir keresinde bir arkadaşım, "Egomun sesi ile esinlenmenin sesi arasındaki farkı biliyorum, ego o şeyi yapmak için acele eder, oysa esinlenme daha yumuşaktır," demişti.

Bunun bir aldatmaca olduğunu düşünüyorum. Sert görünen bir ses de yumuşak görünen bir ses de egodan gelebilir. Hatta şu anda bile, siz bu kelimeleri okurken kendi kendinize konuşuyorsunuz. Okumakta olduğunuz şeyi sorguluyorsunuz. O sesi çözdüğünüzü ve onun siz olduğunu düşünüyorsunuz. Öyle değil. Tanrısallık ve esinlenme o seslerin *gerisinde*dir. Ho'oponopono uyguladıkça gerçekten hangisi esinlenme hangisi değil, daha net olmaya başlıyorsunuz.

Tıpkı Dr. Hew Len'in bize sürekli hatırlattığı gibi, "Bu, iyileşmeye bir hazır yemek yaklaşımı değildir. Zaman alır."

Uyanışın herhangi bir anda gerçekleşebileceğini eklemek isterim. Hatta bu kitabı okurken bile. Ya da yürüyüş yaparken. Ya da bir köpeği beslerken. Konumun bir önemi yoktur. Önemli olan içsel konumunuzdur. Ve her şey tek bir güzel cümleyle başlar ve biter:

"Seni seviyorum."

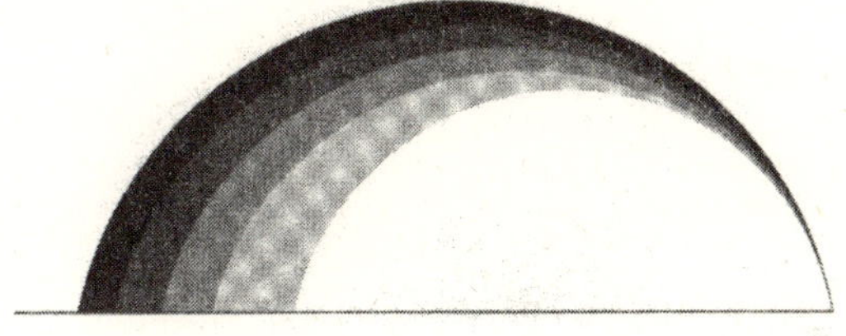

Ek A

Sıfır Sınır Temel İlkeler

Daima Huzur, şimdi ve sonsuza dek ve daha ötesi.

Ka Maluhia no na wa a apu, no ke'ia wa a mau a mau loa aku.

1. **Neler olduğuna dair hiçbir fikriniz yok.**

İçinizde ve etrafınızda olan her şeyin, bilinçli ya da bilinçsiz, farkında olmanıza imkân yoktur. Bedeniniz ve aklınız şu anda çalışmaktadır ve bunun farkında değildir. Havada, radyo dalgalarından düşünce formlarına kadar görünmeyen sayısız sinyal bulunmaktadır ve sizler bunların hiçbirini bilinçli olarak algılamazsınız. Gerçeği söylemek gerekirse tam şu anda kendi gerçeğinizi yaratmaktasınız ama bu olay bilinçli bilginiz ya da kontrolünüzün dışında *bilinçsizce* olmaktadır. Bu nedenle istediğiniz kadar olumlu düşünün, gene de yaralanırsınız. Yaratıcı olan bilinçli zihniniz değildir.

2. **Her şeyi kontrolünüz altında tutamazsınız.**

Elbette ki olan her şeyden haberiniz olmadığı için onları kontrol de edemezsiniz. Dünyaya emredebileceğinizi düşünmek egosal bir hatadır. Şu anda dünyada olanların çoğunu egonuz göremediğine göre sizin için en iyisine egonuzun karar vermesine izin vermek hiç de bilgece olmaz. Seçim sizin elinizde ama kontrol değil. Ne deneyimlemeyi tercih edeceğinize karar vermek için bilinçli zihninizi kullanabilirsiniz ama onu ifade edip edemeyeceğinizi ya da bunu nasıl ve ne zaman yapacağınızı kendi haline bırakmalısınız. Teslimiyet anahtardır.

3. **Yolunuza her ne çıkarsa onu iyileştirebilirsiniz.**

Yaşamınızda önünüze çıkan her şey, oraya nasıl geldiğine bakmaksızın, iyileştirmek içindir çünkü şu anda sizin radarınızdadır. Buradaki varsayım şudur: Eğer onu hissedebiliyorsanız onu iyileştirebilirsiniz de. Eğer onu bir başkasında görebiliyorsanız ve bu sizi rahatsız ediyorsa o zaman iyileştirmek için oradadır demektir. Ya da Oprah'nın bir keresinde söylemiş olduğu gibi, "Eğer onu fark edebiliyorsanız ona sahipsinizdir." Onun neden hayatınızda olduğuna ya da oraya nasıl geldiğine dair hiçbir fikriniz olmayabilir ama artık farkında olduğunuza göre, onu serbest bırakabilirsiniz. Karşılaştığınız şeyleri ne kadar iyileştirirseniz, tercih ettiklerinizi ifade etmede o kadar net olursunuz zira başka şeyler kullanmak için gereken enerjiyi serbest bırakmış olursunuz.

4. **Tüm deneyimlerinizden yüzde 100 sorumlusunuz.**

Hayatınızda başınıza gelenler sizin suçunuz değildir ama sizin sorumluluğunuzdur. Kişisel sorumluluk kavramı; söylediğiniz, yaptığınız ya da düşündüğünüzün ötesindedir. Hayatınızda yer alan *diğer herkesin* dediklerini, yaptıklarını ve düşündüklerini de içerir. Yaşamınızda meydana gelen her şeyin sorumluluğunu tamamen alırsanız o zaman herhangi bir kişi bir sorunu su yüzüne çıkardığında o sizin de sorununuz olur. Bu üçüncü ilkeye bağlanır, yani yolunuza çıkan her şeyi iyileştirebilirsiniz. Kısacası, şu anki gerçeğiniz için hiç kimseyi ya da hiçbir şeyi suçlayamazsınız. Tüm yapabileceğiniz onun sorumluluğunu almak, yani onu kabul etmek, ona sahip çıkmak ve onu sevmektir. Karşılaştığınız şeyleri ne kadar çok iyileştirirseniz kaynakla o kadar uyumlu olursunuz.

5. **Sıfır limite giriş biletiniz "Seni seviyorum" cümlesini söylemektir.**

Sizi her şeyin ötesindeki huzura, iyileştirmeden ifade etmeye götürecek bilet sadece "Seni seviyorum" cümlesidir. Bu cümleyi Tanrı'ya söylemek içinizdeki her şeyi temizler ve böylece şu anın mucizesini yaşayabilirsiniz: Sıfır limiti. Amaç her şeyi sevmek. Fazla kiloyu, bağımlılığı, sorunlu çocuğu ya da komşuyu, eşi sevin; hepsini sevin. Sevgi sıkışıp kalmış olan enerjiyi değiştirir ve serbest bırakır. "Seni seviyorum" demek Tanrı'yı deneyimleme dileğinizin gerçekleşmesidir.

6. **İlham niyetten daha önemlidir.**

Niyet zihnin oyuncağıdır; esinlenme Tanrı'dan bir bildirimdir. Bir an gelir, yalvarmak ve beklemek yerine teslim eder ve dinlemeye başlarsınız. Niyet, egonun sınırlı görüşünü temel alarak hayatı kontrol etmeye çalışmaktır; esinlenmeyse Tanrı'dan gelen mesajı almak ve buna göre hareket etmektir. Niyetler işe yarar ve sonuç verir; esinlenmeyse işe yarar ve mucizeler getirir. Hangisini tercih edersiniz?

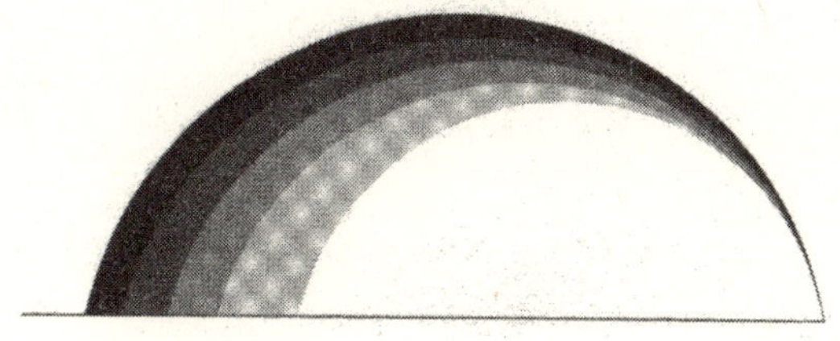

Ek B

Kendinizi (ya da Bir Başkasını) Nasıl İyileştirirsiniz ve Sağlık, Zenginlik ve Mutluluğu Nasıl Keşfedersiniz?

İşte size kendinizi fark ettiğiniz herhangi bir şeyden iyileştirmede kanıtlanmış iki Ho'oponopono uygulaması: Başkasında gördüğünüz her şeyin sizin içinizde de olduğunu unutmayın, dolayısıyla bütün iyileştirme olayı kendinizi iyileştirmedir. Bu yöntemi sizden başka kimse uygulayamaz. Tüm dünya sizin avuçlarınızda.

İlk önce, binlerce olmasa bile yüzlerce kişinin iyileşmesine yardımcı olmak için Morrnah'nın söylediği bir dua var. Basit ama güçlü:

> Bir olan Yüce Yaratıcı, baba, anne, oğul... Eğer ben, ailem, akrabalarım ve atalarım seni, aileni, akrabalarını ve atalarını düşüncelerimizle, sözlerimizle, davranışlarımızla ve hareketlerimizle yaradılışımızdan şu ana kadar geçen süre zarfında gücendirdiysek senden af diliyoruz... Bunun tüm olumsuz anıları, engelleri, enerjileri ve vibrasyonları temizlemesine, saflaştırmasına, yok etmesine ve bu istenmeyen enerjilerin saf ışığa dönüşmesine izin ver... Ve bu olsun.

İkinci olarak, Dr. Hew Len'in iyileştirme şekli öncelikle, "Özür dilerim" ve "Lütfen beni affet" demektir. Bunu bir şeyin –ne olduğunu bilmediğiniz bir şey– beden /zihin sisteminize girmiş olduğunu kabul etmek için söylersiniz. Oraya nasıl girdiği hakkında hiçbir fikriniz yoktur. Bilmek zorunda değilsiniz. Eğer fazla kiloluysanız sizi bu hale getiren programa yakalanmışsınızdır sadece. "Özür dilerim" derken Tanrı'ya içinizden size getirmiş olduğu şey için af dilediğinizi söylüyorsunuz. Tanrı'dan sizi affetmesini istemiyorsunuz; Tanrı'dan size sizin *kendinizi* affetmeniz için yardım etmesini istiyorsunuz.

Bundan sonra, "Teşekkür ederim" ve "Seni seviyorum" dersiniz. "Teşekkür ederim" dediğiniz zaman minnettarlığınızı ifade etmiş oluyorsunuz. Sorunun onunla ilgili olan her şeyin mutlak iyiliği için çözüleceğine olan inancınızı gösteriyorsunuz. "Seni seviyorum" tıkanık enerjinin akmasını sağlar. Sizi Tanrı'ya bağlar. Sıfır konumu saf sevgi ve sıfır limit olduğu için sevginizi ifade ederek o konuma gelmeye başlıyorsunuz.

Bundan sonra olacaklar Tanrı'ya kalmıştır. Bir şekilde harekete geçmeniz konusunda içinize bir esinlenme doğabilir. Bu her neyse onu yapın. Yapacağınız hareketten emin değilseniz aynı iyileştirme metodunu kafa karışıklığınız için uygulayın. Net olduğunuzda ne yapmanız gerektiğini bileceksiniz.

Bu, güncelleştirilmiş Ho'oponopono iyileştirme yöntemlerinin basitleştirilmiş bir versiyonudur. Ho'oponopono yöntemiyle Self I-Dentity'yi daha iyi anlamak için bir seminere yazılın. (Bkz. www.hooponopono.org) Dr. Hew Len ve benim birlikte ne yaptığımızı anlamak için www.zerolimits.info'ya girin.

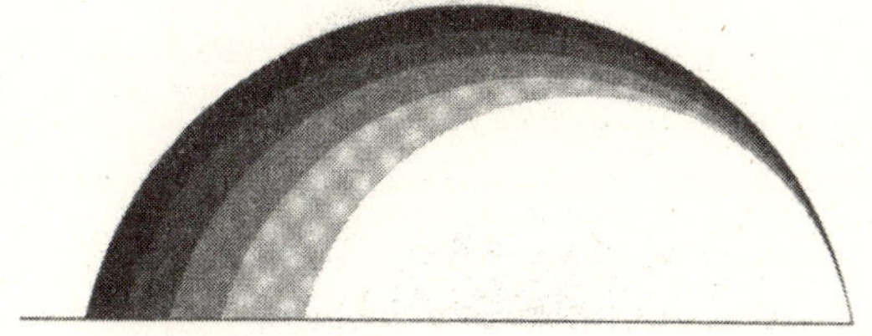

Ek C

Kim Sorumlu?

Dr. Ihaleakala Hew Len

Benimle bu eki okumaya geldiğiniz için teşekkür ederim. Minnettarım.

Self I-Dentity Ho'oponopono'yu ve 1982 yılının kasım ayında onu benimle cömertçe paylaşan sevgili Morrnah Nalamuku Simeona'yı, Kahuna Lapau'yu çok seviyorum.

Bu yazı, 2005 yılında yazdığım güncenin notlarına dayanmaktadır.

9 Ocak 2005

Sorunlar **neler olduğunu bile bilmeden** çözülebilir. Bunu fark etmek ve takdir etmek benim için bütünüyle bir rahatlama ve sevinçtir.

Varoluş amacının bir parçası olan sorun çözme, Self I-Dentity Ho'oponopono'nun konusudur. Sorunları çözmek için iki soru sorulmalıdır: Ben kimim? Kim sorumlu?

Kozmosun doğasını anlamak Sokrates'in anlayışıyla başlar: "Kendini Tanı."

21 Ocak 2005

Kim sorumlu?

İnsanların çoğu, bilim komitesindeki o kişiler de dâhil, dünyayaya fiziki bir varlık olarak bakarlar. Kalp hastalıkları, kanser ve şeker hastalığının nedenlerini ve çarelerini bulmak için son zamanlarda DNA üzerinde yapılan araştırmalar bunun birincil örneğidir.

Neden ve Etki Yasası: Fiziki Model

Neden	**Etki**
Bozuk DNA	Kalp Hastalığı
Bozuk DNA	Kanser
Bozuk DNA	Şeker Hastalığı
Fiziki	Fiziksel Sorunlar
Fiziki	Çevresel Sorunlar

Akıl, **bilinçli zihin**, kendisinin olanları ve deneyimlenenleri kontrol eden sorun giderici olduğuna inanır.

Kitabı *The User Illusion: Cutting Consciousness Down to Size*'da gazeteci Tor Norretranders, bilincin farklı bir resmini çizer. Araştırmaların, özellikle de San Francisco'daki Kaliforniya Üniversitesi'nden Profesör Benjamin Libet'nin araştırmalarının, kararların bilinç onları ele almadan önce verildiğini ve aklın bunun farkında olmadığını, bunu kendisinin yaptığına inandığını anlatır.

Norretranders, aklın saniyede milyonlarcasının içinden sadece 15 ila 20 byte'lık bir bilginin bilincinde olduğunu gösteren araştırmadan da bahseder.

Eğer akıl ya da bilinç değilse peki kim sorumlu?

8 Şubat 2005

Tekrarlanan hatıralar bilinçaltı zihninin deneyimlediğini **zorla kabul ettirir**.

Bilinçaltı zihin dolaylı olarak **taklitçi** ve **yankı yapan** hatıraların tekrarını deneyimler. Tamamen hatıraların **dikte ettiği** şekilde hareket eder, görür, hisseder ve karar verir. Bilinçli zihin de farkında bile olmadığı hatıraların tekrar etmesiyle işlev görür. Araştırmalar hatıraların deneyimlediklerini dikte ettirdiğini göstermektedir.

Neden ve Etki Yasası: Self I-Dentity Ho'oponopono

Neden	**Etki**
Bilinçaltı zihninde tekrar eden hatıralar	Fiziki – Kalp Hastalığı
Bilinçaltı zihninde tekrar eden hatıralar	Fiziki – Kanser
Bilinçaltı zihninde tekrar eden hatıralar	Fiziki – Şeker Hastalığı
Bilinçaltı zihninde tekrar eden hatıralar	Fiziki Sorunlar – Beden
Bilinçaltı zihninde tekrar eden hatıralar	Fiziki Sorunlar – Dünya

Beden ve dünya bilinçaltı zihninde tekrar eden hatıraların yarattıkları olarak ve çok seyrek olsa da bazen esinlenme olarak yaşarlar.

23 Şubat 2005

Bilinçaltı zekâ ve bilinçli zekâ, ruhu da dâhil, kendi fikirlerini, düşüncelerini, duygularını ve hareketlerini üretmezler. Daha evvel de söylendiği gibi, tekrarlanan hatıralar ve esinlenmeleriyle dolaylı olarak deneyimlerler.

> Ama bazen de insanların olayları saptırıp
> Kendilerine göre yorumladığı oluyor
>
> William Shakespeare

Ruhun kendi deneyimlerini üretmediğini, onun hatıraların gördüğü gibi gördüğünü, hatıraların hissettiği gibi hissettiğini, hatıraların davrandığı gibi davrandığını ve hatıraların karar verdiği gibi karar verdiğini fark etmek önemlidir. Ya da, nadiren, esinlenmenin gördüğü, hissettiği, davrandığı ve karar verdiği gibi görür, hisseder, davranır ve karar verir!

Bedenin ve dünyanın kendilerinin sorunu olmadığını ama asıl sorunun bilinçaltı zihninde tekrar tekrar oynanan hatıraların etkileri ve sonuçları olduğunu anlamak sorunu çözmede hayati bir rol oynar! Kim sorumludur?

Zavallı ruhum, günahkâr dünyamın merkezi,
İsyancı güçlerle çepeçevre kuşatılmışken neden,
Dış duvarların süsüne harcarsın da her şeyini
İçeride kendini yer durur, yokluğa katlanırsın sen?

William Shakespeare, Sone 146

12 Mart 2005

Boşluk Self I-Dentity'nin, zihnin, kozmosun **temel**idir. Bilinçaltı zihninin içine nüfuz eden Tanrısal zekâdan gelen esinlenmelerin **haberci konumu**dur. (Bkz. Şekil C.1.)

Bilim adamlarının tüm bildiği kozmosun hiçlikten meydana geldiği ve geldiği yere, hiçliğe geri döneceğidir. Evren sıfırda başlar ve sıfırda biter.

Charles Seife, *Zero: The Biography of a Dangerous Idea*

Boşluk Konumu

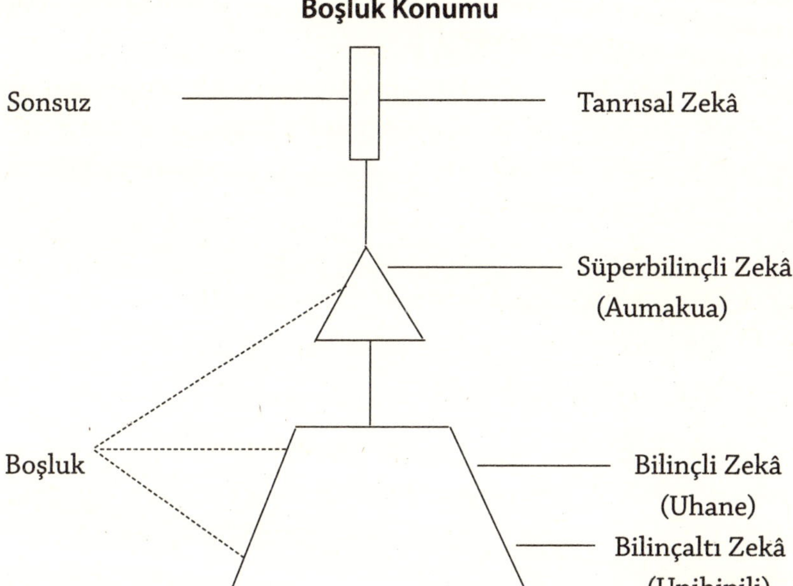

Şekil C.1. Boşluk Konumu

Tekrar eden hatıralar, esinlenmelerin oluşmasına engel olarak Self I-Dentity'nin boşluğunun yerine geçerler. Bunu engellemek, Self I-Dentity'yi yeniden yerleştirmek için hatıraların Tanrısal zekâ tarafından değiştirilerek boşluğa dönüşmesi gerekir.

Arının, silin, silin ve kendi Shangri-la'nızı bulun. Nerede? Kendi içinizde.

Morrnah Nalamaku Simeona, Kahuna Lapa'au

Kişi azmetti mi hiçbir şey tutamaz onu,
Ne taştan kaleler ne tunçtan surlar,
Ne havasız zindanlar ne demirden halkalar.

William Shakespeare, Julius Caesar

22 Mart 2005

Var olmak Tanrısal zekânın bir armağanıdır. Ve bu armağanın verilmesinin **tek amacı,** sorunları çözme aracılığıyla Self I-Dentity'nin yeniden yerleştirilmesidir. **Self I-Dentity Ho'oponopono,** eski bir Hawaii **pişmanlık, affetme** ve **değişim** ile sorunları çözme yöntemidir.

Yargılamayın ki yargılanmayasınız. Kınamayın ki kınanmayasınız. Affedin ki affedilesiniz.

Luka: 6

Ho'oponopono, Self I-Dentity'nin dört üyesinin de –Tanrısal zekâ, süperbilinçli zihin, bilinçli zihin ve bilinçaltı zihin– katılımını ve bir bütün olarak hareket etmelerini gerektirir. Bilinçaltı zihninde tekrar eden hatıralar sorununu çözmede her üyenin kendine özgü bölümü ve işlevi vardır.

Süperbilinçli zihin, hatıradan muaftır, bilinçaltı zihninde tekrar eden hatıralardan etkilenmez. Tanrısal zekâyla daima bir bütündür. Bununla birlikte, Tanrısal zekâ hareket ettikçe süperbilinçli zihin de hareket eder.

Self I-Dentity **esinlenme ve hatırayla çalışır**. Sadece içlerinden biri, ister hatıra olsun ister esinlenme, her an bilinçaltı zihninin emri altında olabilir. Self I-Dentity'nin ruhu bir kerede sadece tek bir efendiye hizmet eder, genellikle gül olan esinlenme yerine diken olan hatıraya (Bkz. Şekil C.2.).

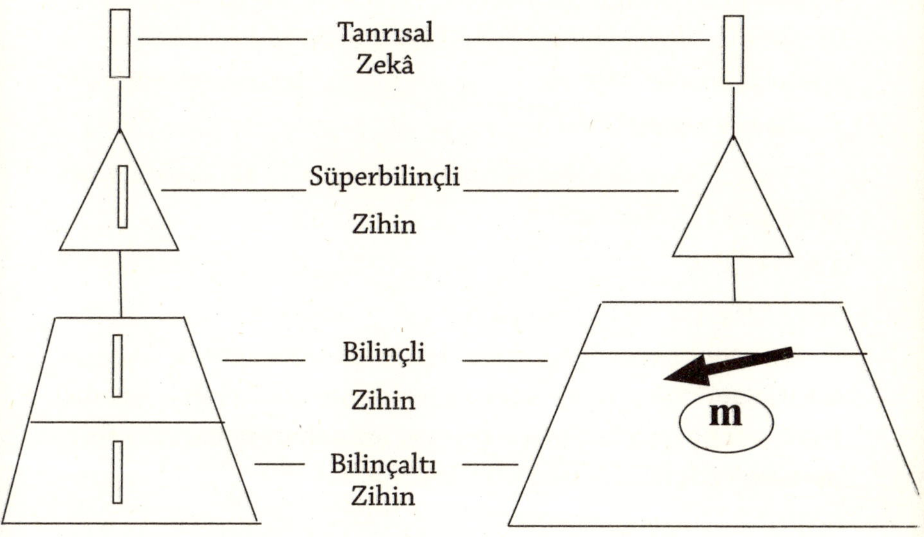

ŞEKİL C.2. Tekrar Eden İlham ve Tekrar Eden Hatıra Konumu

30 Nisan 2005

Ben kendi acılarımın tüketicisiyim.

John Clare, şair

Boşluk, ister "canlı" olsun ister "cansız", tüm Self I-Dentity'lerin **ortak bölgesi**, denkleştiricisidir. Görünen ve görünmeyen tüm kozmosun yok edilemez ve zamanı olmayan esasıdır.

Bütün bu hakikatleri tüm insanların (tüm yaşam formlarının) eşit yaratıldığının kanıtı olarak tutarız.

Thomas Jefferson,

Birleşik Devletler Bağımsızlık Bildirgesi

Tekrar eden hatıralar Self I-Dentity'nin ortak bölgesinin yerine geçerler, aklın ruhunu boşluk ve sonsuzluğun doğal konumundan uzaklaştırır. Her ne kadar hatıralar boşluğun yerini alsa da onu yok edemezler. Nasıl olur da hiçbir şey yok olmuyor?

Kendine karşı bölünmüş bir ev ayakta kalamaz.

Abraham Lincoln

5 Mayıs 2005

Self I-Dentity için anbean Self I-Dentity olmak, **sürekli Ho'oponopono** gerektirir. Hatıralar gibi, **devamlı yapılan Ho'oponopono da asla tatile çıkamaz. Devamlı yapılan Ho'oponopono asla emekli olamaz, asla uyuyamaz, asla duramaz, tıpkı...**

... mutlu olduğun günlerde sakın unutma

Bilinmeyen şeytan [tekrar eden hatıralar] arkadan ağır ağır gelir!

Geoffrey Chaucer, *Canterbury Hikâyeleri*

12 Mayıs 2005

Bilinçli zihin, hatıraları silmek için Ho'oponopono sürecini başlatabilir ya da onları suçlama ve düşünme ile çarpıştırabilir (Bkz. Şekil C.3.).

Self I-Dentity Ho'oponopono

(Sorun Çözme)

Pişmanlık ve Affetme

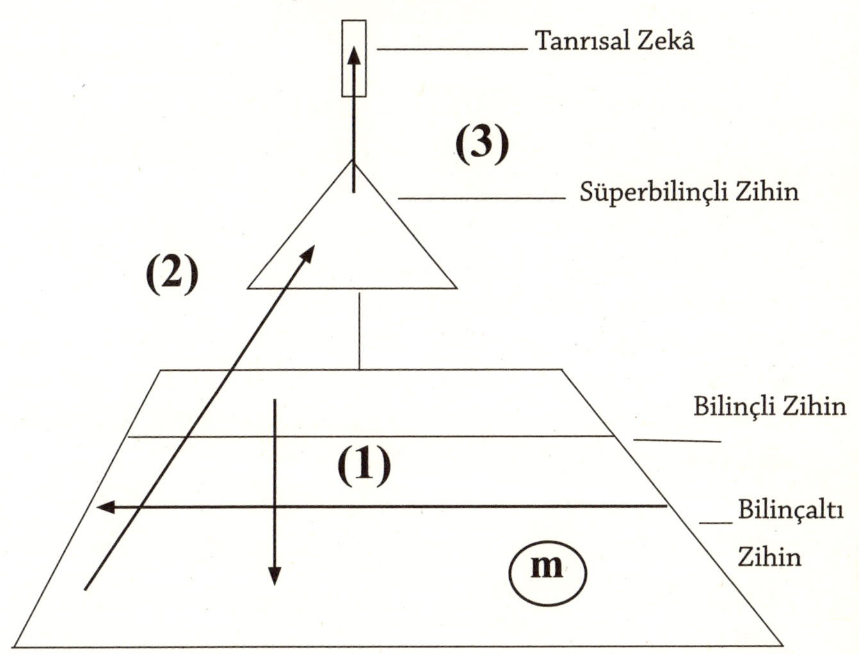

ŞEKİL C.3. Pişmanlık ve Affetme

1. Bilinçli zihin, hatıraları boşluğa dönüştürmek için Tanrısal zekâya bir dua olan Ho'oponopono sorun çözümleme sürecini başlatır. Sorunun bilinçaltı zihninde tekrar eden hatıralar olduğunu ve onlardan yüzde 100 sorumlu olduğunu bilir. Dua bilinçli zihinden bilinçaltı zihnine doğru hareket eder (Bkz. Şekil C.4.).
2. Duanın aşağıya, bilinçaltı zihnine akışı hatıraları yavaş yavaş değişime alır. Bundan sonra dua bilinçaltı zihinden yukarıya, süperbilinçli zihne doğru hareket eder.
3. Süperbilinçli zihin duayı gözden geçirir, gerekli değişiklikleri yapar. Çünkü o daima Tanrısal zekâyla aynı tınıdadır, gözden

geçirme ve değiştirme gücüne sahiptir. Bundan sonra dua son defa incelenmek ve göz önüne alınmak üzere Tanrısal zekâya gönderilir.

4. Süperbilinçli zihin tarafından yukarıya gönderilen duanın gözden geçirilmesinden sonra Tanrısal zekâ dönüşüm için gereken enerjiyi süperbilinçli zihne yollar.
5. Dönüşüm enerjisi buradan aşağıya, bilinçli zihne akar.
6. Ve bundan sonra dönüşüm enerjisi bilinçli zihinden aşağıya bilinçsiz zihne akar. Dönüşüm enerjisi önce belirtilen hatıraları etkisiz hale getirir. Etkisiz hale gelen enerjiler yok olurlar ve yerlerini boşluğa bırakırlar.

12 Haziran 2005

Düşünme ve suçlama tekrar eden hatıralardır (Bkz. Şekil C.2.).

Ruh, Tanrısal zekâ tarafından neler olduğunu bilmeden esinlenebilir. İlham, Tanrısal yaratıcılık için gereken tek şey Self I-Dentity'nin Self I-Dentity için olmasıdır. Self I-Dentity olmak hatıralardan **hiç durmadan** arınmayı gerektirir.

Hatıralar bilinçaltı zihninin sabit yoldaşlarıdır. Asla bilinçaltı zihnini bırakıp tatile çıkmazlar. Asla bilinçaltı zihnini bırakıp emekli olmazlar. Hatıralar asla dinmeyen tekrarlarını durdurmazlar!

Self I-Dentity Ho'oponopono

(Sorun Çözme)

Tanrısal Zekâ Tarafından Değişim

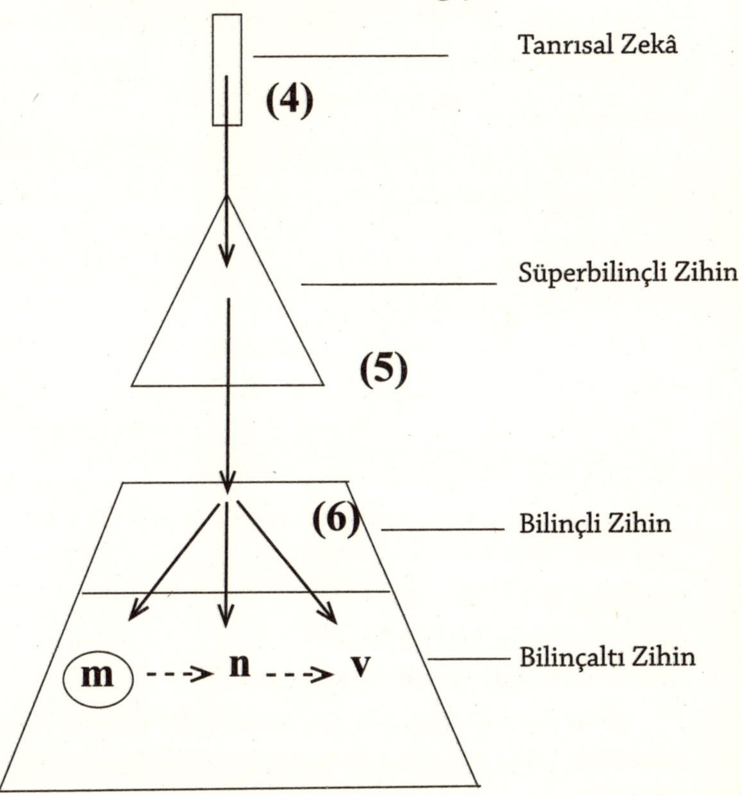

ŞEKİL C. 4. Tanrısal zekâ tarafından değişim

Kanun Adamının Masalı

Hiç yaşanmamış yakın bir yerde beklenmedik bir acı

Keskin bir acı ile çiseledi. Dünyevi mutluluğa karşı!

Tüm dünyevi işlerimizde neşenin sonu geldi!

Acı işgal etti iteledığimiz amaçlarımızı.

Kendi güvenliğiniz için düşünün onun azalmayacağını

Ve unutmayın memnunken hayatınızdan

Bilinmeyen kötülüğün ilerlediğini arkadan.

Geoffrey Chaucer, *Canterbury Hikâyeleri*

Hatıralardan tek bir kerede ve sonsuza dek kurtulmak için tamamen arınılması gerekir.

Iowa'da 1971 yılında, ikinci kez aklım başımdan gidercesine âşık oldum. Sevgili M, kızımız doğdu.

M ile ilgilenen karıma her baktığımda her ikisine de olan aşkım daha da derinleşiyordu. Artık seveceğim iki harika insan vardı.

O yaz Utah'taki okuldan mezun olduktan sonra karım ve ben bir seçim yapmak zorunda kaldık. Ya eve, Hawaii'ye gidecektik ya da Iowa'da kalıp doktora eğitimine devam edecektik.

Hawkeye Eyaleti'nde yaşamaya başladığımızda, iki engelle karşılaştık. İlki, M'nin onu hastaneden eve getirdiğimizden beri sürekli ağlamasıydı!

İkincisi, Iowa'da yüzyılın en sert kışı yaşanıyordu. Haftalar boyunca her sabah apartmanımızın giriş kapısının açılmasını engelleyen buzları ellerimle kırmak zorunda kalıyordum.

M'nin birinci yılında, battaniyesinde kan lekeleri gördük. Ancak o zaman neden sürekli ağladığını anlamıştım, sonradan teşhis konulacak olan ciddi bir deri hastalığı vardı.

Geceler boyunca, çaresizce M'nin gergin bir şekilde rahatsız uyuyuşuna bakarak ağladım. Steroit ilaç tedavisinin ona yardımcı olmadığı ortaya çıkmıştı.

Üç yaşına geldiğinde kan M'nin dirseklerinin ve dizlerinin kıvrımlarındaki çatlaklardan sürekli olarak akıyordu. Kan el ve ayak parmaklarının eklemlerinin etrafındaki çatlaklardan dışarı sızıyordu. Kalın deriden kabuklar kollarının iç tarafını ve boynunun etrafını kaplamıştı.

Dokuz yıl sonra bir gün, Hawaii'ye döndükten sonra, M ve kız kardeşiyle birlikte arabayla eve dönüyordum. Birdenbire, bilinçsizce fikrimi değiştirdim ve U dönüşü yapıp arabayı Waikiki'deki ofisime doğru yönelttim.

"Ah, çocuklar, beni görmeye mi geldiniz?" dedi Morrnah üçümüzü ofisinde yan yana dizilmiş görünce. Masasının üzerindeki kâğıtları karıştırırken başını kaldırdı ve M'ye baktı. "Bana bir şey mi sormak istedin?" diye yumuşak bir sesle sordu.

M, yıllardır çektiği acı ve eziyetlerin üzerlerine kazınmış olduğu iki kolunu havaya kaldırdı. "Tamam," diye cevap verdi Morrnah ve gözlerini kapadı.

Morrnah ne yapıyordu? Self I-Dentity Ho'oponopono'nun yaratıcısı Self I-Dentity Ho'oponopono yapıyordu. Bir yıl sonra, 13 yıl süren kanama, yaralanma, acı, üzüntü ve tedaviler sona erdi.

Self I-Dentity Ho'oponopono Öğrencisi

30 Haziran 2005

Tanrısallık Self I-Dentity'yi tamamen kendi suretinden, boşluğundan ve sonsuzluğundan yarattığı için yaşamın amacı Self I-Dentity olmaktır.

Bütün yaşam deneyimleri tekrar eden hatıraların ve esinlenmelerin ifadeleridir. Depresyon, düşünme, suçlama, fakirlik, nefret, gücenme ve keder, Shakespeare'in sonelerinden birinde de söylediği gibi "sızlanmaların, ön üzülmeleridir".

Bilinçli zihnin bir seçimi vardır: Ya sürekli bir arınma başlatacaktır ya da hatıraların sürekli olarak tekrar etmesine izin verecektir.

12 Aralık 2005

Tek başına çalışan bilinç Tanrısal zekânın en değerli armağanından habersizdir: Self I-Dentity. Aslında, bir sorun ne demektir onu bilmez. Bu cehalet sorunun başarısızca çözümlenmesiyle sonuçlanır. Zavallı ruh tüm varoluşunun dinmez, gereksiz kederine terk edilir. Ne acı.

Bilinçli zihnin, Self I-Dentity, "tüm anlayışların ötesindeki zenginlik" armağanının farkına varması gerekmektedir.

Self I-Dentity yok edilemez ve sonsuzdur, tıpkı Yaratıcısı, Tanrısal zekâ gibi. Cehaletin sonucu anlamsız ve aralıksız fakirliğin, hastalığın ve savaşın ve nesiller boyu ölümün sahte gerçeğidir.

24 Aralık 2005

Fiziki olan, Self I-Dentity'nin ruhunda gerçekleşen hatıraların ve esinlenmelerin ifadesidir. Self I-Dentity konumunuzu değiştirirseniz fiziki dünyanın konumu da değişir.

Kim sorumlu –esinlenmeler mi yoksa tekrar eden hatıralar mı?– seçim bilinçli zihnin elindedir.

7 Şubat 2006 (2006'ya bir sıçrama)

İşte bilinçaltı zihnindeki tekrar eden hatıralar sorununu yok ederek Self I-Dentity'yi yeniden yerleştirmek için uygulanabilecek dört Self I-Dentity Ho'oponopono sorun çözme yöntemi:

1. "**Seni seviyorum**." Ruh tekrar eden hatıralar sorununu deneyimlediği zaman onlara aklınızda ya da sessizce şöyle deyin: "Sizi seviyorum, sevgili hatıralar. Hepinizi ve kendimi özgürleştirme fırsatına sahip olduğum için minnettarım." "Sizi seviyorum." sessizce tekrar tekrar söylenebilir. Hatıralar asla tatile çıkmazlar ya da siz onları emekliye ayırana kadar emekli olmazlar. "Seni seviyorum", sorunların bilincinde olmadığınız zaman bile kullanılabilir. Örneğin, bir telefon ederken ya da telefona cevap verirken veya bir yere gitmek için arabaya binmeden önce gibi, herhangi bir harekete başlamadan önce kullanılabilir.

Düşmanlarınızı sevin, sizden nefret edenlere iyi davranın.

Luka: 6

2. "**Teşekkür ederim**." Bu yöntem, "Seni seviyorum" yerine uygulanabilir. Tıpkı "Seni seviyorum"daki gibi, zihinsel olarak tekrar tekrar söylenebilir.

3. **Mavi güneş etkili su**. Çok su içmek harika bir sorun çözme yöntemidir, özellikle de mavi güneş etkili su ise. Kapağı metal olmayan mavi renkli bir cam şişe alın. İçine su doldurun. Mavi şişeyi ya güneşin altına ya da bir elektrik ampulünün (floresan olmamalı) altına en az bir saatliğine koyun. Su güneş ışığına maruz kaldıktan sonra pek çok şekilde kullanılabilir. İçin. Onunla yemek pişirin. Banyo ya da duştan sonra onunla durulanın. Meyve ve sebzeler mavi güneş etkili suyla yıkanmaya bayılırlar! Tıpkı, "Seni seviyorum" ve "Teşekkür ederim," yöntemleri gibi, mavi güneş etkili su da bilinçaltı zihnindeki tekrar eden hatıraları temizler. Öyleyse için!

4. **Çilek ve yaban mersini.** Bu meyveler hatıraları temizler. Taze ya da kurutulmuş olarak yenebilirler. Reçel, jöle ve hatta dondurma üzerine şurup olarak bile tüketilebilirler!

27 Aralık 2005 (2005'e geri sıçrayış)

Birkaç ay önce aklıma Self I-Dentity Ho'oponopono'daki ana "karakterlerin" "sesli" bir sözlüğünü yapma fikri geldi. Vaktiniz olduğu zaman her biri hakkında bilgi edinebilirsiniz.

Self I-Dentity: Ben Self I-Dentity'yim. Dört elementten oluşuyorum: Tanrısal zekâ, süperbilinçli zihin, bilinçli zihin ve bilinçaltı zihni. Boşluk ve sonsuz olan temelim Tanrısal zekânın tam bir yansımasıdır.

Tanrısal Zekâ: Ben Tanrısal zekâyım. Sonsuz olanım. Self I-Dentity'ler ve ilhamlar yaratırım. Hatıraları boşluğa dönüştürürüm.

Süperbilinçli Zihin: Ben süperbilinçli zihnim. Bilinçli ve bilinçaltı zihinleri idare ederim. Bilinçli zihinden başlayan ve Tanrısal zekâya yollanan Ho'oponopono arzusundaki gereken tetkikleri ve değişiklikleri yaparım. Bilinçaltı zihninde tekrar eden hatıralardan etkilenmem. Tanrısal Yaratıcı ile her zaman bir bütünüm.

Bilinçli Zihin: Ben bilinçli zihnim. Seçim yapma yeteneğine sahibim. Ardı arkası kesilmeyen hatıraların bilinçaltı zihnine ve bana deneyimler dikte ettirmesine izin verebilirim ya da onları sürekli bir Ho'oponopono'yla yok etmeyi başlatabilirim. Tanrısal zekâdan yönlendirmeler isteyebilirim.

Bilinçaltı Zihni: Ben bilinçaltı zihnim. Yaradılışın başından beri biriken bütün hatıraların saklandığı yerim. Deneyimlerin tekrar eden hatıralar ya da esinlenmeler olarak deneyimlendiği yerim. Ben beden ve dünyanın tekrar eden hatıralar ya da esinlenmeler olarak ikamet ettiği yerim. Ben sorunların tepki gösteren hatıralar olarak yaşadığı yerim.

Boşluk: Ben boşluğum. Self I-Dentity ve kozmosun temeliyim. İlhamların Tanrısal zekâdan, sonsuzdan üretilip meydana çıkarıldığı yerim. Bilinçaltı zihinde tekrar eden hatıralar, Tanrısal zekâdan gelen esinlenmelerin akışını engelleyerek beni yerimden edebilir belki ama asla yok edemez.

Sonsuz: Ben sonsuzum, Tanrısal zekâyım. İlhamlar hatıraların dikenleri tarafından kolayca yerinden edilebilen kırılgan güller gibi benden Self I-Dentity'nin boşluğuna akar.

İlham: Ben ilhamım. Sonsuzun, Tanrısal zekânın yarattığı bir şeyim. Boşluktan başlar, bilinçaltı zihninde kendimi ifade ederim. Yepyeni bir olay olarak deneyimlenirim.

Hatıra: Ben hatırayım. Bilinçaltı zihninde, geçmiş bir deneyimin kaydıyım. Tetiklendiğimde geçmiş deneyimleri yeniden yaşatırım.

Sorun: Ben sorunum. Geçmiş bir deneyimi bilinçaltı zihninde yeniden oynatan bir hatırayım.

Deneyim: Ben deneyimim. Bilinçaltı zihninde tekrar eden hatıraların ya da esinlenmelerin etkisiyim.

İşletim Sistemi: Ben işletim sistemiyim. Self I-Dentity'yi boşluk, ilham ve hatırayla işletirim.

Ho'oponopono: Ben Ho'oponopono'yum. 1983 yılında Hawaii'nin Yaşayan Hazinesi olarak tanınan Morrnah Nalamaku Simeona, Kahuna Lapa'au tarafından günümüze uyarlanan eski bir Hawaii sorun çözme yöntemiyim. Üç elementten oluşurum: Pişmanlık, affetme ve dönüşüm. Bilinçli zihinden Tanrısal zekâya, hatıraları yok etmek ve Self I-Dentity'yi yeniden yerleştirmek için gönderilen bir arzuyum. Bilinçli zihinde başlarım.

Pişmanlık: Ben pişmanlığım. Bilinçli zihinden Tanrısal zekâya hatıraları boşluğa dönüştürmesi için gönderilen bir arzu olarak başlatılan Ho'oponopono'nun başlangıcıyım. Benimle, bilinçli zihin, bilinçsiz zihninde yaratılan, kabul gören ve biriktirilen tekrar eden hatıralar sorunundaki sorumluluğunun farkına varır.

Affetme: Ben affetmeyim. Pişmanlıkla birlikte, bilinçaltı zihnindeki hatıraların boşluğa dönüşümü için bilinçli zihnin Tanrısal yaratıcıya gönderdiği bir arzuyum. Bilinçli zihin sadece kederli değildir, aynı zamanda da Tanrısal zekâdan affetme diler.

Dönüşüm: Ben dönüşümüm. Tanrısal zekâ beni bilinçaltı zihnindeki hatıraları etkisiz hale getirip yok etmek ve boşluğa dönüştürmek için kullanır. Sadece Tanrısal zekâ tarafından kullanılırım.

Bolluk: Ben bolluğum. Self I-Dentity'yim.

Fakirlik: Ben fakirliğim. Yenilenen hatıralarım. Tanrısal zekâdan bilinçaltı zihnine yollanan esinlenme akışını engelleyerek Self I-Dentity'nin yerini alırım.

Sizinle olan bu sohbetimizi sona erdirmeden önce, eğer bir Self I-Dentity Ho'oponopono hafta sonu eğitimi almayı planlıyorsanız, bu eki okumanın bir cuma söyleşisine katılmanın bir ön koşulu olduğunu belirtmek isterim.

Size her şeyin ötesinde huzur dilerim.

O Ka Maluhia no me oe.

Huzur sizinle olsun,

Dr. Ihaleakala Hew Len,

Emekli Yönetim Kurulu Başkanı

The Foundation of I, Inc. Freedom of the Cosmos.

Yazarlar Hakkında

Dr. Joe Vitale bir internet pazarlama firması olan Hypnotic Marketing Inc.in başkanı ve yaşlanma karşıtı formüllerinin kanıtlanmasında uzman olan Frontier Nutritional Research Inc.in kurucu ortağıdır. Ünlü *The Secret* filminin yıldızlarından biridir.

Şu anda burada sayamayacağımız kadar çok kitabın yazarıdır; bunların arasında en çok satan kitaplardan bir numara olan *Çekim Yasası Sırrı* ve *Hayatın Kayıp Kullanım Kılavuzu* ve Nightingale-Conant audio programı *The Power of Outrageous Marketing* sayılabilir.

Son yazdığı kitaplardan bazıları: *Satın Alma Transları: Satış ve Pazarlamanın Yeni Psikolojisi, Kelimelerle İknanın Psikolojisi, There's a Customer Born Every Minute, Meet and Grow Rich* (Bill Hibbler'la birlikte), *The Greatest Money-Making Secret in History, Adventures Within, The Seven Lost Secrets of Success, The Secessful Coach* (Terri Levine ve Larina Kase'le birlikte) ve *E-Şifre* (Jo Han Mok'la birlikte). Bir sonraki kitapları *Your Internet Cash Machine* (Jillian Coleman'la birlikte) ve *The Key* olacaktır.

Dr. Vitale'nin ücretsiz aylık e-gazetesi News You Can Use'u almak için ana web sitesi www.mrfire.com'a üye olabilirsiniz.

Dr. Ihaleakala Hew Len kırk yıldır sorunları çözme ve stresten kurtulma üzerine programlar düzenlemektedir. Hawaii Devlet Hastanesi'nde üç yıl boyunca psikoloji danışmanı olarak hizmet vermiştir. İçlerinde United Nations, UNESCO, International Human Unity Conference on World Peace; World Peace Conference; Traditional Indian Medicine Conference, Healers for Peace in Europe ve Hawaii State Teachers Assocation'dan toplulukların da bulunduğu binlerce insanla birlikte çalışmıştır.

1983 yılından beri güncelleşmiş Ho'oponopono sistemini dünyanın dört bir yanında öğretmektedir. United Nations'a, güncelleşmiş Ho'oponopono'nun yaratıcısı olduğu için 1983 yılında Hawaii'nin Yaşayan Hazinesi olarak ilan edilen Kahuna Lapa'au Morrnah Nalamaku Simeona'la birlikte sistemin üç kez tanıtımını yapmıştır. 1984-1987 yılları arasında Hawaii'deki üst düzey korunmalı devlet psikiyatri servisinde sistemi başarıyla uygulamıştır.

Gelişime müsait engelliler ile akıl hastası suçlular ve aileleriyle çalışarak son derece önemli deneyimler elde etmiştir. Bugün seyahatlere çıkmakta ve çoğu zaman Dr. Joe Vitale'yle birlikte gönülden bağlı olduğu Hawaii Metodu üzerine seminerler yönetmektedir.

Web siteleri http://hooponopono.org ve www.businessbyyou.com'dur.

Tam Şu Anda Sıfır Sınır Nasıl Deneyimlenir?

Okuyuculara Ücretsiz bir Teklif

Dr. Ihaleakala Hew Len ve Dr. Joe Vitale sizin de göreceğiniz gibi sizi "arındıran" bir web sitesi oluşturdular. Tüm yapmanız gereken onun karşısına geçip sizi arındırmasına izin vermeniz. Sitenin adresi: www.zerolimits.info.

Sıfır Sınır hakkında yazarlar tarafından canlı olarak tanıtımı yapılan CD'nin de içinde olduğu indirilebilen kursla ilgileniyorsanız veya Dr. Hew Len ve Dr. Joe Vitale'yle bir sıfır sınır semineri deneyimlemek istiyorsanız yapmanız gereken tek şey www.zerolimits.info'ya gitmektir.

Sağlık, bolluk ve mutluluğun önündeki engelleri temizleyen Self I-Dentity Ho'oponopono'nun nasıl yapılacağıyla ilgili ücretsiz bir özel rapor için zero@aweber.com'a boş bir e-mail yollayın.

Kaynaklar

Bainbridge, John. *Huna Magic.* Los Angeles: Barnhart Press, 1988.

Balsekar, *Consciousness Speaks.* Redondo Beach, CA: Advaita Press, 1993.

Berney, Charlotte. *Fundamentals of Hawaiian Mysticism.* Santa Cruz, CA: The Crossing Press, 2000.

Besant, Annie. *Thought Forms.* New York: Quest Books, 1969.

Blackmore, Susan. *Consciousness: An Introduction.* New York: Oxford University Press, 2004.

Brennert, Alan. *Moloka'i.* New York: St. Martin's Griffin yeniden basım, 2004.

Bristol, Claude. *The Magic of Believing.* New York: Pocket Books, 1991.

Canfield, Jack, et al. *Chicken Soup from the Soul of Hawaii: Stories Of Aloha to Create Paradise Wherever You Are.* Deerfield Beach, FL: Health Communications, 2003.

Carlson, Ken. *Star Mana.* Kilauea, HI: Starmen Press, 1997.

Claxton, Guy. *Hare Brain, Tortoise Mind: How Intelligence Increases When You Think Less.* New York: HarperCollins, 1997.

Dossey, Larry. *Healing Words: The Power of Prayer and the Practice Of Medicine.* New York: HarperCollins, 1993.

Elbert, Samuel H. *Spoken Hawaiian.* Honolulu: University of Hawaii Press, 1970.

Ewing, Jim PathFinder. *Clearing: A Guide to Liberating Energies Trapped in Buildings and Lands.* Findhorn, Scotland: Findhorn Press, 2006.

Exeter, UK: Imprint Academic, 2004.

Ford, Debbie. *The Dark Side of the Light Chasers.* New York: Riverhead Books, 1998.

Foundation of I, Inc. *Self I-Dentity Through Ho'oponopono.* Honolulu, HI: Foundation of I, Inc., 1992.

Freke, Timothy. *Shamanic Wisdomkeepers: Shamanism in the Modern World.* New York: Sterling, 1999.

Glanz, Karen, Barbara K. Rimer, ve Frances Marcus Lewis. *Health Behavior and Health Education: Theory, Research, and Practice,* 3rd edition. San Francisco: Jossey-Bass, 2002.

Haiseh, Bernard. *The God Theory.* San Francisco: Weiser Books, 2006.

Hartong, Leo. *Awakening to the Dream: The Gift of Lucid Living.* Salisbury, UK: Non-Duality Press, 2001.

Ho'oponopono: Contemporary Uses of a Hawaiian Problem Solving Process. Honolulu: University of Hawaii Press, 1986.

Horn, Mary Phyllis. *Soul Integration: A Shamanic Path to Freedom and Wholeness.* Pittsboro, NC: Living Light Publishers, 2000.

Huna Magic Plus. Los Angeles: Barnhart Press, 19-89.

Husfelt, J. C., D.D. *The Return of the Feathered Serpent Shining Light of "First Knowledge": Survival and Renewal at the End of an Age,* 2006-2012. Bloomington, IN: AuthorHouse, 2006.

Hypnotic Writing. Hoboken, NJ: John Wiley & Sons, 2006.

Irvine, William. *On Desire: Why We Want What We Want.* New York: Oxford University Press, 2006.

Ito, Karen Lee. *Lady Friends: Hawaiian Ways and the Ties That Define.* Ithaca, NY: Cornell University Press, 1999.

Kaehr, Shelley ve Raymond Moody. *Origins of Huna: Secret Behind the Secret Science.* Dallas, TX: Out of This World Publishing, 2006.

Katie, Byron. *All War Belongs on Paper.* Manhattan Beach, CA: Byron Katie, 2000.

Katz, Mabel. *The Easiest Way.* Woodland Hills, CA: Your Business Press, 2004.

King, Serge Kahili. *Instant Healing: Mastering the Way of the Hawaiian Shaman, Using Words, Images, Touch, and Energy.* n.p.: Renaissance Books, 2000.

Kupihea, Moke. *The Cry of the Huna: The Ancestral Voices of Hawaii.* Rochester.

Libet, Benjamin, et al. *The Volitional Brain: Towards a Neuroscience of Free Will.*

Libet, Benjamin. *Mind Time: The Temporal Factor in Consciousness.* Cambridge, MA: Harvard University Press, 2004.

Life's Missing Instruction Manual: The Guidebook You Should Have Been Given at Birth. Hoboken, NJ: John Wiley & Sons, 2006.

Long, Max Freedom. *The Secret Science Behind Miracles: Unveiling the Huna Tradition of the Ancient Polynesians.* Camarillo, CA: DeVorss, 1948.

Loving What Is. New York: Harmony Books, 2002.

Maedonald, Arlyn. *Essential Huna: Discovering and Integrating Your Three Selves.* Montrose, CO: Infinity Publishing, 2003.

McCall, Elizabeth. *The Tao of Horses: Exploring How Horses Guide Us on Our Spiritual Path.* Avon, MA: Adams, 2004.

Neville Goddard. *At Your Command.* Yeniden basım. Garden City, NY: MorganJames Publishing, 2005.

Neville Goddard. *The Law and the Promise.* Camarillo, CA: DeVorss, 1984.

Noe, Alva. *Is the Visual World a Grand Illusion?* Charlottesville, VA: Imprint Academic, 2002.

Noland, Brother. *The Lessons of Aloha: Stories of the Human Spirit.* Honolulu, HI: Watermark Publishing, 2005.

Norretranders, Tor. *The User Illusion: Cutting Consciousness Down to Size.* New York: Penguin, 1998.

Nurturing Our Inner Selves: A Huna Approach to Wellness. Montrose, CO: Infinity Publishing, 2000.

Patterson, Rosemary I. *Kuhina Nui.* n.p.: Pine Island Press, 1998.

Perkins, David N. *King Arthur's Round Table: How Collaborative Conversations Create Smart Organizations.* New York: John Wiley &. Sons, 2002.

Polancy, Toni. *So You Want to Live in Hawaii.* Maui, HI: Barefoot Publishing, 2005.

Provenzano, Renata. *A Little Book of Aloha: Spirit of Healing.* Honolulu, HI: Mutual Publishing, 2003.

Ray, Sondra. *Pele's Wish: Secrets of the Hawaiian Masters and Eternal Life.* San Francisco: Inner Ocean Publishing, 2005.

Redfield, James. *The Celestine Prophecy.* New York: Warner Books, 1993.

Riklan, David. *101 Great Ways to Improve Your Life.* Marlboro, NJ: Self-Improvement Online, 2006.

Rodman, Julius Scammon. *The Kahuna Sorcerers of Hawaii.* Hicksville, NY: Exposition Press, 1979.

Rochester,VT: InnerTraditions, 2001.

Rosenblatt, Paul C. *Metaphors of Family Systems Theory.* New York: Guilford Press, 1994.

Rule, Curby Hoikeamaka. *Creating Anahola: Huna Perspectives on a Sacred Landscape. Coral Springs,* FL: Llumina Press, 2005.

Saunders, Cat. *Dr. Cat's Helping Handbook: A Compassionate Guide for Being Human.* Seattle, WA: Heartwings Foundation, 2000.

Schwartz, Jeffrey. *The Mind and the Brain: Neuroplasticity and the Power of Mental Force.* New York: Regan Books, 2002.

Seife, Charles. *Zero: The Biography of a Dangerous Idea.* New York: Penguin, 2000.

Shook, Victoria. *Current Use of a Hawaiian Problem Solving Practice-Ho'oponopono.* Sub-Regional Child Welfare Training Center, School of Social Work, University of Hawaii, Honolulu, 1981.

Simeona, Morrnah N., et al. *I Am a Winner.* Los Angeles: David Rejl, 1984.

Steiger, Brad. *Kahuna Magic.* Atglen, PA: Whitford Press, 1971.

The A.M.A Complete Guide to Small Business Advertising. Lincolnwood, IL: NTC Business Books, 1995.

The Attractor Factor: Five Easy Steps for Creating Wealth (or Anything Else) from the Inside Out. Hoboken, NJ: John Wiley & Sons, 2005.

The Seven Dawns of the Aumakua: The Ancestral Spirit Tradition of Hawaii.

The Seven Lost Secrets of Success. Garden City, NY: Morgan James Publishing, 2005.

The Wayward Mind: An Intimate History of the Unconscious. Londra: Abacus, 2005.

There's a Customer Born Every Minute: P T Barnum's 10 Rings of Power for Fame, Fortune, and Building an Empire. Hoboken, NJ: John Wiley & Sons, 2006.

Turbocharge Your Writing. Houston, TX: Awareness Publications, 1992.

Vitale, Joe, ve Bill Hibbler. *Meet and Grow Rich.* Hoboken, NJ: John Wiley & Sons, 2006.

Vitale, Joe ve Jo Han Mok. *The E-Code.* Hoboken, NJ: John Wiley & Sons, 2005.

Vitale, Joe. *Adventures Within.* Bloomington, IN: AuthorHouse, 2003.

Vitale, Joe. *Buying Trances: A New Psychology of Sales and Marketing.* Hoboken, NJ: John Wiley & Sons, 2007.

VT: Inner Traditions, 2005.

Wegner, David. *The Illusion of Conscious Will.* Cambridge, MA: MIT Press, 2002.

Wilson, Timothy. *Strangers to Ourselves: Discovering the Adaptive Unconscious.* Londra: Belknap Press, 2002.

Zen and the Art of Writing. Costa Mesa, CA: Westcliff, 1984.

ONLINE KAYNAKLAR

www.attractanewcar.com

www.attractorfactor.com

www.BeyondManifestation.com

www.businessbyyou.com

www.clearingmats.com

www.cardiosecret.com

www.fit-a-rita.com

www.Healingpainting.com

www.hooponopono.org

www.JoeVitale.com

www.milagroresearchinstitute.com/iloveyou.htm

www.MiraclesCoaching.com

www.mrfire.com

www.SubliminalManifestation.com

www.thesecretofmoney.com

www.thesecret.tv

www.ZeroLimits.info